नोबेल पुरस्कार विजेता महिलाएँ

नोबेल पुरस्कार विजेता महिलाएँ

चित्रा गर्ग

राजपाल

स्थापित 1912
100 वर्षों की श्रेष्ठ प्रकाशन परम्परा
राजपाल

₹ 275

ISBN : 9789350640791

NOBEL PURASKAR VIJETA MAHILAYEN by Chitra Garg

मुद्रक : दीपिका एन्टरप्राइज़ेज, दिल्ली

राजपाल एण्ड सन्ज़

1590, मदरसा रोड, कश्मीरी गेट-दिल्ली-110006

फोन: 011-23869812, 23865483, 23867791

website : www.rajpalpublishing.com

e-mail : sales@rajpalpublishing.com

www.facebook.com/rajpalandsons

प्रस्तावना

महिलाओं की योग्यता को सदैव ही कम करके आंका जाता है। लेकिन महिलाओं ने हर क्षेत्र में, चाहे वह विज्ञान हो या साहित्य, राजनीति हो या सक्रिय आंदोलन, अपनी महत्त्वपूर्ण उपस्थिति दर्ज़ की है।

विश्व में सर्वश्रेष्ठ पुरस्कार का दर्जा नोबेल पुरस्कारों को दिया जाता है। इसी कारण इसे प्राप्त करने वाला योग्य व भाग्यशाली होता है। इस पुरस्कार में एक निश्चित राशि के साथ ही एक स्वर्णपदक तथा प्रशस्तिपत्र प्रदान किया जाता है। विजेताओं का चयन स्वीडिश रायल अकादमी करती है। पुरस्कार विजेता का चयन करने में पूरी प्रक्रिया अपनाई जाती है।

1901 में नोबेल पुरस्कार आरम्भ हुए और भौतिक शास्त्र का नोबेल पुरस्कार एक महिला वैज्ञानिक मेरी क्यूरी को प्राप्त हुआ। नोबेल पुरस्कारों के सौ से अधिक वर्षों के इतिहास में मेरी क्यूरी ही एकमात्र ऐसी महिला हैं जिन्हें दो बार तथा दो क्षेत्रों में नोबेल पुरस्कार प्राप्त हुआ। वह एक ऐसी विजेता हैं जिन्हें 1903 में भौतिक शास्त्र तथा 1911 में रसायन शास्त्र में नोबेल पुरस्कार प्राप्त हुआ। इसके अतिरिक्त जिस परिवार के सर्वाधिक लोगों ने नोबेल पुरस्कार जीता है, वह भी मेरी क्यूरी का है। मेरी के अतिरिक्त उनके पति, पुत्री तथा दामाद ने कुल मिलाकर पाँच नोबेल पुरस्कार जीते।

यदि उम्र के लिहाज़ से देखें तो बहुत ही कम उम्र की महिलाओं ने भी पुरस्कार जीते हैं और बहुत बड़ी उम्र की महिलाओं ने भी। 2011 के पूर्व सबसे कम उम्र की नोबेल विजेता (शांति) महिला मेयरीड मैगुइर कोरीगन थीं जिन्हें 32 वर्ष से कुछ अधिक उम्र में यह पुरस्कार प्राप्त हुआ। लेकिन अब सबसे कम उम्र नोबेल विजेता तवक्कुल कारमान हैं जिन्हें 32 वर्ष से भी कम उम्र में नोबेल शांति पुरस्कार प्राप्त हुआ। सबसे अधिक उम्र में नोबेल पुरस्कार जीतने वाली महिला डोरिस लीसिंग हैं। उन्होंने साहित्य का नोबेल पुरस्कार 87 वर्ष की आयु में जीता।

नोबेल पुरस्कार के संबंध में एक अन्य महत्त्वपूर्ण बात यह है कि 2009 में अलग-अलग क्षेत्रों में कुल पाँच महिलाओं ने नोबेल पुरस्कार प्राप्त किए। 2009 में अर्थशास्त्र के क्षेत्र में प्रथम महिला एलीनॉर ओस्ट्रोम को नोबेल पुरस्कार प्राप्त हुआ। वह इस क्षेत्र में नोबेल पुरस्कार प्राप्त करने वाली प्रथम व एकमात्र महिला हैं। 2009 में पाँच महिला विजेताओं में से दो महिलाओं ने शरीर/औषधि विज्ञान का नोबेल पुरस्कार जीता, एक महिला ने रसायन शास्त्र का नोबेल पुरस्कार जीता, एक महिला ने साहित्य का नोबेल तथा एक ने अर्थशास्त्र का नोबेल पुरस्कार जीता।

अर्थशास्त्र के अतिरिक्त अब तक महिलाओं को जिस क्षेत्र में सबसे कम नोबेल पुरस्कार प्राप्त हुए हैं वह है भौतिक शास्त्र। इस क्षेत्र में केवल दो महिलाएं मेरी क्यूरी तथा मारिया जोपर्ट मायर ही पुरस्कार जीत सकी हैं। 2012 तक कुल 43 महिलाएं नोबेल पुरस्कार जीत कर विश्व में ख्याति अर्जित कर चुकी हैं।

1901 से 2011 तक कुल 43 महिलाओं ने नोबेल पुरस्कार जीता है। यदि मेरी क्यूरी के दो बार के पुरस्कारों को जोड़ा जाए तो 44 महिलाओं को पुरस्कार मिला है। 15 महिलाओं को नोबेल शांति पुरस्कार, 12 महिलाओं को साहित्य में नोबेल पुरस्कार, 10 महिलाओं को चिकित्सा : शरीर विज्ञान में नोबेल, 4 महिलाओं को रसायन में नोबेल, 2 महिलाओं को भौतिक शास्त्र में नोबेल तथा 1 महिला को अर्थशास्त्र में नोबेल पुरस्कार प्राप्त हुआ है।

अनेक भारतीयों ने भी नोबेल पुरस्कार प्राप्त किए हैं। रवीन्द्रनाथ टैगोर प्रथम नोबेल विजेता थे जिन्हें 1913 में साहित्य का नोबेल पुरस्कार प्राप्त हुआ। नोबेल पुरस्कार विजेता भारतीयों के नाम इस प्रकार हैं : रवीन्द्रनाथ टैगोर (1913, साहित्य), सी.वी.रमन (1930, भौतिक शास्त्र), डॉ हरगोविन्द खुराना (1968, चिकित्सा : शरीर विज्ञान), मदर टेरेसा (1979, शांति), सुब्रहमण्यम चन्द्रशेखर (1983, भौतिक शास्त्र), अमर्त्य सेन (1998, अर्थशास्त्र), वी. एस. नायपाल (2001, साहित्य), वेंकटरमन रामाकृष्णन (2009, रसायन शास्त्र)।

–चित्रा गर्ग

नोबेल पुरस्कार तथा उसके संस्थापक अल्फ्रेड नोबेल का परिचय

नोबेल पुरस्कार विश्व का सर्वाधिक महत्त्वपूर्ण तथा प्रतिष्ठित पुरस्कार माना जाता है। इसे प्रति वर्ष रायल स्वीडिश अकादमी ऑफ साइंसेज़, द स्वीडिश अकादमी, नार्वेजियन नोबेल कमेटी द्वारा उन लोगों को दिया जाता है जो निम्न क्षेत्रों में अपने कार्यों द्वारा महत्त्वपूर्ण योगदान प्रदान करते हैं—रसायन शास्त्र, भौतिक शास्त्र, साहित्य, शांति, चिकित्सा : शरीर विज्ञान तथा अर्थशास्त्र।

अर्थशास्त्र के अतिरिक्त अन्य पाँच क्षेत्रों के पुरस्कारों की स्थापना 1895 में अल्फ्रेड नोबेल ने की थी जिसके अनुसार ये पुरस्कार नोबेल फाउंडेशन द्वारा प्रदान किए जाते हैं। अर्थशास्त्र का नोबेल पुरस्कार जिसका आधिकारिक नाम 'नोबेल मेमोरियल प्राइज़ इन इकोनॉमिक्स' है, 1968 में नोबेल की याद में स्वीडन के सेवरिजेज रिक्स बैंक द्वारा अपनी 300वीं वर्षगांठ के अवसर पर शुरू किया गया। अर्थशास्त्र का यह पुरस्कार इस क्षेत्र में विशिष्ट योगदान के लिए प्रदान किया जाता है। रायल एकेडेमी ऑफ साइंसेज़ भौतिक शास्त्र, रसायन शास्त्र तथा अर्थशास्त्र विषयों में पुरस्कार प्रदान करती है, स्वीडिश एकेडेमी साहित्य का पुरस्कार देती है, कैरालिंस्का इंस्टीट्यूट चिकित्सा : शरीर विज्ञान में पुरस्कार देती है तथा नार्वेजियन नोबेल कमेटी शांति का पुरस्कार देती है। हर पुरस्कार विजेता को एक पदक, एक प्रशस्ति पत्र तथा नकद राशि पुरस्कार स्वरूप दी जाती है, जो समय के साथ बदलती रही है। 1901 में प्रथम नोबेल विजेता को 1,50,782 स्वीडिश क्रोनर पुरस्कार में दिए गये जिनका मूल्य यदि दिसम्बर, 2007 तक परिवर्तित किया जाए तो यह राशि 7,731,004 स्वीडिश क्रोनर हो जाती है। 2008 में विजेताओं को 10 मिलियन स्वीडिश क्रोनर दिए गए। स्वीडन की राजधानी स्टाकहोम में भौतिक शास्त्र, रसायन शास्त्र, चिकित्सा : शरीर विज्ञान, साहित्य तथा अर्थशास्त्र के नोबेल पुरस्कार दिए जाते हैं। नार्वे के ओस्लो में नोबेल शांति पुरस्कार दिया जाता है। ये पुरस्कार अल्फ्रेड नोबेल की बरसी के दिन 10 दिसम्बर को प्रदान किए जाते हैं।

2011 तक 807 बार पुरुषों को तथा 44 बार महिलाओं को नोबेल पुरस्कार

प्राप्त हो चुका है, इसके अतिरिक्त 23 बार संस्थाओं को पुरस्कृत किया गया है। 1895 में स्थापित किए गए नोबेल पुरस्कार 1901 में शुरू किए जा सके।

अल्फ्रेड नोबेल

विश्व के सर्वाधिक प्रतिष्ठित नोबेल पुरस्कार शुरू करने का श्रेय अल्फ्रेड नोबेल को है। अल्फ्रेड नोबेल का जन्म स्वीडन के स्टाकहोम में 21 अक्तूबर, 1833 को इंजीनियरों के परिवार में हुआ था। वह एक इंजीनियर, रसायनविद, वैज्ञानिक तथा आविष्कारक थे। उनके पिता इमानुएल नोबेल भी वैज्ञानिक थे, उन्होंने चीर-फाड़ के यंत्रों तथा रबड़-फोम के गद्‌दों आदि का आविष्कार किया था। उनकी प्रयोग करते समय एक विस्फोट में मानसिक-चेतना चली गई थी। तब अल्फ्रेड को काफी आर्थिक परेशानियों का सामना करना पड़ा।

अल्फ्रेड पूरे जीवन अविवाहित रहे और तरह-तरह के आविष्कारों में लगे रहे। उन्होंने अपने जीवन में अपार धन कमाया। उनकी अधिकांश धन-दौलत उनके 355 आविष्कारों के कारण जमा हुई थी, जिसमें सबसे प्रसिद्ध व महत्त्वपूर्ण आविष्कार डायनामाइट का माना जाता है। इसी के कारण पहाड़ों में रास्ते बनाना आसान हो गया। 1870 में वह यूरोप में सबसे अमीर व्यक्तियों में गिने जाने लगे।

1880 में एक ऐसी घटना घटी जिसने अल्फ्रेड को चकित ही नहीं किया, वरन उनके जीवन जीने का नज़रिया ही बदल दिया। एक फ्रांसीसी समाचार-पत्र में 1880 में एक दुखद समाचार छपा, जिसे पढ़कर अल्फ्रेड नोबेल हैरान रह गए। उन्हीं की मृत्यु का समाचार था, जिसका शीर्षक था–'मौत के सौदागर की मृत्यु'। इस समाचार को पढ़कर अल्फ्रेड को धक्का लगा और वह सोचने लगे कि उनकी मृत्यु के बाद दुनिया उन्हें इसी प्रकार याद करेगी। उन्होंने अपनी एक वसीयत बनाई और अपनी अपार धन-सम्पत्ति इन पुरस्कारों के नाम लिख दी। उन्होंने लिखा कि उनकी सम्पत्ति का 94 प्रतिशत हिस्सा पुरस्कार के लिए उपयोग किया जाएगा।

अल्फ्रेड नोबेल की मृत्यु इटली के सैन रेमो के अपने घर में 10 दिसम्बर, 1896 को 63 वर्ष की आयु में हो गई। उनकी वसीयत में कुछ कानूनी त्रुटियां होने से उन्हें सुधारकर 29 जून, 1900 को नोबेल फाउंडेशन की स्थापना की गई। तब 1901 में नोबेल पुरस्कार आरंभ किए जा सके।

क्रम

मेरी क्यूरी

(Marie Curie)

1867-1934

नोबेल पुरस्कार : भौतिक विज्ञान, 1903
नोबेल पुरस्कार : रसायन शास्त्र, 1911
राष्ट्रीयता : पोलिश/फ्रेंच

1901 में आरम्भ किये गए नोबेल पुरस्कार विजेताओं में तब से आज तक मेरी क्यूरी एकमात्र ऐसी शख्सियत हैं जिन्हें विज्ञान की दो भिन्न विधाओं में दो बार नोबेल पुरस्कार प्रदान किए गए हैं, अर्थात् 110 वर्षों से अधिक के नोबेल इतिहास में उनके समान ऐसा कोई वैज्ञानिक नहीं हुआ जो दो विषयों में नोबेल प्राप्त कर सका हो। वह रेडियो एक्टिविटी पर अनुसंधान करने वालों में अग्रणी महिला हैं। वह दो नोबेल पुरस्कार प्राप्त करने वाली भी प्रथम महिला हैं। उनके पति पियरे क्यूरी को उनके साथ ही नोबेल पुरस्कार प्राप्त हुआ। उनकी बेटी आइटीन ने भी बाद में नोबेल पुरस्कार जीता। उनमें पहल करने के यही गुण नहीं थे। अन्य क्षेत्रों में भी वह प्रथम रहीं। यूनिवर्सिटी ऑफ पेरिस में मेरी क्यूरी प्रथम महिला प्रोफेसर बनीं। वह नोबेल पुरस्कार प्राप्त करने वाली भी प्रथम महिला हैं।

पोलिश/फ्रेंच वैज्ञानिक मेरी क्यूरी का जन्म 7 नवम्बर 1867 को रूसी पोलैंड (रूस के अधीन पोलेंड) के वॉरसा में मारिया स्क्लोदोवस्का के रूप में हुआ था। वह 24 वर्ष की आयु तक वहीं रहीं। 1891 में वह अपनी बड़ी बहन ब्रोनिस्लावा के साथ ही पेरिस पढ़ने चली गईं, जहाँ उन्होंने उच्च शिक्षा प्राप्त की तथा वैज्ञानिक अनुसंधान कार्य किया। पहली बार उन्हें भौतिक विज्ञान के लिए नोबेल पुरस्कार मिला, जिसे सम्मिलित रूप से उनके पति पियरे क्यूरी तथा हेनरी बेकरेल (उनके अनुसंधान शिक्षक/सलाहकार) ने जीता था।

उनकी विशिष्ट उपलब्धियां हैं–रेडियो एक्टिविटी की थ्योरी जिसका उन्होंने प्रतिपादन किया तथा दो तत्त्वों पोलोनियम और रेडियम की खोज। उन्होंने क्यूरी संस्थानों की स्थापना भी की। ये हैं-क्यूरी इंस्टीट्यूट, पेरिस, क्यूरी इंस्टीट्यूट, वॉरसा।

यूं तो क्यूरी फ्रांस की नागरिक थीं परन्तु उन्होंने कभी भी अपने पोलिश सम्बन्धों को नहीं भुलाया। उन्होंने अपनी बेटियों को पोलिश भाषा सिखाई और कभी-कभी पोलैंड घुमाने भी ले जाया करती थीं। उन्होंने जिस प्रथम रासायनिक तत्त्व की खोज की उसका नाम 'पोलोनियम' (1898) उन्होंने अपने देश पोलैंड के नाम पर ही रखा। उन्होंने प्रथम विश्व युद्ध के दौरान फ्री पोलेंड नामक कमेटी की सदस्यता ग्रहण की। उन्होंने 1932 में अपने शहर वॉरसा में रेडियम इंस्टीट्यूट खोला, जिसकी प्रमुख उनकी डॉ. बहन ब्रोनिस्लावा बनीं। अब इस इंस्टीट्यूट का नाम मारिया स्क्लोदोवस्का क्यूरी इंस्टीट्यूट ऑफ ऑनकोलॉजी है।

आरम्भिक जीवन व शिक्षा

मारिया अपने पिता व्लादिस्ला स्क्लोदोवस्की व माँ ब्रोनिस्लावा की सबसे छोटी व पांचवीं संतान थीं। उनके बड़े भाई बहन जोफिया, जोजेफ, बोनिस्लावा व हेलेना थे। उनके दादा जोजेफ स्क्लोदोवस्की ल्युबलिन में अध्यापक थे। उनके पिता व्लादिस्ला गणित व भौतिक शास्त्र के अध्यापक होने के साथ ही वॉरसा में जिम के डायरेक्टर थे तथा उन्होंने लड़कों के लिए घर में ही लॉज़ बना रखा था। उनकी माँ बोनिस्लावा लड़कियों का बोर्डिंग स्कूल चलाती थीं लेकिन उन्हें टी बी की बीमारी थी। मारिया की माँ की मृत्यु तभी हो गई जब मारिया 12 वर्ष की थीं। उनकी सबसे बड़ी बहन जोफिया की भी टाइफस के कारण 2 वर्ष पूर्व मृत्यु हो गई थी।

मारिया 10 वर्ष की आयु तक अपनी माँ द्वारा चलाए जा रहे स्कूल में पढ़ती रहीं। फिर उन्होंने लड़कियों का जिमनेजियम ज्वाइन कर लिया जहाँ से उन्होंने 12 जून 1883 को ग्रेजुएशन पूरा किया। इसके बाद के कुछ वर्ष मारिया ने वॉरसा तथा आसपास के शहरों में पिता के रिश्तेदारों के यहां ट्यूशन कार्य करते हुए बिताए।

पोलैंड के विकास कार्यों में इनके परिवार ने देशभक्ति पूर्ण योगदान दिया।

इन्हीं कार्यों में शामिल होने के कारण उसके ननिहाल तथा पिता के परिवारों ने सम्पत्ति के साथ-साथ भाग्य भी खो दिया। उनकी हालत खराब हो गई और इसके बाद की अगली पीढ़ियों को अपना जीवन अत्यन्त संघर्षपूर्ण रूप से बिताना पड़ा। मारिया तथा उनके भाई-बहनों का जीवन भी मुश्किल हो गया।

मारिया ने अपनी बहन ब्रोनिस्लावा से तय किया कि पहले ब्रोनिस्लावा की डाक्टरी की पढ़ाई का पेरिस में होने वाला खर्च वह उठाएगी, फिर दो वर्ष बाद उसकी बहन उसकी पढ़ाई का खर्च उठाएगी। धन कमाने के लिए मारिया ने पहले क्राको के एक वकील परिवार में गवर्नेस की नौकरी की, फिर दो वर्ष तक पिता के रिश्तेदार एक ज़मींदार परिवार में नौकरी की। इस परिवार में गवर्नेस का कार्य करते हुए उनके पुत्र कजीमीर्ज जोरावस्की से मारिया को प्यार हो गया। लेकिन उसके परिवार को अपने बेटे का गरीब लड़की से प्यार रास नहीं आया और उन्होंने उन दोनों की शादी करने से इंकार कर दिया। जोरावस्की अपने परिवार का विरोध नहीं कर सका जो बाद में प्रसिद्ध गणितज्ञ बना। तब मारिया को नौकरी से भी हाथ गंवाना पड़ा और बाल्टिक समुद्री तट पर सोपोट में फ्यूक्स परिवार में वह पुनः नौकरी करके अपनी बहन का आर्थिक दायित्व संभालने लगीं।

मारिया की बहन ब्रोनिस्लावा ने पेरिस में 1890 में विवाह कर लिया और तब मारिया को अपने पास बुलाया। तब मारिया ने जाने से इंकार कर दिया और अपने पिता के पास वॉरसा लौट आईं और 1891 तक वहीं रहीं। उन्होंने क्लेन्डेस्टाइन फ्लोरिंग यूनीवर्सिटी में पढ़ाई के साथ ट्यूशन भी लेना आरम्भ कर दिया। अपने विज्ञान के प्रति लगाव के कारण मारिया ने वारसा के पुराने टाउन के पास म्यूजियम ऑफ इंडस्ट्री एंड एग्रीकल्चर की प्रयोगशाला में ट्रेनिंग भी लेनी आरम्भ कर दी। यह प्रयोगशाला उनके रिश्ते के भाई जोजेफ बोगस्की चला रहे थे।

अक्टूबर 1891 में अपनी बहन के जिद करने पर वह पेरिस जाने के तैयार हो गईं। अब तक उन्हें जोरावस्की से विवाह की मन ही मन उम्मीद थी, जो उसके भेजे पत्र द्वारा अब टूट चुकी थी। यद्यपि यह रिश्ता टूटना दोनों के लिए दुखद रहा। जोरावस्की प्रसिद्ध गणितज्ञ बन जाने पर बड़ी उम्र में अक्सर मारिया की मूर्ति के पास जाकर बैठा करते थे, जहाँ रेडियम इंस्टीट्यूट, (इसे मारिया स्क्लोदोवस्का ने 1932 में स्थापित किया था) वारसा के बाहर 1935 में मारिया (मेरी) की मूर्ति लगाई गई थी।

पेरिस में मारिया अपनी बहन-बहनोई के पास रहकर भौतिक शास्त्र, रसायन शास्त्र व गणित की पढ़ाई सोबोर्न (पेरिस विश्वविद्यालय) में करने लगीं।

मारिया स्क्लोदोवस्का दिन में अपनी पढ़ाई किया करती थीं और शाम को ट्यूशन पढ़ाया करती थीं। उन्हें 1893 में भौतिक शास्त्र में डिग्री मिल गई और तब

वह लिपमैन की औद्योगिक प्रयोगशाला में कार्य करने लगीं। सोबोर्न में अपनी पढ़ाई जारी रखते हुए उन्होंने 1894 में गणित में डिग्री प्राप्त कर ली।

वैवाहिक जीवन

इसी वर्ष मारिया के जीवन में पियरे क्यूरी का प्रवेश हुआ। पियरे पेरिस के ई एस पी सी आई स्कूल में भौतिक व रसायन के शिक्षक थे। मारिया ने अपना विज्ञान का कैरियर पेरिस में शुरू कर दिया था और चुम्बक के बारे में अनुसंधान करने लगीं। पियरे को भी चुम्बक के अध्ययन में रुचि थी, अतः दोनों नज़दीक आने लगे।

गर्मी की छुट्टियों में जब वह वॉरसा गईं तो दोनों को एक-दूसरे की कमी का अहसास ज़िन्दगी में महसूस होने लगा। मारिया इसी बात को दिमाग में रखे हुए थीं कि वह पोलैंड में जाकर अपना कार्य करेंगी। लेकिन पोलैंड की क्राको यूनीवर्सिटी में उन्हें सिर्फ इस कारण नौकरी नहीं दी गई क्योंकि वह महिला थीं। वह पेरिस लौट आईं। लगभग एक वर्ष पश्चात् जुलाई 1895 में उन्होंने पियरे क्यूरी से विवाह कर लिया। दोनों की वैज्ञानिक अध्ययनों में इतनी अधिक रुचि थी कि वे मुश्किल से प्रयोगशाला छोड़कर बाहर जाते थे। मारिया को पियरे के रूप में ऐसा साथी मिला था जो जीवन साथी के साथ ही वैज्ञानिक सहयोगी भी था जिस पर वह पूरा भरोसा कर सकती थीं। उनके शौक एक जैसे थे, वे दोनों दूर-दर तक साइकिल की सैर करते थे, बाहर की यात्राएं साथ करते थे।

1897 व 1904 में मेरी ने दो पुत्रियों आइटीन तथा ईव को जन्म दिया। उन्होंने अपनी बच्चियों की देखभाल के लिए पोलिश गवर्नेस रख ली जो बच्चियों को पढ़ाने के साथ ही उनकी मातृभाषा पोलिश भी पढ़ाती थी। अपनी बेटियों को लेकर मेरी कभी-कभी पोलैंड भी जाती रहीं ताकि वह अपने देश से जुड़ी रहें।

अनुसंधान कार्य

1896 में हेनरी बेकरेल ने खोज की कि यूरेनियम साल्ट से जो किरणें निकलती हैं वे एक्सरे की भांति भीतर झांकने की क्षमता रखती हैं। उन्होंने इसे साबित करके दिखाया कि यह विकिरण (चमक) फास्फोरस की तरह बाहरी ऊर्जा साधनों पर निर्भर नहीं है, बल्कि यूरेनियम से स्वयं उत्पन्न होती है। बेकरेल ने इस प्रकार रेडियो एक्टिविटी की खोज की।

मेरी क्यूरी ने निश्चय किया कि वह अपनी थीसिस के अनुसंधान के लिए यूरेनियम किरणों को अपना विषय बनाएंगी। उन्होंने इसकी जांच-पड़ताल के लिए एक बुद्धिमत्तापूर्ण तकनीक का सहारा लिया। लगभग 15 वर्ष पूर्व उनके भाई तथा पति ने 'इलेक्ट्रोमीटर' की खोज की थी, जिससे बिजली के चार्ज हो जाने का पता

किया जा सकता था। उन्होंने इलेक्ट्रोमीटर द्वारा अनुसंधान करने पर खोज की कि यूरेनियम किरणें अपने चारों तरफ हवा उत्पन्न करती हैं जिससे विद्युत् को कन्डक्ट किया जा सकता है। उन्होंने दिखाया कि यह चमक अणुओं की प्रतिक्रिया के कारण नहीं होती, बल्कि अणु के भीतर से ही उत्पन्न होती है।

अपने विधिवत अनुसंधान में मेरी ने पाया कि यूरेनियम साल्ट के अतिरिक्त अन्य तत्त्व भी चमक बिखेरते हैं जैसे थोरियम। मेरी ने अपनी खोज अपने प्रयासों द्वारा पूरी तरह स्वयं की, वह अपने पति पियरे क्यूरी से केवल उनके विचार जानने के लिए अपने अनुसंधान की चर्चा करती थीं। वह जानती थीं कि इस शुरुआती दौर में अनेक वैज्ञानिक यह विश्वास नहीं करेंगे कि यह सारा अनुसंधान कार्य एक महिला ने स्वयं किया है।

वह जानती थीं कि कोई भी खोज करने के बाद उसे अति शीघ्र प्रकाशित कराना आवश्यक है तभी यह साबित होता है कि यह कार्य पहले इस व्यक्ति ने किया है। यदि हेनरी बेकरेल ने अपनी खोज के बाद इसे विज्ञान अकादमी के सामने तुरन्त प्रस्तुत न किया होता तो विकिरण धर्मिता (रेडियो एक्टिविटी) की खोज का श्रेय सिल्वेनास थामसन को मिल गया होता। मेरी की खोज का विवरण गेब्राइल लिपमैन ने अकादमी के समक्ष 12 अप्रैल 1898 को उनकी ओर से प्रस्तुत कर दिया। लेकिन उन्हें पता लगा कि गेरार्ड शिमिट ने इसी प्रकार की खोज बर्लिन में 2 माह पूर्व प्रस्तुत कर दी थी।

पियरे क्यूरी को समझ में आ गया कि मेरी की यह खोज अब इतना धमाका नहीं कर पाएगी कि चर्चा का विषय बने। उन्होंने अपना क्रिस्टल पर खोज का कार्यक्रम रद्द करके मेरी के साथ कार्य करना शुरू कर दिया। 14 अप्रैल 1898 को उन्होंने मेरी के साथ कार्य शुरू कर दिया। पहले उन्होंने 100 ग्राम 'पिचब्लेन्ड' पर अनुसंधान शुरू किया लेकिन उन्हें पता लगा कि जिस तत्त्व की खोज वे कर रहे हैं, वह इसमें बहुत छोटी व मामूली मात्रा में है। वह इसकी मात्रा बिना यह महसूस किए बढ़ाते गए कि विकरण के सामने अधिक समय तक रहने पर ये तत्व उनके स्वास्थ्य पर बुरा प्रभाव डाल रहे हैं।

जुलाई 1898 में पियरे तथा मेरी ने एक पेपर प्रकाशित किया जिसमें उन्होंने घोषणा की कि इसमें एक अन्य तत्व 'पोलोनियम' भी मौजूद रहता है। इस तत्व का नाम पोलोनियम उन्होंने 'पोलैंड' के नाम पर रखा था। फिर 26 दिसम्बर 1898 को उन्होंने एक अन्य तत्त्व की मौजूदगी की घोषणा की जिसका नाम 'रेडियम' था, इसका नाम उन्होंने 'रेडियम' इसलिए रखा क्योंकि इसमें बहुत अधिक 'रेडियो एक्टिविटी' थी।

दूसरा अनुसंधान

पियरे तथा मेरी ने रेडियम साल्ट पर अपना अनुसंधान जारी रखा। वे दोनों क्रिस्टलाइजेशन द्वारा रेडियम साल्ट को अलग करने का प्रयास कर रहे थे। एक टन पिचब्लेन्ड से रेडियम क्लोराइड निकालने की प्रक्रिया में वे एक ग्राम का दसवां हिस्सा रेडियम क्लोराइड ही अलग कर सके। दोनों मिलकर अनुसंधान कर ही रहे थे कि 1906 में पियरे की घोड़ागाड़ी से दुर्घटना में मृत्यु हो गई। मेरी अकेले ही अनुसंधान कार्य करती रहीं और 1910 तक शुद्ध रेडियम धातु अलग करने में सफल हो सकीं।

एक अति महत्त्वपूर्ण फैसला लेते हुए मेरी ने रेडियम अलग करने की प्रक्रिया को पेटेन्ट नहीं कराया ताकि अन्य वैज्ञानिक इस बारे में अन्य नए अनुसंधान करने से वंचित न रह जाएं।

1903 में मेरी को हेनरी बेकरेल की देखभाल में पेरिस विश्वविद्यालय से डी एस सी की डिग्री प्रदान की गई।

नोबेल पुरस्कार

1903 में रॉयल स्वीडिश अकादमी ने मेरी क्यूरी को भौतिक शास्त्र में नोबेल पुरस्कार में संयुक्त विजेता घोषित किया। मेरी को अपने पति पियरे क्यूरी तथा हेनरी बेकरेल के साथ संयुक्त रूप से नोबेल पुरस्कार प्राप्त हुआ। यह पुरस्कार उन्हें 'रेडिएशन' प्रक्रिया पर किए गए अनुसंधान के लिए प्रदान किया गया।

यह पुरस्कार प्राप्त करने के लिए क्यूरी दम्पत्ति स्टॉकहोम नहीं जा सके। लेकिन इस पुरस्कार से जो धनराशि उन्हें प्राप्त हुई उसे उन्होंने ज़रूरतमंद परिचितों तथा छात्रों को देकर खुशी का अनुभव किया। यह पुरस्कार मिलने पर मेरी क्यूरी तथा पियरे क्यूरी अचानक प्रसिद्धि पर गए। सोर्बोन ने पियरे क्यूरी को प्रोफेसरशिप प्रदान कर दी और उन्हें अपनी प्रयोगशाला खोलने की अनुमति प्रदान कर दी। इस प्रयोगशाला में मेरी अनुसंधान विभाग की निदेशिका बन गईं।

मेरी क्यूरी प्रथम महिला थीं जिन्हें नोबेल पुरस्कार प्राप्त हुआ। इसके 8 वर्ष पश्चात् मेरी को पुनः रसायन शास्त्र में 1911 में नोबेल पुरस्कार प्राप्त हुआ। रसायन शास्त्र का यह पुरस्कार मेरी क्यूरी को रेडियम तथा पोलोनियम नामक तत्त्वों की खोज द्वारा रसायन शास्त्र के विकास के लिए प्रदान किया गया। उन्होंने रेडियम को अलग करके इसकी प्रकृति तथा कम्पाउंड्स पर महत्त्वपूर्ण अध्ययन कार्य किया था।

मेरी क्यूरी 1911 में नोबेल पुरस्कार प्राप्त करने के एक माह पश्चात् ही बीमारी के कारण अस्पताल में भर्ती हो गईं। गुर्दे की बीमारी के अतिरिक्त वह 'डिप्रेशन'

का शिकार थीं। उन्हें 1911 में फ्रेंच अकादमी ऑफ साइंसेज़ का सदस्य बनाया जाना था, लेकिन महिला होने के कारण उन्हें इसमें शामिल नहीं किया जा सका और अंततः वह दो वोटों से सदस्य बनने से चूक गईं। अकादमी की प्रथम महिला सदस्य लगभग आधे दशक के पश्चात् 1962 में मार्गराइट पेरी बनीं जो मेरी क्यूरी की अनुसंधान छात्रा थीं।

मेरी क्यूरी प्रथम व्यक्ति थीं जिन्हें दो क्षेत्रों में नोबेल पुरस्कार प्राप्त हुआ। वह उन दो लोगों में से एक हैं जिन्हें दो बार नोबेल पुरस्कार प्राप्त हुआ है। उनके अतिरिक्त लिनस पॉलिंग को रसायन शास्त्र के अतिरिक्त शांति का नोबेल पुरस्कार प्राप्त हुआ। विज्ञान की दो शाखाओं में नोबेल प्राप्त करने वाली मेरी क्यूरी एकमात्र व्यक्ति हैं।

19 अप्रैल, 1906 को पियरे की मृत्यु के पश्चात् मेरी बिल्कुल टूट गई थीं। वह स्वयं को बहुत अकेला महसूस कर रहीं थीं। 13 मई 1906 को सोबोर्न के भौतिक शास्त्र विभाग ने निश्चय किया कि जो स्थान पियरे क्यूरी के लिए बनाया गया था, उसे खत्म नहीं किया जाएगा और वह स्थान मेरी क्यूरी को प्रयोगशाला में सारे अधिकारों के साथ दे दिया जाएगा। इस सब बदलाव के फलस्वरूप मेरी पियरे की छाया से बाहर निकलने लगीं। वह पहली महिला थीं जिन्हें सोबोर्न में प्रोफेसर बनाया गया। उन्हें इस प्रयोगशाला में व्यस्तता से जीवन के लिए नई दिशा प्राप्त हो गई।

मेरी के कार्यों को मान्यता व सफलता की नई ऊँचाइयाँ मिलने लगीं। इसके पश्चात् 1911 में रॉयल स्वीडिश एकेडेमी ऑफ साइंसेज़ ने मेरी को दूसरा नोबेल पुरस्कार रसायन शास्त्र के लिए प्रदान कर दिया। पोलैंड के विद्वानों ने मिलकर मेरी को पोलैंड आकर अपना अनुसंधान कार्य करने के लिए उत्साहित किया। लेकिन अब मेरी इस स्थिति में पहुँच चुकी थीं कि फ्रांस सरकार से अपनी बात मनवा सकें। उन्होंने फ्रांस सरकार से प्राइवेट रेडियम इंस्टीट्यूट बनाने की बात की और 1914 तक वह बन कर तैयार हो गया जिसमें रसायन शास्त्र, भौतिक शास्त्र तथा औषधि पर अनुसंधान किया जाता था। समय के साथ यह संस्थान नोबेल पुरस्कार विजेताओं का गढ़ बन गया। यहीं से शिक्षित मेरी की पुत्री आइटीन जूलियट तथा दामाद फ्रेडरिक जूलियट क्यूरी ने बाद में नोबेल पुरस्कार प्राप्त किया।

प्रथम विश्वयुद्ध के दौरान मेरी ने घायल सैनिकों की मोबाइल रेडियोग्राफी द्वारा इलाज व सेवा की। इस युद्ध में सेवा के लिए मेरी ने पियरे तथा स्वयं को मिले स्वर्ण पदक दान कर दिए। वह पोलैंड के लोगों के प्रति सदैव समर्पित रहीं। लोग उन्हें मैडम क्यूरी कहकर पुकारने लगे थे।

1921 में मेरी क्यूरी रेडियम इंस्टीट्यूट के लिए धन जुटाने के लिए जब अमेरिका गईं तो उनका हार्दिक स्वागत हुआ। लेकिन उनका इतने समय तक अनुसंधान कार्यों

से दूर रहना काफी थकावटपूर्ण रहा। दूसरी बार अमेरिकी यात्रा के पश्चात् 1929 में वह वॉरसा (पोलैंड) के रेडियम इंस्टीट्यूट के लिए अधिक उपकरण खरीदने में सफल हो सकीं जो उन्होंने 1925 में अपनी बहन ब्रोनिस्लावा को निदेशक बनाकर तैयार किया था।

बाद के वर्षों में मेरी क्यूरी पेरिस विश्वविद्यालय द्वारा उनके लिए बनाई गई पास्चर इंस्टीट्यूट और रेडियोएक्टिविटी प्रयोगशाला की मुखिया बन कर कार्य करती रहीं।

1934 में अंतिम बार मेरी पोलैंड की यात्रा पर गईं। कुछ माह पश्चात् ही 4 जुलाई 1934 को मेरी क्यूरी का 'रेडिएशन' से अधिक सम्पर्क में आने के कारण हुई बीमारी से फ्रांस में निधन हो गया। वह उस समय 66 वर्ष की थीं। उस वक्त रेडिएशन के बुरे प्रभावों के बारे में अधिक जानकारी नहीं थी और मेरी ने अपना अधिकांश जीवन बिना सुरक्षा एहतियात बरते रेडिएशन के सम्पर्क में बिताया था। वह प्रयोगों के टेस्ट ट्यूब जिनमें रेडियोएक्टिव आइसोटोप होते थे अपनी जेबों में डाले रखती थीं और उन्हें अपनी मेज की दराजों में भी रखती थीं, जिनकी नीली हरी रोशनी से उनका हरदम सम्पर्क रहता था।

उन्हें अपने पति पियरे क्यूरी के साथ स्किऔक्स में दफनाया गया। उनकी मृत्यु के 60 वर्ष पश्चात् उन दोनों के शवों को उनकी महान उपलब्धियों के कारण पेरिस के पैंथियान में शिफ्ट कर दिया गया। वह ऐसी प्रथम व एकमात्र महिला हैं जिन्हें अपनी उपलब्धियों के कारण पैंथियॉन में दफनाया गया है।

मेरी क्यूरी समय से आगे चलने वाली स्वतुन्त्र, बुद्धिमान महिला थीं, जिन्हें अपनी प्रसिद्धि व उपलब्धियों पर घमंड नहीं था।

पुरस्कार व अन्य सम्मान

नोबेल पुरस्कार जीतने वाली प्रथम महिला मेरी क्यूरी दो बार नोबेल पुरस्कार जीतने वाली भी प्रथम महिला थीं। उन्हें निम्न पुरस्कार व सम्मान प्रदान किए गए :

- ☆ 1903 में मेरी को भौतिक शास्त्र का नोबेल पुरस्कार मिला।
- ☆ 1903 में उन्हें 'डेवी मेडल' प्रदान किया गया।
- ☆ 1904 में मेरी को 'मेट्यूसी मेडल' प्रदान किया गया।
- ☆ 1909 में उन्हें 'इलियट क्रेसन मेडल' दिया गया।
- ☆ उन्हें फ्रांस का प्रतिष्ठित 'लीजन ऑफ ऑनर' प्रदान किया गया।
- ☆ पोलैंड में मेरी क्यूरी को अनेक विश्वविद्यालयों व संस्थानों द्वारा आनरेरी डाक्टरेट प्रदान किया गया। 1912 में लाऊ पोलिटेक्नीक द्वारा 1922

में पोजनान यूनीवर्सिटी द्वारा, 1924 में क्राकोज जेगीलोनियन यूनीवर्सिटी द्वारा, 1926 में वारसा पोलीटेक्नीक द्वारा उन्हें आनरेरी डाक्टरेट प्रदान किया गया।

- ☆ वारसा रेडियम इंस्टीट्यूट जिसकी स्थापना मेरी क्यूरी ने की थी, के बाहर 1935 में मेरी क्यूरी की बड़ी मूर्ति लगाई गई।
- ☆ 1967 में मेरी क्यूरी के जन्म स्थान वारसा के यूलिटा फ्रेटा में मेरी क्यूरी का संग्रहालय बनाया गया है। इसे 'न्यू टाउन' एरिया कहा जाता है।
- ☆ वर्ष 1911 को फ्रांस तथा पोलैंड द्वारा 'मेरी क्यूरी वर्ष' घोषित किया गया है। उनकी वहाँ कलाकृति रूप में तस्वीरें लगाई गई हैं।
- ☆ उनकी उपलब्धियों के कारण 'मेरी' प्रथम महिला हैं जिन्हें 1995 में पेरिस के पैंथियान में शिफ्ट करके दफनाया गया।
- ☆ रेडियोएक्टिविटी की एक यूनिट का नाम पियरे तथा मेरी क्यूरी के नाम पर 'क्यूरियम' रखा गया है।
- ☆ 1944 में पोलैंड में मेरी के नाम पर ल्यूबलिन में 'मारिया क्यूरी स्क्लोदोवस्का यूनीवर्सिटी' खोली गई है।
- ☆ रेडियोएक्टिव मिनरल का नाम भी क्यूरी दम्पत्ति के नाम पर-क्यूराइट, स्क्लोदोवस्काइट, कप्रोस्क्लोदोवस्काइट रखा गया है।
- ☆ पोलैंड के 20,000 के बैंक नोट पर 1980 के दशक में फोटो छपी थी, उनके चित्रों के सिक्के व डाक टिकट जारी किए गए।
- ☆ फ्रांस में 500 फ्रैंक के नोट पर मेरी क्यूरी की फोटो छपी थी।
- ☆ फ्रांस में विज्ञान, तकनीक तथा औषधि की सबसे बड़ी यूनीवर्सिटी का नाम 'पियरे एंड मेरी क्यूरी यूनीवर्सिटी' है। इसमें वह प्रयोगशाला भी है जहां क्यूरी दम्पत्ति ने रेडियम की खोज की।
- ☆ पेरिस में क्यूरी म्यूजियम तथा क्यूरी इंस्टीट्यूट है।
- ☆ 2007 में पेरिस के एक मेट्रो स्टेशन का नाम 'पियरे एट मेरी क्यूरी' मेट्रो स्टेशन रख दिया गया।
- ☆ सोवियत रूस में 'मेरी' पर डाक टिकट जारी किया गया है।
- ☆ अनेक अमेरिकी संस्थानों के नाम मेरी क्यूरी के नाम पर रखे गए हैं-यूनीवर्सिटी ऑफ बफेलो में मारिया स्क्लोदोवस्का क्यूरी मेडालियन बनाया गया है, शिकागो के साउथवेस्ट में आर्चर हाइट्स पर क्यूरी मेट्रोपोलिटन हाई स्कूल है, बे साइड क्वीन्स, न्यूयार्क में मेरी क्यूरी के नाम पर 'एम एस 158' नामक स्कूल में विज्ञान व तकनीक की विशेष

शिक्षा दी जाती है, शिकागो के टोयोटा यूनीवर्सिटी स्ट्रिच स्कूल' ऑफ मेडीसिन में छात्रों के संगठित होने वाले हॉल का नाम 'क्यूरी कम्युनिटी' रखा गया है।

- ☆ 'मेरी क्यूरी' नामक फिल्म अमेरिका में 1943 में बनाई गई जिसे ऑस्कर में नामांकन भी मिला।
- ☆ 1997 में फ्रांस में उन पर फिल्म बनाई गई।
- ☆ 2009 में हुए एक सर्वे में मेरी क्यूरी को 25 प्रतिशत वोट मिले और उन्हें विज्ञान में सबसे अधिक प्रेरक महिला चुना गया।
- ☆ मेरी क्यूरी की पुत्री आइटीन क्यूरी को 1935 में रसायन शास्त्र का नोबेल पुरस्कार प्राप्त हुआ जिन्होंने खोज की कि अल्युम्यनियम को भी रेडियो एक्टिव बनाया जा सकता है और यह न्यूटान छोड़ सकता है यदि इस पर अल्फा किरणें डाली जाएँ। मेरी क्यूरी की छोटी बेटी ईव क्यूरी ने अपनी माँ की जीवनी लिखी है।

बर्था वॉन सटनर

(Bertha Von Suttner)

1843-1914

नोबेल पुरस्कार : शांति, 1905
राष्ट्रीयता : आस्ट्रियन

बर्था वॉन सटनर एक आस्ट्रियन उपन्यासकार थीं और शांति के क्षेत्र में पुरस्कार पाने वाली प्रथम महिला थीं। उन्होंने अपने जीवन में विश्व शांति के लिए बहुत कार्य किया। अल्फ्रेड नोबेल बर्था से बहुत प्रभावित थे। ऐसा माना जाता है कि अल्फ्रेड नोबेल को शांति का नोबेल पुरस्कार शुरू करने की प्रेरणा बर्था से ही मिली।

आरम्भिक जीवन व शिक्षा

बर्था का पूरा नाम बर्था फेलिसी सोफी फ्रीफ्रा वॉन सटनर था, जिनका जन्म काउंटेस किन्सकी वॉन के रूप में 9 जून 1843 को हुआ था। बर्था का जन्म बोहेमिया के प्राग में, जो उस समय आस्ट्रिया का हिस्सा था, आस्ट्रियन फील्ड मार्शल फ्रैंज जोसेफ

ग्राफ किन्सकी तथा सोफी वॉन कार्नर के यहां हुआ था। उनके नाना भी केवलरी कैप्टन थे। उनका लालन-पालन उनकी माँ ने ही किया। उनकी देखभाल बहुत ही अनुशासित व मिलिटरी जैसे सख्त माहौल में हुई जिसे उन्होंने अपने आरम्भिक जीवन में आसानी से स्वीकार कर लिया लेकिन अपनी बाद की आधी ज़िंदगी में वे उन्हीं चीज़ों का विरोध करती रहीं।

बर्था ने युवावस्था में भाषाओं व संगीत की शिक्षा प्राप्त की। वह आपेरा सिंगर बनना चाहती थीं। उन्हें पढ़ने तथा यात्राएं करने का बहुत शौक था। 30 वर्ष की आयु में वह अपनी माँ के ऊपर आर्थिक बोझ नहीं डालना चाहती थीं, अतः उन्होंने 1873 में वियना के सटनर परिवार में चार बच्चों की अध्यापिका व साथी की नौकरी कर ली। जहाँ उनकी मुलाकात अपने भावी पति से हुई जो परिवार का सबसे छोटा बेटा था। उसका नाम आर्थर गंडाकर फ्रीहर वॉन सटनर था। आर्थर (1950-1902) बर्था से 7 वर्ष छोटे इंजीनियर व उपन्यासकार थे। बर्था को आर्थर से प्यार हो गया लेकिन आर्थर के परिवार ने इसका विरोध किया।

अल्फ्रेड नोबेल से मुलाकात

1876 में अल्फ्रेड नोबेल ने सेक्रेटरी पद के लिए समाचार पत्र में विज्ञापन दिया। अल्फ्रेड को सेक्रेटरी व घर संभालने वाली हाउस कीपर की आवश्यकता थी। प्यार में निराश बर्था को सटनर परिवार से निकाल दिया गया और बर्था ने नोबेल को विज्ञापन के उत्तर में पत्र लिखा और पेरिस चली गईं। नोबेल ने उन्हें नौकरी पर रख लिया। वह बर्था के कार्य से बहुत प्रभावित थे। अल्फ्रेड उस वक्त 43 वर्ष के तथा बर्था 35 वर्ष की थीं। अल्फ्रेड को बर्था पसन्द आने लगी थीं अतः उन्हें 'प्रपोज' करने के लिए उन्होंने बर्था से पूछा कि क्या वह किसी से प्यार करती है? बर्था ने रोते हुए आर्थर सटनर की कहानी सुना दी।

एक सप्ताह के भीतर आर्थर सटनर ने बर्था को वियना बुलाया। बर्था अल्फ्रेड को बिना बताए वियना चली गईं और गुपचुप तरीके से आर्थर से विवाह कर लिया। चूंकि आर्थर का परिवार इस विवाह के विरोध में था अतः यह दम्पत्ति काकेशस चला गया। इस बीच अल्फ्रेड को बर्था के विवाह का समाचार मिला तो वह बहुत दुखी हुए और उन्होंने बर्था से मिलने का मन बनाया। वह उनसे मिलने वियना गए लेकिन तब तक वह अपने पति के साथ काकेशस जा चुकी थीं। दोनों 9 वर्ष तक वहीं रहे। उनका गुज़ारा मुश्किल से चलता रहा। वे संगीत तथा भाषाओं की शिक्षा देते रहे, फिर वे लेखन में सफल हुए।

यद्यपि 1876 के बाद बर्था अल्फ्रेड नोबेल से केवल दो बार मिली लेकिन 1896 में अल्फ्रेड की मृत्यु तक उनका आपसी पत्र व्यवहार सदैव चलता रहा और उनकी

मित्रता बनी रही। उनकी अंतिम भेंट अगस्त 1892 में ज्यूरिख में हुई जिसके बाद बर्था ने एक शांति कांग्रेस में बर्न में भाग लिया। बर्था ने 1891 में आस्ट्रियन पेसिफिस्ट संगठन की स्थापना की थी जिसका उद्देश्य शांति आंदोलन चलाना था। बर्था अपनी गतिविधियों की जानकारी पत्र द्वारा अल्फ्रेड नोबेल को सदैव देती रहती थीं। उनकी इन गतिविधियों से अल्फ्रेड काफी प्रभावित थे, इसी कारण ऐसा माना जाता है कि अल्फ्रेड ने अपनी वसीयत में पुरस्कारों का ज़िक्र करते हुए शांति पुरस्कार की भी व्यवस्था की।

वैवाहिक जीवन, सामाजिक लेखन कार्य

अपने नौ वर्षों के काकेशस प्रवास में बर्था ने कई पुस्तकें लिखीं। उन्होंने पहली पुस्तक 'एस लोवोस' लिखी जिसमें उन्होंने पति के साथ जीवन का कवितामय चित्रण किया। इसके अतिरिक्त उन्होंने चार उपन्यास लिखे। उनकी प्रथम गम्भीर पुस्तक 'इन्वेंटरी ऑफ ए सोल' में बर्था ने अपने विचारों व कल्पनाओं का ज़िक्र किया है जो वह व उनके पति साथ-साथ पढ़ते व सोचते रहे। उन्होंने इस वक्त डार्विन एंड स्पेंसर की पुस्तकें पढ़ीं, जिसका ज़िक्र पुस्तक में किया और ऐसे समाज की कल्पना की जिसमें शांति द्वारा उन्नति हो।

1885 में सटनर के परिवार का गुस्सा समाप्त हो गया तब बर्था व आर्थर आस्ट्रिया लौट आए। यहीं पर बर्था ने अपना अधिकांश लेखन कार्य किया। विशेषकर अधिकांश उपन्यास लिखे। अब उनकी जिंदगी साहित्य व लेखन तक ही सीमित हो गई थी। तभी उन्हें अपने एक मित्र से लंदन में होने वाली अन्तरराष्ट्रीय शांति एसोसिएशन के बारे में पता लगा और इसी प्रकार के अन्य संगठनों के बारे में पता लगा जो शांति के लिए कार्य कर रहे थे। बर्था ने भी अपने आदर्श के रूप में इसे स्वीकार किया था। वह सैन्य शक्ति व तोपखानों के स्थान पर शांति चाहती थीं। बर्था ने तुरन्त अपनी दूसरी गम्भीर पुस्तक 'द मशीन एज' में इस शांति के बारे में जोड़ दिया जो वह 'आर्म्ड फोर्स' के बदले चाहती थीं। यह पुस्तक जब 1889 में प्रकाशित हुई तो इसकी खूब चर्चा हुई क्योंकि इसमें उस समय की कई गतिविधियों की आलोचना के साथ ही सैन्य हथियारों के प्रयोग से भविष्य में गलत परिणामों की भविष्यवाणी की गई थी।

बर्था लेखन व सामाजिक कार्यों में लगी रहीं। 1887 में बर्था और आर्थर अल्फ्रेड की पेरिस में मुलाकात हुई। इसके बाद भी उनकी मित्रता पत्रों के माध्यम से चलती रही। बर्था सदैव विनाशकारी विस्फोटों के विनाशकारी प्रभाव की चर्चा व आलोचना किया करती थीं। अल्फ्रेड का मत विस्फोटकों के बारे में एकदम उलट था। उनका मानना था कि विनाशकारी विस्फोटकों के डर से ही युद्ध का खात्मा तथा विश्व में

शांति स्थापित की जा सकती है। इस प्रकार बर्था और अल्फ्रेड दोनों ही विश्व शांति के बारे में सोचा करते थे। यह अलग बात है कि दोनों की सोच विपरीत दिशा में थी।

इन्हीं दिनों बर्था के दिमाग में आया कि एक ऐसा उपन्यास लिखा जाए जिसका उद्‌देश्य विश्व में शांति फैलाने वाले विचारों को प्रेरित करना हो। तब बर्था ने ऐसे उपन्यास पर कार्य करना शुरू किया। इसकी हीरोइन सदैव युद्ध के भय से घबराती रहती है। युद्ध के बारे में बर्था ने पूरी तरह खोजबीन करने के पश्चात् ही लिखा था। पूरी पुस्तक तैयार हो जाने पर यह पुस्तक 'डाई वोफेन नीडर' (ले डाउन यौर आर्म्स) के नाम से 1889 के अंत में प्रकाशित हुई। यह पुस्तक इतनी अधिक वास्तविकता पूर्ण थी कि इसने लोगों के दिलो दिमाग पर गहरा असर डाला। इसके बाद लेखिका शांति आंदोलनों से और अधिक जुड़ गईं। बर्था शांति के लिए मीटिंग करने लगीं, अपनी समस्त शक्ति शांति स्थापित करने के लिए लेखन में लगाने लगीं, शांति समूहों की स्थापना करने लगीं, पूरे विश्व में भ्रमण करके इस बारे में चर्चा करने व लेक्चर देने लगीं।

1891 में उन्होंने वेनीशियन शांति समूह की स्थापना की। उन्होंने आस्ट्रियन शांति सोसायटी की स्थापना की, जिसकी वह लम्बे समय तक अध्यक्ष रहीं। उन्होंने अन्तरराष्ट्रीय शांति सम्मेलन में भाग लिया। फिर बर्न पीस ब्यूरो के लिए धन जुटाना शुरू किया।

1892 में बर्था ने एक अन्तरराष्ट्रीय शांति समाचार पत्र 'डाइ वाफेन नीडर' निकालना शुरू किया जिसका नाम उनकी पुस्तक के नाम पर ही था। वह इस पत्र की सम्पादिका 1892 से 1899 तक रहीं। इस पत्र से उन्हें अन्तरराष्ट्रीय ख्याति मिली क्योंकि वह इसमें तत्कालीन घटनाओं पर नियमित चर्चा व अपने विचार प्रस्तुत करती रहती थीं। उनकी शांतिवादिता इमेनुअल कान्त, हेनरी थामस बकल, हर्बर्ट स्पेंसर, चार्ल्स डार्विन, लियो टाल्स्टाय के लेखन से प्रभावित थीं। बर्था एक पत्रकार भी थीं और सटीक राजनीतिक टिप्पणियाँ भी किया करती थीं। 1892 में ही बर्था ने अल्फ्रेड से वादा किया कि वह उन्हें अपने शांति आंदोलनों से अवगत कराती रहेंगी और यदि सम्भव हुआ तो वह उन्हें उससे सहमत भी कराने का प्रयास करेंगी। कुछ समय बाद उन्हें महसूस हुआ कि अल्फ्रेड नोबेल को समझाने में कुछ हद तक सफल हो रही हैं तभी जनवरी 1893 में एक पत्र मिला जिसमें उन्होंने एक शांति पुरस्कार का जिक्र किया था कि वह ऐसा कुछ शुरू करना चाहते हैं। 1896 में अल्फ्रेड नोबेल की मृत्यु के पश्चात् ज्ञात हुआ कि उनकी वसीयत में उन्होंने शांति पुरस्कार भी स्थापित किया था। बाद में यही शांति पुरस्कार 1905 में बर्था वॉन सटनर को दिया गया।

बर्था ने अपने पति के साथ कजार्स मेनीफेस्टो और 1899 की शांति कांफ्रेंस

के लिए समर्थन पाने के लिए कठिन प्रयास किये। इसके लिए उन्होंने जन समूह के साथ मीटिंग कमेटी बनाना, भाषण देने जैसे कार्य किए। उन्होंने अपनी कांफ्रेस के बारे में पूरी रिपोर्ट 'न्यू फ्री प्रेस' तथा अन्य पत्रों को भेजी। इसके बाद अगले वर्ष इसमें लेख भी प्रकाशित कराए। ताकि कांफ्रेस द्वारा प्रस्तावित स्थायी 'कोर्ट ऑफ आर्बिट्रेशन' स्थापित हो सके।

1902 में बर्था के पति आर्थर की मृत्यु के पश्चात् बर्था ने अपना कार्य जारी रखने का फैसला किया जिसे आर्थर ने सदैव जारी रखने का आग्रह किया था। इसके बाद उन्होंने वियना के शांति मिशन के लिए भाषण देने के लिए टूर करना जारी रखा और केवल शांति स्थापना के लिए लेखन करने का निर्णय किया।

1905 में जब बर्था को शांति का नोबेल पुरस्कार मिला तो ऐसा माना जा रहा था कि वे 'पासी' के साथ शांति आंदोलन का नेतृत्व सहयोग करने के लिए तैयार थीं। अगले वर्षों में बर्था ने एंग्लो जर्मन फ्रेंडशिप कमेटी बनाने में महत्त्वपूर्ण भूमिका अदा की, जिसकी 1905 के शांति सम्मेलन में योजना बनाई गई थी। उन्होंने चीन के सैन्यीकरण की ओर भी लोगों को आगाह किया। 1907 में हेग पीस कांफ्रेस में शांति को बढ़ावा देने के लिए बर्था ने लेक्चर दिए, लेख लिखे तथा इन्टरव्यू दिए। उन्होंने 1908 को 'लंदन पीस कांग्रेस' में इस बारे में चर्चा की। उन्होंने बार-बार कहा कि 'यूरोप इज़ वन' यानी सारा यूरोप एक है, आगे आने वाले खतरों से बचने के लिए यूरोप को संगठित होकर रहना चाहिए।

उनका अंतिम शांति प्रयास 1912 में हुआ, जब वह लगभग 70 वर्ष की थीं। तब उन्होंने अपना दूसरा लेक्चर देने के लिए अमेरिका की यात्रा की। पहली यात्रा उन्होंने 1904 में अमेरिका के बोस्टन में 'इंटरनेशनल पीस कांग्रेस' में सम्मिलित होने के लिए की थी।

अगस्त 1913 में, जब बर्था कुछ-कुछ बीमार रहने लगी थीं, तब उन्होंने हेग की 'इंटरनेशनल पीस कांग्रेस' में हिस्सा लिया जहाँ उन्हें शांति आंदोलन का 'जेनेरेलिज्मो' की उपाधि देकर सम्मानित किया गया। मई 1914 में वह वियना में सितम्बर में होने वाली 21वीं 'पीस कांग्रेस' के तैयारी में जुट गईं। लेकिन उनकी बीमारी, सम्भवतः कैंसर, तेज़ी से बढ़ने लगी, वह 21 जून 1914 को वह इस दुनिया को अलविदा कह गईं। उसके ठीक दो माह बाद, विश्वयुद्ध छिड़ गया, जिसकी वह चेतावनी देती रही थीं और जिसके विरुद्ध वह संघर्ष करती रही थीं।

उनकी अंतिम इच्छा के अनुसार उन्हें गोथा में दफनाया गया। विश्वयुद्ध और उसके बाद मची अशांति ने बर्था के न केवल वियना में होने वाले शांति आंदोलन का अंत कर दिया वरन वियना में उनका स्मारक बनने की उम्मीद भी खत्म कर दी।

बर्था के सम्मान में सिक्के व डाक टिकट

- ☆ बर्था का चित्र आस्ट्रिया के 2 यूरो के सिक्के पर छपा है।
- ☆ आस्ट्रिया के पुराने 1000 शिलिंग के बैंक नोट पर भी बर्था का फोटो छपा था।
- ☆ 2005 में जर्मनी में उनकी याद में डाक टिकट जारी किया गया।
- ☆ हाल ही में बर्था वॉन सटनर को उच्च मूल्य वाले संग्रहणीय सिक्के '2008 यूरोप टेलर' के लिए चुना गया। इन सिक्कों के दूसरी ओर यूरोप के महत्त्वपूर्ण लोगों का चित्र छापा जाता है, जिनमें बर्था वान सटनर को भी चुना गया। इनमें 'मार्टिन लूथर, एन्टोनियो विवाल्डी आदि के चित्र अंकित हैं।
- ☆ 1914 में होल्गर मैडसन तथा कार्ल थियोडोर ड्रेयर ने 'डाय वाफेन नीडर' नामक फिल्म बनाई जिसे नॉरडिस्क फिल्मूस कम्पनी ने 1914 में रिलीज़ किया।
- ☆ 1952 में जर्मनी में एक फिल्म 'नो ग्रेटर लव' बनाई गई, जिसका मुख्य किरदार बर्था पर ही आधारित था।
- ☆ बर्था का उपन्यास 'ले डाउन आर्म्स' युद्ध विरोधी साहित्य के रूप में प्रमुख तथा 19वीं शताब्दी के सर्वाधिक लोकप्रिय उपन्यासों में दूसरे स्थान पर है। बर्था ने अपने संस्मरणों में अल्फ्रेड नोबेल के स्वभाव व व्यक्तित्व का ज़िक्र किया है। एक महान व्यक्ति को महान उद्देश्य के लिए प्रेरित करने वाली महिला के रूप में बर्था वॉन सटनर को सदैव याद किया जाएगा।

सेल्मा लागरलोफ

(Selma Lagerlof)

1858-1940

नोबेल पुरस्कार : साहित्य, 1909

राष्ट्रीयता : स्वीडिश

सेल्मा लागरलोफ साहित्य का नोबेल पुरस्कार पाने वाली प्रथम महिला थीं। सेल्मा का पूरा नाम सेल्मा ऑटिलिया लॉविसा लागरलोफ था। उनकी सबसे अधिक चर्चित कृति एक बाल कृति है जिसका नाम है 'द वंडरफुल एडवेंचर्स ऑफ नील्स'। सेल्मा स्वीडिश लेखिका थीं अर्थात् वह नोबेल पुरस्कार के जनक अल्फ्रेड नोबेल के देश स्वीडन की ही रहने वाली थीं। नोबेल ने अपनी वसीयत में कहा था कि नोबेल पुरस्कार बिना राष्ट्रीयता के भेदभाव के दिये जाएंगे। सेल्मा लागरलोफ स्वीडन की प्रथम लेखिका थीं जिन्हें 51 वर्ष की आयु में साहित्य का 1909 का नोबेल पुरस्कार प्राप्त हुआ। इसके पूर्व नौ लोगों को साहित्य का नोबेल पुरस्कार प्राप्त हो चुका था, परन्तु सेल्मा यह पुरस्कार पाने वाली प्रथम महिला थीं।

आरम्भिक जीवन व शिक्षा

सेल्मा का जन्म 20 नवम्बर 1858 को पश्चिमी स्वीडन के मरबाका एस्टेट में वार्मलैंड में हुआ था। सेल्मा लेफ्टीनेंट एरिक गुस्ताफ लागरलोफ तथा लुईस लागरलोफ की पुत्री थीं। वह अपने माता-पिता की चौथी संतान थीं, वह कूल्हे की चोट के साथ जन्मी थीं। बचपन की इस बीमारी के कारण वह बचपन में ही लंगड़ी हो गई थीं हालांकि बाद में इलाज के बाद वह थोड़ी ठीक हो गईं थीं। वह बचपन से ही चुप रहने वाली व अपनी उम्र के बच्चों से अधिक गम्भीर व शान्त थीं। उन्हें पढ़ने का बेहद शौक था। 1884 में मरबाका एस्टेट उनके पिता की बीमारी के कारण बेचना पड़ा जिससे उनके विकास पर खराब प्रभाव पड़ा।

उनका लालन-पालन उनकी नानी एलिसाबेट मारिया वेनेर्विक के मरबाका एस्टेट में हुआ था। वह 1881 तक वहीं रहीं। अपनी नानी द्वारा सुनाई गई कहानियाँ सुनकर सेल्मा बड़ी हुईं। पढ़ने का शौक गवर्नेस द्वारा शिक्षा आदि का प्रभाव यह हुआ कि सेल्मा को लेखक बनने की प्रेरणा मिली। उन्होंने कुछ कविताएं व नाटक लिखे।

धन की कमी, पिता की पीने की आदत, साथ में बचपन में लंगड़ेपन का अहसास जिसमें वह 2 वर्ष तक पैरों पर नहीं चल सकीं, इन सबने सेल्मा को काफी हताश कर दिया। लेखक अन्ना फ्राइसेल ने अपनी ज़िम्मेदारी पर सेल्मा की सहायता का निर्णय लिया और उसकी शिक्षा के लिए लोन फाइनेंस करा लिया।

स्कूली शिक्षा में सेल्मा ने 19वीं शताब्दी के कई महत्त्वपूर्ण लेखकों की रचनाएं पढ़ीं जैसे हेनरी स्पेंसर, थियोडोर पारकर, चार्ल्स डार्विन। उन्होंने अपने बचपन से ही स्वयं प्रश्न किए, फिर ईश्वर की नैतिकता व अच्छाइयों में यकीन करने लगीं। इसी वर्ष उन्होंने स्नातक शिक्षा पूर्ण की, उसी वर्ष उनके पिता की मृत्यु हो गई। सेल्मा ने स्टाकहोम के वीमेन्स हायर टीचर ट्रेनिंग कॉलेज में प्रवेश ले लिया। 1885 में वह लैंड्सक्रोना में अपनी मां के पास रहने आ गईं और गर्ल्स सेकेन्डरी स्कूल में शिक्षिका बन गईं। वह वहाँ 10 वर्ष तक बच्चों को कहानियां सुनातीं व अध्यापन करती रहीं। वह मुख्य रूप से उन्हीं महापुरुषों की कहानियाँ सुनाती थीं जो उन्होंने बचपन में पढ़ी थीं। वह खाली समय में लेखन कार्य करती रहीं।

लेखन कार्य

यद्यपि सेल्मा बचपन से कविताएं लिखती रही थीं, लेकिन 1890 तक उन्होंने कोई रचना प्रकाशित नहीं कराई थी। तभी एक स्वीडिश साप्ताहिक पत्रिका में एक साहित्यिक प्रतियोगिता में उन्होंने पहली बार अपने प्रथम उपन्यास 'गोस्टा बर्लिंग्स सागा' के कुछ अध्याय भेजे जिसमें उन्हें प्रथम पुरस्कार मिला। इसके पश्चात् वह अध्यापन

की नौकरी छोड़कर अपना उपन्यास पूरा करने में समय लगाने लगीं क्योंकि उन्हें उपन्यास पूरा करने का अनुबंध मिला था। इसका विषय ब्यूटी वर्सेज ड्यूटी तथा जॉय वर्सेज गुड था। उन्हें फ्रेडरिका लिमनेल द्वारा भी आर्थिक सहायता मिली ताकि वह अपना ध्यान लेखन पर केन्द्रित कर सके।

अगले वर्ष 1891 में सेल्मा का उपन्यास 'गोस्टा बर्लिंग्स सागा' प्रकाशित हो गया, जो उनकी प्रथम व सर्वश्रेष्ठ कही जाने वाली रचना थी। लेकिन समीक्षकों द्वारा इसकी अच्छी प्रतिक्रिया नहीं मिली। डेन्मार्क में अच्छी प्रतिक्रिया के कारण उनका लेखन के प्रति उत्साह बढ़ गया।

इसके बाद सेल्मा लागरलोफ ने अपनी अगली पुस्तक 'इनविजिबल लिंक्स' लिखी जिसमें उन्होंने कई कहानियां मध्यकालीन स्कॅंडीनेविया तथा कई आधुनिक समाज के बारे में लिखी थीं।

1894 में जब उनकी दूसरी पुस्तक प्रकाशित हुई तथा सेल्मा की मुलाकात सोफी एल्कान नामक लेखक से हुई। धीरे-धीरे दोनों में दोस्ती हो गई और आपस में पत्रों का एडान-प्रदान होने लगा। बाद में सेल्मा को उनसे गहरा प्यार हो गया। बाद के वर्षों में सेल्मा और एल्कान एक दूसरे की आलोचना भी करते रहे। सेल्मा ने अपने लेखन पर एल्कान के प्रभाव का ज़िक्र भी किया है। कई बार सेल्मा एल्कान के दिशा-निर्देश से अलग तरह सोचती थीं और उनसे सहमत नहीं होती थीं। ऐसा लगने लगा कि एल्कान को सेल्मा की सफलता से ईष्या होने लगी थी।

1895 तक सेल्मा ने अध्यापन कार्य पूर्णतः छोड़कर स्वयं को लेखन के प्रति समर्पित कर दिया। उन्होंने और एल्कॉन ने 'गोस्टा बर्लिंग्स सागा' से मिले धन और स्कॉलरशिप से इटली की यात्रा की। वहाँ एक ईसाई बच्चे को गलत धारणा के आधार पर महान बना दिया गया था, जिसे देखकर सेल्मा को अपना अगला उपन्यास लिखने की प्रेरणा मिली। 'द मिरेकल्स ऑफ द एन्टीक्राइस्ट' नाम उपन्यास में उन्होंने ईसाई धर्म और सामाजिक नैतिक सिस्टम की विवेचना की है।

1897 में सेल्मा लॉगरलॉफ फालुन चली गईं। वहाँ उनकी मुलाकात वालबोर्ग ओलेन्डर से हुई जो उनका मित्र, सहयोगी तथा साहित्यिक सहायक बन गए। अब एल्कान की ईर्ष्या इनके सम्बन्धों में बाधक हो रही थी। ओलेन्डर 'महिलाओं के कष्टों के लिए' भी स्वीडन में आंदोलन चला रहे थे।

सेल्मा का लेखन कार्य जारी रहा। वह मध्यकालीन 'सुपरनेचुरल' तथा धार्मिक विषयों पर लिखती रहीं। उनका दो भागों में लिखा उपन्यास 'जेरुशलम' (1901-1902) लोगों द्वारा पसन्द किया गया। उन्होंने 'क्राइस्ट लेजेन्ड्स' नामक कहानियों की पुस्तक लिखी जिसे ईसाई धर्म मानने वालों तथा बाइबिल को केवल धार्मिक विश्वास के कारण पढ़ने वाले दोनों प्रकार के लोगों ने बेहद पसन्द किया। इस पुस्तक में सेल्मा

ने स्वीडन के किसानों के बारे में लिखा था जो 'होली लैंड' में आ बसे थे और 1900 में सेल्मा उनसे मिली थी। यह पहली पुस्तक थी जिसे फौरन सफलता मिली थी।

1904 में सेल्मा और एल्कॉन ने स्वीडन की खूब यात्रा की क्योंकि तब सेल्मा एक भिन्न प्रकार की पुस्तक स्कूल के लिए तैयार कर रही थीं। यह पुस्तक स्वीडन के इतिहास तथा भूगोल के बारे में बच्चों के लिए थी। इस पुस्तक का नाम 'द वन्डरफुल वॉयेज ऑफ नील्स होल्गरसन' था, जो स्वीडन के कई स्कूलों में पसन्द की गई और पढ़ाई जाने लगी। कुछ लोगों ने इस पुस्तक के वैज्ञानिक तथ्यों की आलोचना की और इसे संशोधित करने का आग्रह किया।

1907 में सेल्मा को पता लगा कि उनके परिवार का पूर्व निवास मरबाका पुनः बिक रहा है जो बहुत जर्जर हालत में है। सेल्मा ने उसे खरीद लिया और वहीं रह कर कुछ वर्ष तक उसे पुनः सजाने-संवारने का कार्य किया। उन्होंने उसके पास की ज़मीन भी खरीद ली।

सेल्मा की कृतियों पर फिल्में

1917 में निर्देशक विक्टर जोस्ट्राम ने सेल्मा की कुछ कृतियों पर फिल्में बनाना आरम्भ किया। तब 1917 से 1922 तक वे प्रतिवर्ष लगातार मूक फिल्में बनाते रहे। 1927 में 'गोस्टा बर्लिंग्स सागा' पर फिल्म बनी।

बाद का जीवन

1920 में सेल्मा ने मरबाका में नया मकान तैयार करा लिया लेकिन मकान पूरा होने के पूर्व एल्कान की 1921 में मृत्यु हो गई।

1925 में सेल्मा ने ऐतिहासिक विषय पर तीन पुस्तकें लिखीं, ये पुस्तकें 'द रिंग ऑफ लॉकेन्सकोल्ड' नाम से तीन भाग में हैं। 1922 से 1932 से तक उन्होंने अपने अनेक संस्मरण 'मरबाका' नाम से प्रकाशित कराए।

1933 में सेल्मा ने एल्कान की स्मृति में अपनी महत्त्वपूर्ण चीज़ें नाज़ी जर्मनी के विरुद्ध यहूदी शरणार्थियों को दान कर दीं जिससे जर्मनी में उनकी पुस्तकों का बहिष्कार होने लगा। उन्होंने जर्मनी के कुछ बुद्धिजीवियों को नाज़ी जर्मनी से बाहर निकालने में मदद की। उन्होंने कवयित्री नेली साख्स को भी वीज़ा दिलवाने में मदद की।

सेल्मा लागरलोफ देखने में विशेष सुन्दर नहीं थीं। उन्हें कुछ दिनों के लिए किसी से प्यार हुआ, परन्तु यह प्यार सफल नहीं हो सका। सेल्मा 6 भाषाएं अच्छी तरह से पढ़-लिख लेती थीं। उनकी रचनाएं राष्ट्रीय भावनाओं पर आधारित हैं। सेल्मा जीवन-भर अविवाहित रहीं। 16 मार्च 1940 को 81 वर्ष की आयु में 'सेरीब्रल हेमरेज'

से उनका निधन हो गया।

नोबेल पुरस्कार

1909 में सेल्मा को साहित्य का नोबेल पुरस्कार प्रदान किया गया। इसके बाद वे लेखन से जुड़ी रहीं। 1911 में उन्हें ऑनरेरी डाक्टरेट की डिग्री प्रदान की गई। 1914 में सेल्मा स्वीडिश अकादमी में सदस्य चुनी गईं। वह इस अकादमी के लिए चुनी जाने वाली प्रथम महिला थीं।

1911 में सेल्मा लागरलोफ ने 'इंटरनेशनल एलायंस फॉर फीमेल सफरेज' में भाषण दिया। उनका महत्त्वपूर्ण भाषण सारे संसार के समाचार पत्रों में प्रकाशित हुआ। उनकी रचना 'द आउट कास्ट' में मानव जीवन पर युद्ध के कुप्रभाव व आतंक का चित्रण है। 1922 में अमेरिका में इस पुस्तक का अनुवाद प्रकाशित हुआ। प्रथम विश्वयुद्ध के दौरान भी सेल्मा ने शांतिवादी की भूमिका निभाई। युद्ध के लिए लोगों को हतोत्साहित करने के दौरान वह लेखन कार्य नहीं कर सकीं, इस कारण उन्होंने स्वयं को शांतिवादी व महिला समस्याओं से ज्यादा जोड़ लिया।

द्वितीय विश्वयुद्ध के शुरू के दौरान सेल्मा ने अपना नोबेल पुरस्कार मेडल तथा स्वर्णपदक स्वीडिश अकादमी से फिनलैंड सरकार को भेजे ताकि सोवियत यूनियन से युद्ध के लिए धन एकत्र किया जा सके। फिनलैंड सरकार उनके इस व्यवहार से इतनी प्रभावित हुई कि उसने अन्य साधनों से प्रयास करके धन एकत्र किया और उनके मेडल वापस भेज दिए। 1928 में उन्हें यूनीवर्सिटी ऑफ ग्रीफस्वाल्ड की फैकल्टी ऑफ आर्ट्स की ओर से आनरेरी डाक्टरेट प्रदान किया गया।

अन्य सम्मान

- ☆ सेल्मा के सम्मान में 1959 में सोवियत संघ में डाक टिकट निकाला गया।
- ☆ मरबाका में उनके घर को उनका संग्रहालय बना दिया गया।
- ☆ 1922 से उनका चित्र स्वीडन की करेंसी '20 क्रोना' के नोट पर छापा जाता है।
- ☆ सने में उनके नाम पर दो होटलों का नाम रखा गया है।

ग्रेज़िया डेलेडा

(Grazia Deledda)

1871-1936

नोबेल पुरस्कार : साहित्य, 1926

राष्ट्रीयता : इटैलियन

साहित्य का नोबेल पुरस्कार प्राप्त करने वाली दूसरी महिला ग्रेज़िया डेलेडा थीं। वह इटली की लेखिका थीं। उन्हें वास्तविक जीवन की घटनाओं से प्रेरित लेखन तथा मानव जीवन की समस्याओं के गहराई से चित्रण के कारण साहित्य का नोबेल पुरस्कार प्रदान किया गया।

आरम्भिक जीवन व शिक्षा

ग्रेज़िया का जन्म 27 सितम्बर 1871 को न्यूओरो के सार्डिनिया गाँव में हुआ था। उनका बचपन इसी छोटे से गाँव में बीता, जहाँ के लोग लागुडोरीज (लेटिन से सम्बन्धित) भाषा बोलते थे। 10 वर्ष की आयु तक ग्रेज़िया ने गाँव के ही प्राथमिक स्कूल में

शिक्षा प्राप्त की। इस शुरुआती शिक्षा के पश्चात् उन्हें प्राइवेट ट्यूटर द्वारा फ्रेंच तथा इटेलियन भाषा में शिक्षा प्रदान की गई।

ग्रेज़िया के पिता रईस भू-मालिक थे जो अपनी ज़मीन पर खेती किया करते थे, न्यूओरो तथा आसपास के गाँवों के लोगों से उनकी अच्छी मित्रता थी। जब इन मित्रों व परिचितों को न्यूओरो किसी व्यापार या धार्मिक कार्यों के सिलसिले में आना होता था, तो वे इन्हीं के घर पर ठहरते थे। यहीं से ग्रेज़िया ने समाज के विभिन्न वर्गों के जीवन के बारे में जानना आरम्भ किया। बाद में इन्हीं चरित्रों को उन्होंने लेखन में पात्रों के रूप में वर्णित किया।

ग्रेज़िया के पिता की 1892 में मृत्यु हो गई तथा उनकी बड़ी बहन की 1896 में गर्भपात के पश्चात् मृत्यु हो गई।

ग्रेज़िया के घर पर पढ़ाने वाले ट्यूटर ने कुछ विषय बताकर उसके बारे में लिखने को कहा। उनमें से कुछ लेख इतने अच्छे तैयार हो गए कि उन्होंने ग्रेज़िया से उन्हें किसी अखबार में प्रकाशित कराने के लिए कहा। इस वक्त ग्रेज़िया मात्र 13 वर्ष की थीं। अतः उन्हें समझ में नहीं आया कि अपनी कहानियाँ किसके पास जाकर प्रकाशित करवाएं। तभी उन्हें कोई फैशन पत्रिका मिली। उसी का पता पढ़कर ग्रेज़िया ने उसी को अपनी कहानी भेज दी। वह कहानी तुरन्त प्रकाशित हो गई।

लेखन कार्य

तब ग्रेजिया ने अपना पहला उपन्यास 1892 में 'फ्लावर ऑफ सार्डिनिया' लिखा और रोम के एक सम्पादक के पास भेज दिया। उन्होंने इसे प्रकाशित कर दिया और यह उपन्यास बहुत सफल रहा। परन्तु उन्हें सच्ची सफलता 'एलियास पोर्टूलू' से मिली जो 1903 में प्रकाशित हुआ और जिसका कई यूरोपीय भाषाओं में अनुवाद किया गया।

ग्रेज़िया को रूसी उपन्यासकारों की पुस्तकें पढ़ने का बहुत शौक था। जैसे 'कड्रसी डी' अननजियो, जियोवानी वर्गा आदि। लेकिन उनका पढ़ने का कोई संयमित तरीका नहीं था। 8 वर्ष की आयु में वह कविताएं लिखने लगी थीं। उन्होंने नौकरों, गड़रियों, किसानों आदि के जीवन की कहानियों का ध्यानपूर्वक अध्ययन किया। 15 वर्ष की आयु में उन्होंने कई कहानियाँ लिखीं। उनकी 'सार्डिनियन ब्लड' तथा 'रेमीगिया हेल्डर' नामक कहानियाँ फैशन पत्रिका में प्रकाशित हुईं। सार्डिनियन ब्लड में प्यार का त्रिकोणात्मक पहलू था जिसका वर्णन लोगों के अनुसार उनके गाँव के माहौल के हिसाब से ठीक नहीं था।

ग्रेज़िया 1888-89 में रोम और मिलान की पत्रिकाओं में लेखन करती रहीं। इसके साथ ही वह घर की ज़िम्मेदारियों को भी बखूबी निभाती रहीं। बाद के वर्षों

में उनका बड़ा भाई घर का मुखिया बन गया था। लेकिन वह शराब पीने लगा था जिससे ग्रेज़िया परेशान हो जाती थीं, जिसका ज़िक्र उन्होंने लेखन में किया है।

उनके उपन्यास 'फ्लावर ऑफ सार्डिनिया' की सफलता के बाद 'एनिमी ओनेस्ट' (Anime Oneste) उपन्यास 1895 में बहुत सफल रहा। इसमें युवा महिला के लिये परिवार का प्यार वर्णित किया गया था। इससे ग्रेज़िया को प्रसिद्धि मिली। ग्रेज़िया की शुरुआती रचनाओं में जनजीवन का बहुत चित्रण मिलता है। 'ट्रेजिऑनी पापुलारी डी न्यूओरो इन सार्डिनिया' (1895) में उन्होंने अपने गाँव के रीति-रिवाजों के बारे में लिखा है। सामान्य जन, महिला-पुरुष, ग्रामीण रिवाजों के वर्णन के कारण वह जियोवानी वर्गो (1840-1922) के सम्पर्क में आईं जो सिसिलियन लोगों का वर्णन करते थे और अनेक लेखन उनके लेखन से प्रभावित रहते थे। ग्रेज़िया के लेखन में 19वीं शताब्दी के इटली के प्रकृतिवाद से जुड़े साहित्यिक आन्दोलन की झलक भी मिलती है और वास्तविक भावनाएं जैसे प्यार, पाप, ग्लानि, मृत्यु जैसी मानव भावनाओं का चित्रण भी कहानियों में मिलता है।

विवाह

1899 में ग्रेज़िया ने न्यूओरो छोड़ दिया और कैगलिआरी चली गईं, फिर वह रोम चली गईं। 1890 में ग्रेज़िया ने पाल्मीरो मडेसानी से विवाह कर लिया। उनके दो पुत्र पैदा हुए। मडेसानी मंटुआ क्षेत्र के ज़िला अधिकारी थे, जिनसे उनकी मुलाकात सार्डिनिया की राजधानी कैगलिआरी में हुई थी। वह अपने पति मडेसानी के साथ रोम चली गईं। लेकिन उनके विचारों व प्रेरणा का केन्द्र सदैव सार्डिनिया ही रहा। उन्होंने अपने जन्म-स्थान से सदैव नाता बनाए रखा और कभी-कभार वहाँ जाती भी रहीं।

ग्रेज़िया प्रति वर्ष एक उपन्यास लिखती रहीं। उन्होंने लगभग 40 पुस्तकें लिखीं। उन्होंने बाल्ज़ाक के 'यूजीनी ग्रेन्डेट' का 1930 में इटेलियन भाषा में अनुवाद भी किया। बेनिटो मुसोलिनी ग्रेज़िया डेलेडा के लेखन के बड़े प्रशंसक थे, लेकिन उनके फासीवाद ने रोम में उनके लेखन की अधिक यादें नहीं छोड़ीं। वह वहाँ प्रतिबन्धित जीवन बिताती रहीं। देश के बाहर उन्होंने केवल एक बार 1927 में एटाकहोम जाने के लिए यात्रा की जब उन्हें नोबेल पुरस्कार प्रदान किया गया।

उनके पुरस्कार के बारे में इस प्रकार वर्णित किया गया–'ग्रेज़िया डेलेडा के उपन्यासों में मानव और प्रकृति एकीकृत हो जाते हैं। ऐसा कहा जा सकता है कि मानव ही पौधों की भांति है जो सार्डिनिया की मिट्टी में जन्म लेते हैं...।'

'द ओल्ड मैन ऑफ द माउंटेन' (1900) में उन्होंने साधारण चरित्रों के द्वारा सेक्स इच्छाओं के दमन के दुष्प्रभाव का वर्णन किया है। 1902 में प्रकाशित 'आफ्टर

द डाइवोर्स' में कास्टेंटिट नो नामक व्यक्ति की कहानी है जिसे हत्या के अपराध में लम्बी सज़ा सुनाई जाती है और तब उसकी पत्नी उसे तलाक दे देती है। अन्त में वास्तविक हत्यारे के मृत्यु के समय दिये जुर्म कुबूलने के बयान से कास्टेंटिनों छूट जाता है। उनकी अन्य कृतियाँ इस प्रकार हैं :

☆ 'एशेज', 1904 (इस पर 1916 में फिल्म भी बनी थी)
☆ 'नास्टेलजी', 1905
☆ 'लेडेरा', 1908 (1950 में इस पर फिल्म बनी)
☆ 'इल नोन्नो', 1909
☆ इल नास्त्रो पैड्रोन, 1910
☆ सिनो एल कन्फाइन, 1911
☆ कोलम्बी ई स्पारवेरी, 1912
☆ कैन एल वेन्टो, 1913 (रीड्स इन द विन्ड, 1958 में इस पर टीवी फिल्म बनी)
☆ मरियाना सिरका, 1915, इस पर 1952 में फिल्म बनी
☆ द मदर, 1920, इस पर 1954 में फिल्म बनी।
☆ इल सेग्रेटो डेलउओमो सोलीटेरियो 1921, इस पर भी 1988 में फिल्म बनी।
☆ ला ग्रेज़िया, 1921, इस पर 1929 में फिल्म बनी थी
☆ ला कासा डेल पोपटा, 1930
☆ ला विग्ना सुर मेयर, 1932
☆ कॉसिमा, 1937 (मृत्यु के पश्चात् प्रकाशित)
☆ दे सेडार ऑफ लेवनान 1939 (मृत्यु के पश्चात् प्रकाशित)

इसके अतिरिक्त भी उन्होंने अनेक पुस्तकें लिखी हैं। अन्त में कहा जा सकता है कि ग्रेज़िया डेलेडा की पुस्तकें प्यार, दर्द तथा मृत्यु की सच्चाई पर आधारित हैं, जिनमें पाप की आलोचना है। इनमें कुछ विख्यात लेखकों जैसे जियोवानी वर्गा, ग्रेब्राइल डी अन्नुनजियों का प्रभाव दिखाई देता है। इनमें सार्डिनिया के गाँव का प्राकृतिक चित्रण है।

64 वर्ष की आयु में 15 अगस्त 1936 को ग्रेज़िया दुनिया को अलविदा कह गईं।

सिग्रिड अनसेट

(Sigrid Undset)

1882-1949

नोबेल पुरस्कार : साहित्य, 1928

राष्ट्रीयता : नार्वेजियन

1926 में ग्रेज़िया डेलेडा को साहित्य का नोबेल पुरस्कार प्राप्त हुआ। उसके पश्चात् 1928 में जिस महिला को पुरस्कार प्राप्त हुआ वह थी सिग्रिड अनसेट और उन्हें भी साहित्य का नोबेल पुरस्कार प्राप्त हुआ। वह नार्वे की प्रसिद्ध उपन्यास लेखिका थीं। वह नोबेल पुरस्कार प्राप्ति के पूर्व ही प्रसिद्धि पा चुकी थीं, इस कारण उनका नाम पहले ही सुर्खियों में था।

आरम्भिक जीवन व शिक्षा

सिग्रिड का जन्म डेनमार्क के कालुन्डबोर्ग में हुआ था, लेकिन उनका परिवार उनके जन्म के 2 वर्ष पश्चात् ही नार्वे चला गया। उनका जन्म 20 मई 1882 को इन्गेवल्ड मार्टिन अनसेट और शरलॉट अनसेट के यहाँ हुआ था। वह अपनी तीन बहनों में

सबसे बड़ी थीं। उनके पिता अक्सर बीमार रहा करते थे जो प्रसिद्ध पुरातत्वविद् थे। लेकिन वह अपनी बीमारी के कारण अधिक यात्राएं नहीं कर सकते थे।

वह राजधानी क्रिस्टीनिया (जिसका नाम 1924 में ओस्लो कर दिया गया) में ही बड़ी हुईं। उनके बचपन के शुरुआती 11 वर्ष उनके पिता की बीमारी के कारण प्रभावित रहे लेकिन उन्हें पिता से बचपन में इतिहास और पुरातत्व की खूब जानकारी मिलती रही और उन्होंने स्कैंडीनेविया के लोकगीतों व नोर्स की वीर गाथाओं का रहस्य समझ लिया था।

सिग्रिड जब मात्र 11 वर्ष की थीं तब 1893 में उनके पिता मार्टिन की 40 वर्ष आयु में मृत्यु हो गई। उनकी माँ को बहुत कम साधनों के साथ तीनों बेटियों का पालन-पोषण करना था। परिवार के इस दुख ने सिग्रिड के बचपन और किशोरावस्था पर बुरा प्रभाव डाला। मिसेज नीलसन ने उनकी माँ से तीनों बच्चियों की मुफ्त शिक्षा का प्रबन्ध कर दिया। सिग्रिड का पढ़ाई में अधिक मन नहीं लगता था। जब वह लगभग 14 वर्ष की थीं तब मिसेज नीलसन ने उन्हें खाली क्लासरूम में बुलाया और कहा–'तुम पढ़ाई में इतना कम मन लगाती हो, अनेक बच्चें ऐसे हैं जिन्हें मुफ्त शिक्षा की ज़रूरत है और तुम्हारी जगह आ सकते हैं। मैं तुमसे पूछना चाहती हूँ कि क्या तुम अगली परीक्षा देना चाहती हो।' सिग्रिड ने लापरवाहीपूर्वक उत्तर दिया 'नो थैंक्यू'। मिसेज नीलसन हतप्रभ होकर देखने लगी और बोलीं–'तो ठीक है, अब तुम्हें अपने भविष्य के बारे में बड़े लोगों की तरह सोचना चाहिए।' यह घटना सिग्रिड ने नोबेल कमेटी को लिखी अपनी आत्मकथा में लिखी है। सिग्रिड ने बताया है कि उस दिन उन्हें लगा कि वह एक जानवर का जैसा बर्ताव कर रही थीं, जब कि मिसेज नीलसन उनके तथा उनकी बहनों के प्रति बहुत अच्छी थीं। फिर भी सिग्रिड को वहाँ अपनी पढ़ाई छोड़ने के निर्णय पर कभी पछतावा नहीं रहा।

उनकी माँ के पास कोई रास्ता नहीं बचा था। उन्होंने सिग्रिड को क्रिस्टीनिया के कमर्शियल स्कूल में प्रवेश दिला दिया। वहाँ भी यद्यपि सिग्रिड को अच्छा नहीं लगता था, परन्तु किसी को उनसे वहाँ उम्मीदें नहीं थीं। इंटरमीडियेट स्कूल करने के बाद सिग्रिड ने एक वर्ष का सेक्रेटरी कोर्स कर लिया। 16 वर्ष की आयु में उन्हें जर्मनी द्वारा संचालित इंजीनियरिंग कंपनी में क्रिस्टीनिया में सेक्रेटरी की नौकरी मिल गई।

इस समय उन्हें धन कमाना ज़रूरी था क्योंकि उन्हें अपनी माँ व दो छोटी बहनों की सहायता करनी थी। वह वहाँ 10 वर्ष तक सेक्रेटरी का कार्य करती रहीं। वहाँ वह लगभग 27 वर्ष की आयु तक रहीं। वहाँ रहकर उन्होंने अनेक ऐसी चीज़ें सीखीं जिनकी वह पहले कभी परवाह नहीं करती थीं। ऑफिस छोड़ने के पूर्व ही

उनकी दो पुस्तकें—फ्रू मार्टा क्यूली (1907) तथा द हैप्पी एज (1908) प्रकाशित हो चुकीं थीं। यद्यपि इस ऑफिस में कार्य करते हुए उन्हें अनेकों बार ऐसा महसूस होता था कि वह अपना समय और युवावस्था वहाँ रहकर गवाँ रही हैं। लेकिन वह वहाँ कार्यों को सही तरीके से करना सीख गईं। वह एक अच्छी टाइपिस्ट भी बन गईं। बाद में वह अच्छे पद पर भी पहुँच गईं। यहीं सीखी अच्छाइयों व गुणों के कारण वह बाद में अच्छी गृहिणी, अनेक संस्थाओं जैसे सोसायटी ऑफ नार्वेजियन आथर्स की अध्यक्ष बनीं। अपने लेखन व अन्य कार्यों को उन्होंने सही तरह करना सीखा।

लेखन कार्य

सिग्रिड के लिए 10 वर्ष की यह नौकरी एक प्रकार से तकलीफदेह थी। इसी दौरान वह सप्ताह के अन्तिम दिनों में, छुट्टियों में तथा देर रात्रि तक अपना समय लिखने में बिताती थीं। जब वह केवल 16 वर्ष की थीं तब उन्होंने अपना पहला उपन्यास 'नार्डिक मध्य युग' के बारे में लिखने का प्रयास किया। वह कई वर्षों तक इस विषय पर लिखने की जद्दोजहद करती रहीं। इसी बीच सिग्रिड नार्डिक तथा अन्य भाषाओं जैसे इंग्लिश का ज्ञान प्राप्त करती रहीं और पुस्तकें पढ़ती रहीं।

उन्हें शेक्सपियर, चौसर की 'कैन्टरबरी टेल्स', किंग आर्थर की रचनाओं ने बहुत प्रभावित किया। उन्होंने स्कैंडीनेविया (यूरोप के कुछ देशों का समूह-जैसे नार्वे, फिनलैंड, डेनमार्क तथा स्वीडन आदि) के लेखकों जैसे इस्बेन, ऑगस्ट स्ट्रिनबर्ग, जॉर्ज ब्राडेस की पुस्तकों गहराई से अध्ययन किया। वह ब्रिटिश लेखकों जैसे ब्रोंटीं सिस्टर्स, जेन ऑस्टेन से काफी प्रभावित रहीं। इस प्रकार के अध्ययन से उन्हें लेखन की भी जानकारी प्राप्त हुई और उन्हें महसूस हुआ कि उनका भविष्य लेखन में है।

22 वर्ष की उम्र में उनका पहला उपन्यास रात भर जाग-जाग कर तैयार हो गया था। यह उपन्यास मध्ययुगीन डेनमार्क की ऐतिहासिक स्थिति पर आधारित रोमांटिक उपन्यास था। उनकी पाण्डुलिपि को प्रकाशन कम्पनी ने अस्वीकृत कर वापस कर दिया जिससे अनसेट को बड़ा धक्का लगा। दो वर्ष बाद उन्होंने पुनः एक पाण्डुलिपि तैयार की जिसमें मात्र 80 पृष्ठ थे। इसमें इतिहास को हटाकर वर्तमान युग की एक महिला का चित्रण था और वर्तमान क्रिस्टीनिया का जिक्र था। इस पुस्तक का शीर्षक था 'फ्रू मार्टा क्यूली' जिसका प्रथम वाक्य, जहाँ से कहानी शुरू होती है था—'मैं अपने पति के प्रति वफादार नहीं हूँ।' ये शब्द मुख्य पात्र द्वारा कहलाए गए थे। पहले तो प्रकाशक द्वारा यह पाण्डुलिपि अस्वीकृत कर दी गई, परन्तु एक अन्य प्रतिष्ठित लेखक के कहने पर यह प्रकाशन के लिए स्वीकृत हो गई। इसे पढ़कर पाठक हतप्रभ रह गए।

25 वर्ष की आयु में सिग्रिड ने अपनी साहित्यिक शुरुआत करते हुए एक छोटा व वास्तविकतापूर्ण उपन्यास लिखा जिसका विषय था–'परस्त्रीगमन' इस उपन्यास ने तूफान ला दिया और उन्हें नार्वे के एक उभरते हुए अच्छे युवा लेखक के रूप में प्रतिष्ठित कर दिया। 1919 तक सिग्रिड ने क्रिस्टीनिया की पृष्ठभूमि पर अनेकों उपन्यास लिखे क्योंकि इन 10 वर्षों में वह स्वयं को काफी दबा, कुचला व अपमानित महसूस करती रही थीं। सिग्रिड एक अर्न्तमुखी स्वभाव की शर्मीली महिला थीं, जिनके गिने-चुने ही मित्र थे, परन्तु वह लोगों की भावनाओं को गहराई से देखने और परखने का प्रयास करती रहती थीं। उनका अपना अकेलापन को काटने का तरीका यह था कि वह क्रिस्टीनिया में कभी पूर्व की ओर कभी पश्चिम की ओर पैदल सैर पर निकल जाया करती थीं। उन्होंने इस दौरान जो देखा और महसूस किया वह 1907 से 1918 तक के उपन्यासों में चित्रित किया।

उन्होंने अपने उपन्यासों में सेक्रेटरी जैसे पद पर कार्य करने वालों के बोर्डिंग हाउस, अकेलापन, लोगों का प्यार पाने की चाहत, मध्यम दर्जे के लोगों के जीवन का चित्रण बहुत ही अच्छे ढंग से किया है। उनका उपन्यास 'द इम्मॉरल काइंड' (ऑफ लव) इसी विषय पर आधारित है।

उनके वास्तविकतापूर्ण उपन्यास 'जेनी' 1911 में, वारेन (स्प्रिंग) 1914 में प्रकाशित हुए। जेनी में एक महिला पेंटर की कहानी है जो रोमांस की कमी के कारण ऐसा महसूस करती है कि उसका जीवन बर्बाद हो रहा है और आत्महत्या कर लेती है। 'वारेन' में महिला पात्र मेहनत के बाद प्यार और परिवार दोनों का सुख पाती है। इन उपन्यासों ने सिग्रिड की श्रेष्ठता साबित कर दी।

सिग्रिड की पुस्तकों की बिक्री शुरू से ही अच्छी रही, इस कारण तीसरी पुस्तक प्रकाशित होने पर उन्होंने लेखन के रूप में जीवन बिताने का निर्णय लिया और सेक्रेटरी की नौकरी छोड़ दी। लेखक के रूप में स्कालरशिप मिलने पर उन्होंने यूरोप की लम्बी यात्रा की। डेनमार्क, जर्मनी व इटली की यात्रा के पश्चात् वह दिसम्बर 1909 में रोम (इटली) आ गईं और 9 माह तक वहीं रहीं। अब वह लोगों से खुलकर बातें करने व दोस्ती करने लगी थी।

वास्तव में सिग्रिड के माता-पिता का रोम से गहरा सम्बन्ध रहा था। 1882 तक वे दोनों यहीं रहा करते थे, वहीं उनका जन्म होना था। 1882 में उनके पिता की तबियत अचानक खराब होने से वे जल्दी में उसकी नानी के यहाँ कालुन्दबोर्ग चले गए, जहाँ सिग्रिड का जन्म हुआ।

वैवाहिक जीवन

रोम में सिग्रिड की मुलाकात नार्वे के पेंटर आन्द्रेस कास्टस स्वेंर्स्टेड से हुई। उन्होंने

2 वर्ष बाद 1912 में विवाह कर लिया। सिग्रिड का आन्द्रेस से पहला प्यार था अतः वह उसे खोना नहीं चाहती थीं। इस वक्त सिग्रिड लगभग 30 वर्ष की हो चुकी थीं और आन्द्रेस उनसे 9 वर्ष बड़े थे और विवाहित व 3 बच्चों के पिता थे। आन्द्रेस को अपनी पत्नी से तलाक लेने में 3 वर्ष लग गए।

1912 में विवाह के बाद दोनों लंदन में रहे जहाँ आन्द्रेस पेंट का कार्य करते रहे और सिग्रिड अंग्रेज़ी कला व ज्ञान से सम्बन्ध बढ़ाती रहीं, जो जीवन-भर उनके लिए महत्त्वपूर्ण रहा। फिर वे रोम लौट आए और 1913 में सिग्रिड ने पहले पुत्र को जन्म दिया। 1919 तक उनके 3 बच्चे हो चुके थे, अतः सिग्रिड को घर के कार्यों से फुर्सत नहीं मिलती थी। उनके तथा आन्द्रेस के कुल 6 बच्चों की देखभाल उन्हें करनी पड़ती थी। इनमें सिग्रिड की दूसरी बेटी तथा आन्द्रेस का एक पुत्र मानसिक विकलांग थे।

अब सिग्रिड को लिखने का समय नहीं मिलता था। अतः सब के सोने के बाद वह अपनी कहानियाँ व वास्तविकतापूर्ण उपन्यास लिखती थीं। 1919 में वह नार्वे के लिलेहैमर में अपने 2 बच्चों को लेकर चली गईं थीं। वहीं उन्होंने अपने तीसरे बच्चे को जन्म दिया। यहाँ उन्होंने बहुत सुन्दर बड़ा घर बनवाया था जिसके भीतर तीन घर नार्वे के पारम्परिक डिज़ाइन के बने थे। इसका नाम उन्होंने 'बजर्केबेक' रखा था।

तलाक

1924 में सिग्रिड ने रोमन कैथोलिक धर्म अपना लिया और अपने पति से रिश्ता खत्म कर दिया। उनका वैवाहिक रिश्ता समाप्त हो गया।

क्रिस्टीन लावर्न्सडेटर

अपने तीसरे बच्चे के जन्म के बाद तथा अपना घर बनाने के बाद सिग्रिड थोड़ी तनाव रहित हो गईं और अपने उपन्यास 'क्रिस्टीन लावर्न्सडेटर' पर कार्य करना शुरू किया। वह अपना पूरा समय लेखन को देने लगीं। अब तक उन्हें जीवन का अच्छा अनुभव हो चुका था। कुछ पुस्तकें व उपन्यास वह लिख चुकी थीं। उन्होंने स्वयं घूम कर मध्यकालीन चर्च देख लिए थे। उन्होंने 22 वर्ष की आयु में जो उपन्यास लिखा था उससे भिन्न जीवन का हर नया अनुभव कर लिया था जैसे प्यार, समर्पण, दुख, प्रथम विश्व युद्ध में खून खराबा आदि। अतः जब 1919 में उन्होंने क्रिस्टीन लावर्न्सडेटर लिखना शुरू किया तब वह ज़िन्दगी को जान चुकी थीं।

यह एक ऐतिहासिक उपन्यास है जिसमें वास्तविकता है परन्तु रोमांस जैसी चीज़ें नहीं हैं मानवीय भावनाओं जैसे खुशी-दुख, प्यार-निराशा का उसमें समावेश

है। इसमें मध्यकालीन क्रिस्टीनिया की संस्कृति का चित्रण व प्रशंसा है। अपने अनुभव से लिखी गई कृति होने के कारण 'क्रिस्टीन लावर्न्सडेटर' 1400 पृष्ठों में लिखी इतिहास की अमूल्य धरोहर है। यह पुस्तक 'ट्रिलोजी' यानी तीन खंडों में प्रकाशित हुई है। 1920 से 1922 के बीच लिखी पुस्तक के प्रथम खंड पर 1995 में कमर्शियल फिल्म बनाई गई।

1928 के बाद के वर्ष

1928 में सिग्रिड को साहित्य का नोबेल पुरस्कार मिला। इसके बाद उन्होंने अपनी रचनात्मकता को थोड़ा शान्त किया। 1929 में उन्होंने ओस्लो (नार्वे) की पारम्परिक पृष्ठभूमि में कैथोलिक भावनाओं के साथ कई उपन्यास लिखे। नार्वे को आधार बनाते हुए उनका मुख्य विषय प्यार पर ही आधारित रहा। उन्होंने अनेक साहित्यिक निबन्ध लिखे व आइसलैंड के पुराणों का अनुवाद किया।

1934 में सिग्रिड ने 'इलेवन इयर्स ओल्ड' नामक आत्मकथात्मक पुस्तक लिखी। यह किसी छोटी लड़की के बारे में लिखी नार्वे की ऐसी पुस्तक है जिसकी बिक्री सदैव बहुत ज्यादा रहती है और सदैव मांग में बनी रहती है।

जब उनका 'मैडम डॉर्थिया' का प्रथम खण्ड 1939 में प्रकाशित हुआ, तभी दूसरा विश्व युद्ध आरम्भ हो गया। इस युद्ध से सिग्रिड एक लेखिका तथा एक महिला के रूप में बिल्कुल टूट गईं। उन्होंने इस उपन्यास को पूरा नहीं किया। जब फिनलैंड पर जोसेफ स्टालिन का आक्रमण हुआ तब सिग्रिड ने फिनलैंड को सहारा देने के लिए अपना नोबेल पुरस्कार 25 जनवरी 1940 को दान कर दिया।

अप्रैल 1940 में जर्मनी ने नार्वे पर आक्रमण किया तब सिग्रिड को वहाँ से भागना पड़ा क्योंकि वह अपनी रचनाओं में सदैव हिटलर के नाज़ीवाद की आलोचना करती रही थीं। वह जर्मन सेना द्वारा गिरफ्तार नहीं होना चाहती थीं, अतः भागकर स्वीडन चली गईं। इस दौरान उनका बड़ा बेटा व बेटी मारे गए।

1940 में ही सिग्रिड अनसेट अपने छोटे बेटे के साथ स्वीडन छोड़कर अमेरिका चली गईं। वहाँ न्यूयार्क में रहकर उन्होंने भाषणों, लेखों व साक्षात्कार द्वारा अपने देश के लिए लड़ाई लड़ी।

1945 में स्वतन्त्रता प्राप्ति के पश्चात् वह नार्वे लौट आईं। इसके बाद वह चार वर्ष तक जीवित रहीं परन्तु लेखन नहीं किया। नार्वे के लिलहैमर में वह 67 वर्ष की आयु में 10 जून 1949 को दुनिया से अलविदा हो गईं। उनकी कुछ प्रमुख पुस्तकें इस प्रकार हैं :

- ☆ क्रिस्टीन लावर्न्सडेटर–1920-1922 (तीन भागों में प्रकाशित)
- ☆ द मिस्ट्रेस ऑफ हुसाबी

- ☆ द क्रास
- ☆ द मास्टर ऑफ हेस्टवेकिन, 1925
- ☆ ''पिछली पुस्तक का सीक्वेल-ओलाव ऑडंसेन ऑग हेन्स बार्न (1927)
- ☆ जिम्नेसिया, 1929 (द वाइल्ड आर्किड)
- ☆ द बर्निंग बुश, 1930
- ☆ इडा एलिज़ाबेथ, 1932
- ☆ द फेथफुल वाइफ, 1936
- ☆ मैडम डॉर्थिया, 1939
- ☆ स्टेजेज ऑन द रोड, 1929, 1933 (आत्मकथा खण्ड)
- ☆ द लॉंगेस्ट इयर्स 1934 (आत्मकथा खण्ड)

पुरस्कार व सम्मान

- ☆ सिग्रिड अनसेट को 1928 में साहित्य का नोबेल पुरस्कार प्रदान किया गया।
- ☆ 'वीनस' ग्रह पर एक क्रेटर का नाम उनके नाम पर रखा गया है।
- ☆ नार्वे के 500 क्रोनर (मुद्रा/नोट) पर उनका चित्र अंकित किया गया है।
- ☆ 1982 में नार्वे में 2 क्रोनर का डाक टिकट उनके चित्र के साथ जारी किया गया।
- ☆ स्वीडन में 1998 में सिग्रिड पर डाक टिकट जारी किया गया।
- ☆ उनके निवास 'बजर्केबेक' में लिलेहैमर (नार्वे) में संग्रहालय बना दिया गया है।

जेन एडम्स

(Jane Addams)

1860-1935

नोबेल पुरस्कार : शांति, 1931
राष्ट्रीयता : अमरीकी

जेन एडम्स प्रथम अमेरिकी महिला थीं, जिन्हें शांति का नोबेल पुरस्कार प्राप्त हुआ। वह समाजसेवी, दार्शनिक, लेखिका, पीड़ित महिलाओं की नेता, विश्व शांति की समर्थक तथा नारीवादी महिला थीं। विकासशील युग में वह माँ तथा बच्चों की आवश्यकताओं व अधिकारों तथा जन स्वास्थ्य की बात अमेरिकी राष्ट्रपति थियोडोर रूजवेल्ट तथा वुड्रो विल्सन तक पहुँचाने में अग्रणी समाज सुधारक की भूमिका में रहीं। उन्होंने गरीबों, दुखियों तथा पीड़ितों की सहायता के लिए अमेरिका के शिकागो में 'हल हाउस' की स्थापना की थी। उनके कार्यों को विश्व व्यापी सराहना व मान्यता मिली। 1931 में उन्हें शांति का नोबेल पुरस्कार प्रदान किया गया। जेन एडम्स उन मध्यवर्गीय महिलाओं के लिए रोल मॉडल बनीं जो अपनी कम्युनिटी को सुधारना चाहती थीं।

आरम्भिक जीवन व शिक्षा

जेन एडम्स का जन्म 6 सितम्बर, 1860 को अमेरिका के इलिनॉस के सेडरविले में हुआ था। वह अपने माता-पिता की नौ संतानों में से आठवीं संतान थीं जिनमें से 3 की बचपन में ही मृत्यु हो गई थी। वह धनी यैकी परिवार में जन्मी थीं। जब तक जेन 8 वर्ष की हुईं तब तक परिवार में चार बच्चे बचे थे, एक की 16 वर्ष की आयु में मृत्यु हो गई थी। जेन एडम्स की माँ सारा एडम्स की अगली सन्तान के जन्म के समय मृत्यु हो गई थी। तब जेन मात्र 2 वर्ष की थीं।

जेन के पिता जॉन हुए एडम्स मिल मालिक तथा स्थानीय राजनेता थे जो 16 वर्ष तक (1855-70) इलिनॉस राज्य के सीनेटर रहे थे। उन्होंने सिविल युद्ध में अफसर के रूप में कार्य किया था। वह अब्राहम लिंकन के मित्र थे जिनके साथ उनका पत्रों का एडान-प्रदान होता रहा। जेन को बचपन से ही 4 वर्ष की आयु में रीढ़ की हड्डी में ट्यूबरक्यूलोसिस था, अतः वह कभी भी शारीरिक रूप से उत्साहवर्द्धक नहीं रही। बाद में आपरेशन हो जाने पर वह अधिक हष्ट-पुष्ट नहीं हो सकीं। उनकी पीठ थोड़ी सी झुकी हुई थी। बचपन में जेन को लगता था कि वह बदसूरत हैं अतः रविवार को जब उनके पिता तैयार हो कर निकलते थे तो वह उनके साथ जाने में हिचकिचाती थीं।

जेन अपने पिता को बचपन में अपना आदर्श मानती थीं, जैसा कि उन्होंने अपने संस्मरण 'ट्वेन्टी इयर्स एट हल हाउस' (1910) में ज़िक्र किया है। उनके पिता जॉन हुए एडम्स अनेक मिलों के मालिक होने के साथ-साथ 'सेकेन्ड नेशनल बैंक' के अध्यक्ष भी थे। जब जेन 8 वर्ष की थीं तब जॉन एडम्स ने दूसरा विवाह अन्ना होस्टेटर हल्डरमैन से कर लिया। अन्ना के दो बेटे हैरी व जार्ज थे।

किशोरावस्था में जेन ने बड़े-बड़े सपने देखे थे, वह चाहती थीं कि विश्व में कोई अच्छा काम करे। वह अपनी माँ की गरीबों के प्रति दया तथा डिकेन्स की पुस्तकों से बहुत प्रभावित थीं। अतः उन्होंने डॉक्टर बनकर गरीबों की सेवा करने का निर्णय लिया।

इस बीच 1875 में जेन की बहन एलिस ने अपने सौतेले भाई हैरी से विवाह कर लिया था, जब कि जॉन व अन्ना इसके विरुद्ध थे। दोनों तरफ के भाई-बहन अपनों की प्रशंसा व दूसरे की बुराई ढूँढ रहे थे।

1881 में जेन ने रॉकफोर्ड फीमेल सेमिनरी से ग्रेजुएशन किया। लेकिन उन्हें अगले वर्ष ही ग्रेजुएशन की डिग्री मिल सकी जब संस्थान को रॉकफोर्ड कॉलेज फॉर वीमेन के रूप में मान्यता मिल गई। जब जेन ग्रेजुएशन पूरा कर ही पाई थी कि अचानक उनके पिता की अपेन्डीसाइटिस से मृत्यु हो गई। हर बच्चे को उनकी सम्पत्ति में से लगभग 50 हज़ार डालर मिले।

इसी वर्ष जेन उनकी बहन एलिस, उसका पति हैरी तथा सौतेली माँ अन्ना फिलाडेल्फिया चले गए ताकि तीनों अपनी डॉक्टरी की पढ़ाई कर सकें। हैरी अपनी मेडीकल पढ़ाई पूरी करके आगे की शिक्षा पेनसिल्वेनिया यूनीवर्सिटी से लेने लगा। जेन व एलिस वीमेन्स मेडिकल कॉलेज ऑफ फिलाडेल्फिया से मेडिकल शिक्षा लेने लगीं। लेकिन जेन को अपने बुरे स्वास्थ्य व पीठ के दर्द के कारण पढ़ाई बीच में छोड़नी पड़ी। उन्हें अस्पताल में भर्ती किया गया।

तब उन्होंने अपने आपरेशन के बाद डॉक्टर की सलाह पर 21 माह तक यूरोप की यात्रा की और लगभग 2 वर्ष उन्होंने पढ़ने-लिखने तथा यह समझने में लगा दिए कि उन्हें भविष्य में क्या करना है। उन्होंने विवाह न करने का निर्णय ले लिया था। 1887 में 27 वर्ष की आयु में जब जेन अपनी मित्र एलन जी स्टार के साथ दूसरी बार यूरोप यात्रा पर गईं तब उन्होंने लंदन के पूर्वी भागों में टॉयन्बी हॉल नाम सेटलमेंट हाउस (झुग्गी क्षेत्र) का दौरा किया। तब उन्होंने निर्णय लिया कि इसी प्रकार गरीबों के लिए वह शिकागों में कार्य करेंगी।

इस बीच उनका पुस्तकें पढ़ने का शौक जारी रहा। वह ईसाई धर्म और टॉल्स्टाय की पुस्तक 'माई रिलीजन' से काफी प्रभावित थीं। 1886 में सेडरविले की प्रेसबीटेरियन चर्च में उन्होंने ईसाई धर्म अपना लिया। तब गुई सेप मैजिनी की 'डयूटीज ऑफ मैन' में पढ़कर उन्हें लोकतन्त्र को सामाजिक आदर्श के रूप में स्वीकार करने का विचार आया। वह अपने कार्यों के बारे में काफी असमंजस में थीं कि उन्होंने जॉन स्टुअर्ट मिल की 'द सब्जेक्शन ऑफ द वोमन' पढ़ी तो उनके दिमाग में एक स्त्री पर विवाह के लिए सामाजिक दबाव तथा परिवार के लिए जीवन समर्पित करने का प्रश्नचिह्न खड़ा हो गया।

'हल हाउस' (सेटलमेंट हाउस) की स्थापना

जेन एडम्स ने अपना 'सेटलमेंट हाउस' बनाने के स्वप्न का ज़िक्र किसी से किया नहीं था, परन्तु मन ही मन सोच रहीं थीं कि एक टूरिस्ट की भांति वह सैर कर रही हैं, सचमुच कुछ अच्छा कार्य नहीं कर रहीं। जेन का सपना था कि ऐसा सेटलमेंट हाउस बनाया जाए जहां निम्न आय वर्ग के लोग क्लब की भांति आनंद उठाएं जहां उनका ख्याल रखा जाए व आवश्यकतानुसार उनकी सहायता की जाए। वहाँ उन्हें अच्छा सामाजिक जीवन गुज़ारने का अवसर मिले, अच्छी शिक्षा मिले।

जेन तथः उनकी मित्र एलन गेट्स स्टार ने मिलकर सेटलमेंट हाउस बनाने की आवश्यकता पर भाषण दिए, धन एकत्रित किया तथा रईस घरों की युवा महिलाओं को सहायता के लिए प्रेरित किया, बच्चों की देखभाल की, बीमारों की सहायता की, दुखी लोगों की मुश्किलों को सुना। इसके लिए उन्होंने 1897 में इलिनॉस के शिकागो

में 'हल हाउस' की स्थापना की। यह अमेरिका में अपने प्रकार का पहला 'सेटलमेंट हाउस' था और एक प्रकार का नया प्रयोग था।

यह हाउस 1887 में चार्ल्स हल द्वारा बनाया गया था। जेन एडम्स ने इसकी मरम्मत कराने में काफी धन खर्च किया। धीरे-धीरे धनी महिलाएं भी इसके लिए धनराशि दान के रूप में देने लगीं। बाद में इसका किराया भी माफ कर दिया गया।

सबसे पहले जेन और स्टार इसमें रहने आईं। फिर यह अन्य 25 महिलाओं का निवास स्थान बन गया। इसमें उनके लिए रात्रि स्कूल, किंडरगार्टन कक्षाएं, बड़े बच्चों के लिए क्लब, एक बड़ी रसोई, आर्ट गैलरी, काफी हाउस, जिम, संगीत स्कूल, लड़कियों का क्लब, ड्रामा ग्रुप तथा पुस्तकालय आदि की व्यवस्था की गई थी। यहाँ हर सप्ताह लगभग 2000 लोग इसे देखने आते थे। धीरे-धीरे यहाँ पर अनेक सामाजिक सेवाएं तथा सांस्कृतिक कार्यक्रम होने लगे जो पड़ोसी देशों से आए लोगों के लिए होते थे। युवा सामाजिक कार्यकर्ता यहाँ प्रशिक्षण लेने लगे। अन्ततः हल हाउस 13 मंजिला बड़ा काम्पेलेक्स बन गया जिसमें प्ले ग्राउंड और समर कैंप की भी व्यवस्था थी।

हल हाउस अमेरिका का सर्वश्रेष्ठ 'सेटलमेन्ट हाउस' बन गया। जेन एडम्स और स्टार ने यहाँ पर तीन नैतिक सिद्धान्तों का विकास किया : उदाहरण प्रस्तुत करके पढ़ाना, सहयोग की आदत डालना, सामाजिक लोकतन्त्र का प्रयोग। इस प्रकार हल हाउस में अनेकों महत्वपूर्ण कार्यक्रम जैसे नागरिक, सांस्कृतिक, मनोरंजक, शैक्षिक चलने लगे जिसे देखने विश्वभर के पर्यटक आने लगे। हल हाउस में पहले अपने पड़ोस सुधारने की शुरुआत की गई, फिर शहर-राज्य में बेहतर आवास, जनकल्याण कार्यों का सुधार, सख्त बाल मजदूर कानून, महिलाओं का संरक्षण जैसे कार्यक्रमों के लिए आंदोलन चलाए जाने लगे।

1912 में जेन एडम्स ने नई 'प्रोग्रेसिव पार्टी' का गठन किया और राष्ट्रपति के चुनाव प्रचार में 'थियोडोर रूजवेल्ट' का समर्थन किया।

जेन ने नाटक आंदोलन पर भी ज़ोर दिया और युवाओं व बच्चों के लिए खाली समय के लिए सही कार्यों पर अनुसंधान किया। उनका कहना था उनके लिए नाटक और मनोरंजन कार्यक्रम आवश्यक है क्योंकि शहरों में युवा का जोश खत्म हो रहा है। युवाओं के उत्तम विकास के लिए उत्तम माध्यम जैसे नाटक व अच्छा मनोरंजन आवश्यक है। हल हाउस में कई तरह के कार्यक्रम चलाए जाने लगे जैसे कला व ड्रामा, भाषा की कक्षाएं, रीडिंग ग्रुप्स, कॉलेज एक्सटेंशन पाठ्यक्रम, भाषण देने के लिए वातावरण, जिमनेजियम, खेल का मैदान तथा संग्रहालय आदि। ये कार्यक्रम बच्चों के विकास को सही दिशा देने लगे।

जेन एडम्स ने पूरे अमेरिका के विभिन्न कॉलेजों तथा सामाजिक 'सेटलमेंट' (आवास, स्थान) में भाषण दिए।

उन्होंने शिकागो क्षेत्र में मिडवाइफ की जांच-पड़ताल, नारकोटिक्स की जांच, दूध आपूर्ति, सफाई सुविधाओं तथा सफाई इंस्पेक्टर की देखभाल जैसे महत्त्वपूर्ण कार्य भी किए।

महत्त्वपूर्ण पद

जैसे-जैसे जेन एडम्स की प्रतिष्ठा बढ़ी, उन्हें विभिन्न नागरिक ज़िम्मेदारियां प्रदान की गईं। 1905 में उन्हें शिकागो के 'बोर्ड ऑफ एजुकेशन' में शामिल कर लिया गया। फिर वह 'स्कूल मैनेजमेंट कमेटी' की चेयरमैन बना दी गईं। 1905 में जेन को 'अमेरिकन सोशियोलॉजिकल सोसायटी' की चार्टर मेम्बर बना दिया गया, इसके लिए उन्होंने 1912, 1915, 1919 में पेपर तैयार किये। 1908 में उन्होंने 'शिकागो स्कूल ऑफ सिविक एंड फिलेन्थ्रोपी' की स्थापना में सहयोग दिया और अगले वर्ष वह 'नेशनल कॉफ्रेंस ऑफ चैरिटीज एंड करेक्शन' की प्रथम महिला अध्यक्ष बनीं। वह 1910 में 'येल यूनीवर्सिटी' द्वारा ऑनरेरी डिग्री पाने वाली प्रथम महिला थीं।

महिलाओं व शांति के लिए प्रयास

जेन एडम्स की सोच पूर्णतः नारीवादी थी। उनका मानना था कि महिलाओं को शोषण के खिलाफ आवाज़ उठानी चाहिए। उन्हें कानूनी प्रक्रिया में भी भाग लेने का हक होना चाहिए, अतः उन्हें वोट देने का अधिकार मिलना चाहिए। उनका यह भी मानना था कि महिलाओं को सपने देखने चाहिए व ऊँची इच्छाएं रखनी चाहिए ताकि वे उनके लिए उचित मौका तलाश कर उन्हें पूरा कर सकें। अपने स्वयं के लिए जेन एडम्स का सपना था कि विश्व युद्ध से मुक्ति पाकर सब जगह शांति स्थापित हो। इसी की पूर्ति के लिए उन्होंने 1906 में यूनीवर्सिटी ऑफ विस्कोंसिन में कई भाषण दिए, जिन्हें उन्होंने अगले वर्ष एक पुस्तक 'न्यूअर आइडियल्स ऑफ पीस' के रूप में प्रकाशित किया।

1913 में हेग में बने पीस पैलेस के भवन की याद में हुए समारोह में उन्होंने शांति स्थापित करने के सम्बन्ध में भाषण दिया। अगले दो वर्षों में कार्नेगी फाउंडेशन द्वारा स्पांसर किए गये भाषण में उन्होंने प्रथम विश्वयुद्ध में अमेरिका के प्रवेश की आलोचना की।

1915 में जेन ने अमेरिकी संस्था 'वीमेन्स पीस पार्टी' की अध्यक्षता स्वीकार कर ली। फिर चार माह पश्चात् डॉ. ऐलटा जैकब तथा अन्य द्वारा शुरू की गई

'इंटरनेशनल कांग्रेस ऑफ वीमेन' की ओर से उन्हें प्रेसीडेन्ट बना दिया गया। बाद में यह संस्था 'इंटरनेशनल लीग फॉर पीस एंड फ्रीडम' के रूप में विकसित हुई और जेन 1929 तक इसकी अध्यक्षा रहीं। अगले छह वर्षों तक जैन इसकी कॉफ्रेंस में अध्यक्ष के रूप में शामिल हुईं फिर जीवन-भर ऑनरेरी अध्यक्ष बनी रहीं।

खुले रूप से विश्व युद्ध में अमेरिका की आलोचना करना जेन एडम्स को महंगा पड़ा। प्रेस ने उनकी आलोचना करते हुए उन पर आक्रमण शुरू कर दिए। उन्हें 'डॉटर्स ऑफ रिवोल्यूशन' से निकाल दिया गया। *न्यूयार्क टाइम्स* ने उनकी नकारात्मक छवि प्रस्तुत की, उन्हें देशद्रोही तक कहा गया। बाद में उन्होंने यात्रा करते हुए समय बिताया और अनेक नेताओं व प्रसिद्ध व्यक्तियों से मिलीं और अपनी ओर से सफाई प्रस्तुत की।

उन्होंने अपनी मानवतापूर्ण भावनाएं व्यक्त करने के लिए हर्बर्ट हूवर को अपना सहायक रख लिया। हूवर द्वारा उन्होंने दुश्मन देशों के भी महिला-बच्चों के लिए भोजन की व्यवस्था की। इसकी पूरी कहानी का ज़िक्र उन्होंने अपनी पुस्तक 'पीस एंड ब्रेड इन द टाइम ऑफ वॉर' (1922) में किया।

जेन के इन कार्यों को मान्यता तब मिली जब 1931 में उन्हें नोबेल शांति पुरस्कार प्रदान किया गया। वह प्रथम अमेरिकी महिला थीं जिन्हें नोबेल पुरस्कार प्राप्त हुआ। उनकी 'अमेरिका में लोकतंत्र की आवश्यकता' के रूप में विचार व्यक्त के लिए खूब प्रशंसा हुई।

1926 में हार्ट अटैक होने के बाद वह पूर्णतः स्वस्थ नहीं हो सकीं। 10 दिसम्बर 1931 को जब उनका ओस्लो में नोबेल पुरस्कार घोषित किया जा रहा था, वह अमेरिका के बाल्टीमोर अस्पताल ले जाई जा रही थीं। 1935 में जेन के एक ऑपरेशन द्वारा पता लगा कि उन्हें कैंसर है। लेकिन उसके तीन दिन बाद 21 मई 1935 को उनकी 74 वर्ष की आयु में मृत्यु हो गई। उनका अन्तिम संस्कार हल हाउस के प्रांगण में किया गया।

'हल हाउस' और उनके शांति आंदोलन सदैव उनके यादगार बने रहेंगे।

पुरस्कार व अन्य सम्मान

- ☆ वाल्ट डिज्नी वर्ल्ड के एपकॉट सेंटर के वर्ल्ड शोकेस पवेलियन में 'जेन एडम्स' का वक्तव्य बड़े अक्षरों में दीवार पर टाँगा गया है।
- ☆ लीग ऑफ नेशन्स की स्थापना में जेन एडम्स के भाषण व लेखन को शामिल करके आवश्यक पृष्ठों में शामिल किया गया है।
- ☆ कनेक्टीकट कॉलेज में 1947 में निर्मित रेजीडेन्स हाउस का नाम 'जेन एडम्स हाउस' रखा गया है।

- ☆ क्लीवलैंड, ओहियो में हाई स्कूल का नाम 'जेन एडम्स बिजनेस कैरियर्स सेंटर' है।
- ☆ उनके जन्म स्थान सेडरविले (इलिनॉस) के पास बनी ट्रेल (पगडंडी) का नाम जेन एडम्स ट्रेल रखा गया है जिस पर साइकिलिंग, हाइकिंग, क्रास कन्ट्री स्कीइंग तथा स्नो मोबाइलिंग आदि किए जाते हैं, यह लगभग 21 किलोमीटर लम्बी ट्रेल है।
- ☆ 2007 में नार्थवेस्ट टॉल वे का नाम बदलकर 'जेन एडम्स मेमोरियल टॉल वे' कर दिया गया।

आइरीन जूलियट क्यूरी

(Irene Juliot Curie)

1897-1956

नोबेल पुरस्कार : रसायन शास्त्र, 1935

राष्ट्रीयता : फ्रेंच

आइरीन जूलियट क्यूरी वैज्ञानिक फ्रेडरिक जूलियट क्यूरी की पत्नी तथा पियरे व मेरी क्यूरी की बेटी तथा प्रसिद्ध फ्रांसीसी वैज्ञानिक थीं। उन्हें अपने पति फ्रेडरिक के साथ संयुक्त रूप से 1935 का रसायन शास्त्र का नोबेल पुरस्कार प्रदान किया गया। यह पुरस्कार उन्हें 'कृत्रिम रेडियोएक्टिविटी तथा न्यूट्रान' की खोज के लिए प्रदान किया गया। उन्हें पुरस्कार मिलने के बाद क्यूरी परिवार सर्वाधिक नोबेल पुरस्कार जीतने वाला परिवार बन गया। आइरीन के दोनों बच्चे हेलेन (पुत्री) तथा पियरे (पुत्र) भी प्रसिद्ध वैज्ञानिक हैं।

आरम्भिक जीवन व शिक्षा

आइरीन का जन्म प्रसिद्ध वैज्ञानिक पियरे क्यूरी तथा मेरी स्कलोदोवस्का क्यूरी के

यहाँ प्रथम पुत्री के रूप में 12 सितम्बर 1897 को पेरिस में हुआ था। जब आइरीन 6 वर्ष की थीं तो उन्हें पारंपरिक शिक्षा दी जाने लगी। लेकिन एक वर्ष पश्चात् ही उनके माता-पिता को उनकी गणित की विशेष योग्यता के बारे में पता लगा। उन्हें महसूस हुआ कि आइरीन को विशेष वातावरण में विशेष शिक्षा की आवश्यकता है। मेरी क्यूरी ने कुछ फ्रांसीसी विद्वानों के साथ मिलकर 'द कोआपरेटिव' नामक संगठन बनाया जिनमें प्रसिद्ध फ्रांसीसी भौतिक शास्त्री पॉल लांगेविन भी थे। सबने मिलकर तय किया कि वे एक-दूसरे के बच्चों को उनके घर जाकर शिक्षा देंगे। इसमें विभिन्न विषयों की शिक्षा शामिल की गई थी। विज्ञान के सिद्धान्त और अनुसंधान के अतिरिक्त चीनी भाषा तथा मूर्तिकला जैसे विषय भी इनमें शामिल थे।

लेकिन यह आपसी शिक्षा का प्रबंधन 2 वर्ष तक ही चल सका। आइरीन पुनः केन्द्रीय पेरिस के कॉलेज सेवाइन से पारम्परिक शिक्षा प्राप्त करने लगीं। यहाँ 1912 से 1914 तक शिक्षा प्राप्त करने के बाद सोबोर्न की फैकल्टी ऑफ साइंस से शिक्षा प्राप्त करने लगीं, लेकिन प्रथम विश्वयुद्ध छिड़ जाने के कारण उन्हें यहां की शिक्षा बीच में छोड़नी पड़ी।

वैज्ञानिक अनुसंधान

इस विश्वयुद्ध के दौरान आइरीन ने नर्स रेडियोग्राफर के रूप में कार्य किया। इसके पूर्व मेरी उन्हें ब्रिटेन ले गईं लेकिन आइरीन के 18 वर्ष की हो जाने पर उन्हें अपने साथ कार्य कराने लगीं। मेरी क्यूरी के बीस चलते-फिरते अस्पताल चल रहे थे, जहां क्यूरी द्वारा बनाए गए एक्सरे साधनों द्वारा इलाज किया जाता था। युद्ध में घायल मरीज़ों की भीतरी हालत देखने के लिए यह विधि डॉक्टरों के बहुत काम आ रही थी। लेकिन मेरी तथा आइरीन को इस विधि द्वारा रेडिएशन के सम्पर्क का नुकसान भी हो रहा था क्योंकि दोनों ही इसमें नर्स रेडियोग्राफर के रूप में मरीज़ों का इलाज कर रहीं थीं।

युद्ध के बाद आइरीन पेरिस के रेडियम इंस्टीट्यूट में शिक्षा लेने पहुंचीं। उनके अनुसंधान का विषय था 'पोलोनियम की अल्फा किरणें'। वह 1924 में अपना अनुसंधान पूरा करके डॉक्टरेट पूरा करने ही वाली थीं कि उन्हें रेडियो केमिकल अनुसंधान के लिए युवा केमिकल इंजीनियर फ्रेडरिक जूलियट का आवश्यक प्रयोगशाला तकनीक सिखाने को कहा गया। 1925 में आइरीन 'डाक्टर ऑफ साइंस' बन गईं और इस बीच आइरीन और फ्रेडरिक रेडियन इंस्टीट्यूट में साथ कार्य करते रहे और एक-दूसरे के नज़दीक आ गए। बाद में 1926 में उन्होंने विवाह कर लिया और एक साथ वैज्ञानिक टीम के रूप में कार्य करने का फैसला किया। तब उन दोनों ने अपने नाम के साथ जूलियट-क्यूरी लगाने का निर्णय लिया।

1928 में उन्होंने 'एटॉमिक न्यूक्लिआई' पर कार्य करना शुरू किया। फिर उन्होंने न्यूक्लिअर फिजिक्स के क्षेत्र में विशेषज्ञता हासिल कर ली। 1934 में उन्होंने एक महत्त्वपूर्ण खोज की कि स्थिर तत्त्वों से कृत्रिम रूप से रेडियोएक्टिव तत्व बनाए जा सकते हैं। उन्होंने अपने प्रयोगों में अल्फा कणों के साथ 'बोरोन' भर दिए जिससे नाइट्रोजन का रेडियोएक्टिव रूप निर्मित हो गया। इस खोज के द्वारा आइरीन और फ्रेडरिक ने वैज्ञानिक इतिहास में एक महत्त्वपूर्ण स्थान बना लिया। धीरे-धीरे रेडियोएक्टिव तत्वों का प्रयोग दवाओं में तेज़ी से होने लगा क्योंकि रेडियोएक्टिव तत्वों को अब कृत्रिम रूप से बनाया जा सकता था। अब यह जल्दी, सस्ता और अधिक मात्रा में उपलब्ध तत्व बन गया था।

नोबेल पुरस्कार

1935 में आइरीन जूलियट क्यूरी को अपने पति फ्रेडरिक जूलियट क्यूरी के साथ संयुक्त रूप से रसायन शास्त्र का नोबेल पुरस्कार प्रदान किया गया।

नोबेल पुरस्कार प्राप्त करने के पश्चात् उन्हें प्रसिद्धि और वैज्ञानिक मान्यता मिलने लगी। आइरीन पेरिस की फैकल्टी ऑफ साइंस में 1932 में लेक्चरर बनी थीं, लेकिन अब उन्हें प्रोफेसरशिप प्रदान कर दी गई। 1936 में आइरीन को फ्रांसीसी कैबिनेट में वैज्ञानिक अनुसंधान का अण्डरसेक्रेटरी ऑफ स्टेट बना दिया गया। वह फ्रेंच एटॉमिक एनर्जी कमीशन की 1946 से 1951 तक सदस्य रहीं। 1947 के पश्चात् इंस्टीट्यूट ऑफ रेडियम की निदेशिका बनीं। वह 1939 में 'लीजेन ऑफ ऑनर' में अधिकारी बनीं। आइरीन ने न्यूक्लियर विज्ञान को अपनी देन के लिए कई सम्मान प्राप्त किए।

एटामिक एनर्जी कमिश्नर के पद पर 6 वर्ष तक कार्य करते हुए उन्होंने 1948 में पहली फ्रेंच एटॉमिक पाइल का निर्माण कराया। उन्होंने ऑरसे में न्यूक्लियर फिजिक्स के लिए बड़ा केन्द्र बनवाने के लिए महत्वपूर्ण भूमिका अदा की। आइरीन ने महिलाओं के सामाजिक तथा बौद्धिक विकास पर बल दिया। वह 'कमेटी नेशनल डी यूनियन फेम्स फ्रेंक्स' तथा 'वर्ल्ड पीस काउंसिल' की सदस्य थीं। वह अनेकों विदेशी शैक्षिक संस्थानों तथा वैज्ञानिक सोसायटी की सदस्य थी। उन्हें अनेकों विश्वविद्यालयों द्वारा आनरेरी डाक्टरेट प्रदान किया गया।

द्वितीय विश्व युद्ध के दौरान आइरीन को टयूबरक्यूलोसिस हो गया और उन्होंने कई वर्ष स्विटजरलैंड में इलाज करते हुए बिताए। अपने स्वास्थ्य की चिंता के साथ ही उन्हें अपने पति तथा बच्चों के फ्रांस में रहने की चिंता बनी रहती थी क्योंकि फ्रांस का भाग युद्ध के बाद जर्मनी के कब्ज़े में था। फिर भी वह खतरा उठाकर कई बार फ्रांस गईं जबकि स्विस सीमा पर जर्मन सेना द्वारा पकड़े जाने का खतरा

था। 1944 में उन्होंने फ्रांस में परिवार के साथ रहना खतरनाक समझा और वह पति व बच्चों के साथ स्विट्ज़रलैंड चली गईं।

अन्तिम जीवन

कई वर्षों तक इतने खतरनाक तत्त्वों के निकट सम्पर्क में आने के कारण 1956 में आइरीन बीमार हो गईं थीं। तब उन्हें ल्यूकेमिया बताया गया। वह पोलोनियम के सम्पर्क में दुर्घटनावश आ गईं थीं, जब 1946 में प्रयोगशाला में उनकी मेज़ के पास पोलोनियम का सीलबन्द कैप्सूल अचानक फट गया था। अनेक एंटीबायोटिक दवाइयों तथा ऑपरेशन के बाद भी वह ठीक नहीं हो सकीं। उनकी तबियत बिगड़ती गई। लेकिन फिर भी आइरीन कार्यों में लगी रहीं। 1953 में उन्होंने पेरिस के दक्षिणी भाग में 'यूनीवर्सिटी द ऑरसे' में नई फिजिक्स प्रयोगशाला बनाने की योजना बनाई। लेकिन 17 मार्च 1956 को ल्यूकेमिया के कारण 58 वर्ष की आयु में उनकी मृत्यु हो गई।

पर्ल. एस. बक

(Pearl S. Buck)

1892-1973

नोबेल पुरस्कार : साहित्य, 1938

राष्ट्रीयता : अमरीकी

पर्ल सिडेनस्ट्रिकर बक को उनके चीनी नाम 'साई झेनझू' से भी जाना जाता है। 1938 में साहित्य का नोबेल पुरस्कार जीतने वाली पर्ल बक प्रथम अमेरिकी महिला थीं जिन्हें साहित्य का नोबेल पुरस्कार प्राप्त हुआ। उन्हें अपने लेखन में चीन के किसानों के वास्तविक चित्रण तथा अद्वितीय जीवनी लेखन के लिए नोबेल पुरस्कार प्राप्त हुआ।

पर्ल बक धुन की ऐसी पक्की लेखिका थीं जो 80 वर्ष की आयु होने पर भी लेखन से जुड़ी रहीं। उन्होंने अपने लेखन द्वारा पूर्व और पश्चिम को जोड़ने का कार्य बखूबी किया है। वास्तव में पर्ल का स्वयं का जीवन पूर्व और पश्चिम के बीच बीता। उनका जन्म अमेरिका में हुआ, चीन में रहकर पलीं-बढ़ीं, अमेरिका में कॉलेज

शिक्षा प्राप्त की, फिर चीन में 1934 तक आकर रहीं और इसके बाद फिर अमेरिका में बसीं। वह सदैव चीन से बहुत प्रभावित रहीं।

उनका उपन्यास 'द गुड अर्थ' अमेरिका में 1931 में बैस्टसैलर पुस्तक बना। 1932 में उन्हें इस पुस्तक के लिए प्रतिष्ठित अमेरिकी पुलित्ज़र पुरस्कार मिला। 1938 में उन्हें साहित्य का नोबेल पुरस्कार प्राप्त हो गया।

आरम्भिक जीवन व शिक्षा

पर्ल बक का बचपन का नाम पर्ल सिडेनस्ट्रिकर था। उनका जन्म अमेरिका के वेस्ट वर्जीनिया के हिल्सबोरो में कैरोलीन स्टल्टिंग और एबस्लॉम सिडेनस्ट्रिकर के यहां 26 जून 1892 को हुआ था। उनके माता-पिता अमेरिकी मिशनरी थे, जो 8 जुलाई 1880 को विवाह के बाद चीन चले गए थे। लेकिन पर्ल के जन्म के लिए वे अमेरिका चले गए। जब पर्ल मात्र तीन माह की थीं, तब यह परिवार चीन वापस आ गया और जिंगजिआंग में आकर रहने लगा। पर्ल का पालन-पोषण यहीं पर हुआ। उनकी माँ उन्हें अंग्रेज़ी भाषा पढ़ाती थीं और मिस्टर कुंग उन्हें चीनी भाषा पढ़ाते थे, इस प्रकार उनका विकास द्विभाषी वातावरण में हुआ।

उन्हें अपने चीनी पड़ोसियों के यहां जाना और खेलना खूब भाता था। चीनी आया उन्हें चीन के किस्से और कहानियां सुनाती थीं। उन्होंने बचपन में ही चार्ल्स डिकिन्स की रचनाएं पढ़नी आरम्भ कर दी थीं और शंघाई के अखबार में लिखने लगी थीं। बालिका पर्ल पर चीन के वातावरण और सीधे-सादे किसानों के जीवन का बहुत असर पड़ा। उनकी माँ ने उन्हें संगीत और कला की शिक्षा भी प्रदान की।

1911 में पर्ल 18 वर्ष की आयु में चीन छोड़कर वर्जीनिया के रेन्डोल्फ मेकॉन वूमन्स कॉलेज में पढ़ाई करने अमेरिका चली गईं। 1914 में उन्होंने स्नातक शिक्षा पूर्ण कर ली और 'कप्पा डेल्टा सोरोरिटी' की सदस्य बन गईं। अमेरिका का उन्मुक्त वातावरण उन्हें अच्छा नहीं लगता था। उनकी माँ के उन्हें बार-बार समझाने पर कि वह अमेरिकी है, उन्हें अच्छा नहीं लगता था। उनका झुकाव चीन की ओर था, लेकिन अमेरिकी छात्राएं उन्हें चीन से आया जानकर हेय दृष्टि से देखती थीं। वह अपनी लेखनी द्वारा फिर भी कॉलेज में लोकप्रिय हो गईं। उनके लेख कॉलेज पत्रिका में प्रकाशित होतें थे। उन्हें दो बार पुरस्कृत भी किया गया।

वैवाहिक जीवन

1914 में वह चीन लौट आईं और दो वर्ष तक अपनी बीमार माँ की सेवा करती रहीं। 1917 में पर्ल ने कृषि अर्थशास्त्री मिशनरी जॉन लॉसिंग बक से 13 मई को

विवाह कर लिया। अब वे दोनों हुआई नदी के किनारे अन्हुई प्रदेश के सुझोऊ में रहने चले गए। इसी क्षेत्र का वर्णन पर्ल ने अपनी पुस्तकों 'द गुड अर्थ' और 'संस' में किया है। 1914 से 1933 तक पर्ल ने भी प्रेस्बीटेरियन मिशनरी के रूप में भी कार्य किया जैसे उनके पिता करते थे। लेकिन उनके विचार बाद में काफी विवादित रहे।

1920 से 1933 तक पर्ल तथा लॉसिंग बक ने नान्जिंग में अपना घर लिया जहां नान्जिंग विश्वविद्यालय था। दोनों वहाँ पर शिक्षण कार्य करने लगे। पर्ल नान्जिंग यूनीवर्सिटी तथा चाइनीज़ नेशनल यूनीवर्सिटी में अंग्रेज़ी पढ़ाने लगीं। 1920 में उनकी एक पुत्री कैरोल पैदा हुई जो बीमारी से ग्रसित थी। 1921 में पर्ल की माँ की मृत्यु के पश्चात् उनके पिता उनके साथ आकर रहने लगे।

1924 में जॉन लॉसिंग बक की वार्षिक छुट्टी होने के कारण वे अमेरिका चले गए। इस बीच पर्ल बक ने कार्नेल यूनीवर्सिटी से मास्टर्स डिग्री प्राप्त कर ली। 1925 में उन्होंने जेनिस नामक पुत्री को गोद ले लिया। फिर वे चीन लौट आए।

1920 के दशक के अन्तिम वर्षों में पर्ल तथा उनके परिवार को विकट परिस्थितियों का सामना करना पड़ा। 1927 में राष्ट्रीय सैनिकों, कम्युनिस्ट ताकतों तथा अन्य मिश्रित लोगों के बीच आपसी युद्ध शुरू हो गया, जिसमें वे पश्चिमवासियों को मारने लगे। चूंकि पर्ल के पिता एबस्लॉम अमेरिकी मिशनरी थे अतः उन्होंने नान्जिंग में शांति रहने तक वहीं रहने का फैसला किया। लेकिन जब वहाँ भी हिंसा भड़कने लगी तो एक चीनी गरीब परिवार ने उन्हें शरण दे दी। उनका अपना घर लूट लिया गया। पूरे परिवार ने डर व आतंक के बीच दिन बिताया, तब अमेरिकी सिपाहियों ने उन्हें बचाया। वे शंघाई होते हुए समुद्र के रास्ते जापान चले गए। वहाँ एक वर्ष बिताने के बाद वे नान्जिंग लौटे। लेकिन परिस्थितियां अब भी ठीक न होने के कारण वे 1934 में हमेशा के लिए चीन छोड़ कर अमेरिका चले गए।

पुनर्विवाह

1934 में अमेरिका आने के पश्चात् पर्ल वर्क जॉन डे कंपनी नामक प्रकाशन कंपनी में कार्य करने लगीं। यहीं से उनकी पुस्तकें प्रकाशित हो रहीं थीं। 1935 में पर्ल ने जॉन लॉसिंग बक से तलाक ले लिया और जॉन डे कंपनी के अध्यक्ष व प्रकाशक रिचर्ड वाल्श से विवाह कर लिया। वाल्श की सलाह पर वह लेखन में अधिक सक्रिय हो सकीं। वाल्श के साथ वह 1960 तक पेन्सिलवेनिया में रहीं, 1960 में वाल्श की मृत्यु हो गई।

सांस्कृतिक विद्रोह के दौरान लेखन द्वारा चीन के किसानों का विस्तृत चित्रण करने के कारण उन्हें चीनी सांस्कृतिक सामन्तवादी तक कहा गया। 1972 में

अमेरिकी राष्ट्रपति रिचर्ड निक्सन के साथ चीन यात्रा के दौरान चीनी अधिकारियों तथा मैडम माओ द्वारा उन्हें चीन में प्रवेश की अनुमति नहीं दी गई, जिससे उन्हें दुख पहुंचा।

लेखन कार्य

1930 के बाद पर्ल ने अनेकों पुस्तकें लिखीं। 1926 में उन्होंने अपना प्रथम उपन्यास 'ईस्ट विंड वेस्ट विंड' लिखना शुरू किया, जिसकी कल्पना उन्होंने चीन से अमेरिका की यात्रा के दौरान की थी। दरअसल अमेरिकी यात्री काफी औपचारिकतापूर्ण होते थे जबकि चीन में उन्होंने काफी खुला व भिन्न वातावरण देखा था। यह उपन्यास 1930 में प्रकाशित हुआ और अमेरिका में 1931-1932 में बैस्टसैलर बुक रहा।

'द हाउस ऑफ अर्थ' नामक ट्रिलोजी में उन्होंने तीन पुस्तकें वांग परिवार के बारे में लिखीं। ये पुस्तकें 'द गुड अर्थ' (1931), 'सन्स' (1933), 'अ हाउस डिवाइडेड' (1935) थीं। 'द गुड अर्थ' से उन्हें विश्वव्यापी ख्याति तथा अनेकों पुरस्कार मिले। इस पुस्तक का विश्व की लगभग सभी भाषाओं में अनुवाद हो चुका है। 'द गुड अर्थ' के लिए उन्हें अमेरिका का प्रतिष्ठित 'पुलित्ज़र प्राइज़' तथा 'विलियम डीन हॉवेल्स मेडल' भी प्राप्त हुआ। 1933 में पर्ल बक को येल विश्वविद्यालय से ए एम की उपाधि प्रदान की गई।

1933 में उन्होंने 'द मदर' नामक उपन्यास तथा 'द फर्स्ट वाइफ एंड द अदर स्टोरीज़' लिखीं। इसके बाद उनका लेखन का सिलसिला चलता रहा। उन्होंने 'द प्राउड हार्ट (1938), द पैट्रियट (1939), अदर गॉडस (1940), चाइना स्काई (1941), ऑफ मैन एंड वीमेन (1941), टूडे एंड फारएवर (1941), ड्रेगन सीड (1942), द प्रामिज़ (1943), चाइना फ्लाइट (1943), ट्वेन्टी सेवन स्टोरीज़ (1943), पुस्तकें लिखीं। इस बीच 1933 में उन्होंने चीनी उपन्यास शुई हू पुआन का अंग्रेज़ी में अनुवाद 'ऑल मैन आर ब्रदर्स' नाम से किया।

पर्ल ने अपने माता-पिता की जीवनी (बायोग्राफी) 'द एक्ज़ाइल' तथा 'फाइटिंग एंजेल' नाम से लिखीं। बाद में उन्होंने एक ही शीर्षक से पुनः जीवनी 'द स्प्रिट एंड द फ्लेश' (1944) लिखीं। 'द टाइम इज़ नाउ' में लेखिका ने अपने भावनात्मक अनुभवों को समेटा है। यद्यपि उन्होंने इन्हें वर्षों पहले लिखा था, लेकिन ये 1967 में प्रकाशित हो सकीं।

1938 के बाद पर्ल बक ने अनेकों उपन्यास व कहानी की पुस्तकें लिखीं। उनकी पुस्तकों में अधिकांशतः पूर्व और पश्चिम का टकराव दृष्टिगोचर होता है। उन्होंने भारत और कोरिया के बारे में भी रुचि दिखाई है। उनके पूर्व-पश्चिम के वर्णन के कारण राजनीतिक पत्रकारिता भी सक्रिय हो उठती है। उन्होंने विविध विषयों

पर लिखा जिनमें महिला अधिकार, एशियाई सभ्यता, मिशनरी कार्य, गोद लेना, युद्ध, दूसरे देशों में प्रवेश जैसे विषय शामिल हैं।

ऊपर वर्णित पुस्तकों के अतिरिक्त उन्होंने जीवन के अंत तक अनेकों पुस्तकें लिखीं। कुछ पुस्तकें इस प्रकार हैं :

आत्मकथात्मक—माई सेवरल वर्ल्ड्स (1954), ए ब्रिज फॉर पासिंग (1962)। पोर्टेट ऑफ ए मैरेज (1945), पवेलियन ऑफ वीमेन (1946), द एंग्री वाइफ (1947), द बिग वेव (1948), गॉड्स मैन (1951), इम्पीरियल वूमन (1956), सतन नेवर स्लीप्स (1962, इस पर 1962 में फिल्म भी बनी), डेथ इन द कासल (1965), द न्यू इयर (1968), ऑल अंडर हेवन (1973), द रेनबो (1947)।

द चाइल्ड हू नेवर ग्रू (1950), द मैन हू चेन्ज्ड चाइना (1953), फॉर स्पेशस स्काइज़ (1966), द पीपल ऑफ जापान (1966), चाइना एज आई सी (1970), पर्ल एस बक्'स ओरिएंटल कुक बुक (1972)।

फार एंड नियर : जापान, चीन व अमेरिका की कहानियां (1949), फोर्टीन स्टोरीज़ (1961), वन्स अपॉन अ क्रिसमस (1972), ईस्ट एंड वेस्ट स्टोरीज़ (1975), सीक्रेट ऑफ द हार्ट : स्टोरीज़ (1976)।

मानवतापूर्ण कार्य

पर्ल ने कई उन विषयों के बारे में गहराई से सोचा जो प्रायः अन्य लोग देख कर भी अनदेखा कर देते हैं। 1949 में पर्ल ने दत्तक ग्रहण (गोद लेना व देना) जैसे विषय पर आवाज़ उठाई क्योंकि एशियाई अथवा मिश्रित जाति के बच्चों को गोद नहीं लिया जा सकता था।

इसके लिए पर्ल ने पेन्सिलवेनिया में 400 एकड़ भूमि में नागरिक बस्ती से दूर अपना घर बनाया। 1949 में उन्होंने एक आश्रम-स्थल बनाया, जहां विभिन्न जाति, धर्म, राष्ट्रीयता व रंगों के अनाथ बालक-बालिकाओं को आश्रय दिया जाता था। पर्ल ने इसका नाम रखा 'वेलकम हाउस इंक' जो बच्चों के गोद लेने सम्बन्धी अमेरिका की प्रथम एजेंसी थी। लगभग 50 वर्षों में यहां बहुत कार्य हुआ है। इसमें पांच हज़ार से अधिक बच्चे रहते हैं। 1964 में पर्ल ने 'पर्ल एस बक फाउंडेशन' बनाई जिसका कार्य उन बच्चों की सहायता करना था जो गोद नहीं लिए जा सकते थे और एशियाई देशों में जिनके साथ भेदभाव होता था और वे गरीब थे।

1965 में पर्ल ने दक्षिण कोरिया में 'अपार्चुनिटी सेंटर' तथा अनाथालय खोला, फिर, फिलीपीन्स, वियतनाम तथा थाईलैंड में भी इसके कार्यालय खोले। 1960 के दशक के अंतिम वर्षों में पर्ल ने वेस्ट वर्जीनिया का दौरा किया ताकि अपने हिल्सबारो

(वेस्ट वजीर्निया) के पारिवारिक फार्म को सुरक्षित रखने के लिए वे धन इकट्ठा कर सकें। यहां उनके जन्मस्थान पर आज संग्रहालय बना हुआ है।

जब राजनीतिक या अन्य कारणों से लोग ऐसे विषयों पर बात नहीं करते थे तब पर्ल बक ने जातिवाद, लिंग भेदभाव, एशियाई महिलाओं के उन बच्चों जो अमेरिकी सैनिकों की अवैध संतानें थीं, के बारे में आवाज़ उठाई। वह एक सफल पत्नी, माँ, लेखिका, सम्पादिका व राजनीतिक सक्रिय कार्यकर्ता थीं। 6 मार्च 1973 को 80 वर्ष की आयु में उनकी मृत्यु हो गई।

पुरस्कार व सम्मान

- ☆ 'द गुड अर्थ' के लिए पर्ल एस बक को पुलित्ज़र प्राइज़ 1932 में मिला।
- ☆ 1935 में उन्हें 'विलियम डीन हॉवेल्स मेडल' प्रदान किया गया।
- ☆ 1938 में उन्हें साहित्य का नोबेल पुरस्कार प्राप्त हुआ।
- ☆ उनके द्वारा प्रयोग की गई ऐतिहासिक वस्तुएं व कलाकृतियां अनेक स्थानों पर संग्रहालय के रूप में संगृहीत हैं—उनके जन्मस्थान हिल्स बोरो पर संग्रहालय बनाया गया है, पेन्सिलवेनिया के बॉक्स काउंटी में 'ग्रीन हिल्स फार्म' को संग्रहालय बनाया गया है, चीन के झेंगजियांग में झेंनजियांग पर्ल एस बक एसोसिएशन में उनका संग्रहालय बना है, चीन के नेन्जिंग में भी एक संग्रहालय बनाया गया है। दक्षिण कोरिया के बुचॉन सिटी में पर्ल एस बक मेमोरियल हॉल बनाया गया है।

गेब्रीला मिस्त्राल

(Gabriela Mistral)

1889-1957

नोबेल पुरस्कार : साहित्य, 1945

राष्ट्रीयता : चिली

गेब्रीला मिस्त्राल पहली लेटिन अमेरिकी महिला थीं, जिन्हें नोबेल पुरस्कार प्राप्त हुआ। वह चिली की कवयित्री, शिक्षिका, राजनयिक व महिला अधिकारवादी महिला थीं जिन्हें 1945 का साहित्य का नोबेल पुरस्कार प्राप्त हुआ। उनकी कविताओं का मुख्य विषय प्रकृति, माँ का प्यार, धोखा, दुख, यात्रा आदि हैं जिनमें उनका अपने देश चिली का तथा यूरोपीय प्रभाव नज़र आता है।

प्रारम्भिक जीवन व शिक्षा

गेब्रीला मिस्त्राल का वास्तविक नाम ल्यूसिता डी मारिया डेल पर्पीटियो सोकोरो गोडोय अल्कायागा था। गेब्रीला का जन्म 7 अप्रैल 1889 को चिली के विकूना गाँव में हुआ

था। लेकिन उनका लालन-पालन मांटी ग्रैंड के एंडियन गाँव में हुआ। यहीं पर उनकी बड़ी बहन एमिला मोलिना प्राइमरी स्कूल में पढ़ाती थीं। उसी स्कूल में गेब्रीला की प्रारम्भिक शिक्षा हुई। उनके पिता जुआन जेरोनिमो गोडोय विलानुएवा ली भी स्कूल में अध्यापक थे। जब वह मात्र तीन वर्ष की थीं तब उनके पिता घर-परिवार छोड़कर चले गए थे। कुछ वर्षों बाद उनकी मृत्यु हो गई अतः गेब्रीला का बचपन गरीबी में बीता।

15 वर्ष की आयु में वह और उनकी माँ पेट्रोनिला अल्कायागा एक अध्यापक की सहायक के रूप में कार्य करने लगीं। 1904 में जब गेब्रीला लगभग 15 वर्ष की थीं उनकी अनेक कविताएं प्रकाशित होने लगीं। उन्होंने कई छद्म नामों से कविताएं लिखीं। शुरुआती कविताओं में से कुछ थीं- ड्रीम्स, इन्टीमेट लैटर, जन्टो अल मार, ये कविताएं स्थानीय समाचार पत्र में छपी थीं।

1906 में ग्रेब्रीला की एक रेलवे कर्मचारी रोमेलियो उरेटा से मुलाकात हुई और प्यार हो गया, जिसने 1909 में आत्महत्या कर ली। गेब्रीला को इतनी कम उम्र में जीवन और मृत्यु को करीब से देखने का मौका मिला कि उन्होंने अपनी कविताओं में मृत्यु, आत्महत्या और दुख का वर्णन बहुत भावुक तरीके से किया जितना किसी लेटिन अमेरिकी कवियों की पिछली पीढ़ी ने भी नहीं किया था। गेब्रीला की अनेक महिला-पुरुषों से मित्रता रही परन्तु उन्होंने अपने भावनात्मक पहलू को अपने तक ही गुप्त रखा, यद्यपि ये भावनाएं उनकी रचनाओं पर प्रभाव डालती रहीं।

शिक्षक के रूप में कार्यकाल

गेब्रीला की प्रारम्भिक शिक्षा 1900 तक ही पूरी हो चुकी थी, लेकिन उन्हें अपनी बड़ी बहन एमेलिना के कारण स्कूल टीचर के सहायक की नौकरी प्राप्त हो गई। उनकी बहन ने भी इसी प्रकार अपना कैरियर शुरू किया था। यद्यपि चिली में उस समय शिक्षकों की बहुत आवश्यकता थी, विशेषकर गाँवों के लिए, लेकिन किसी महिला को किसी सामाजिक या राजनीतिक लोगों से अच्छे सम्बन्धों के बिना अध्यापक की नौकरी नहीं मिलती थी।

गेब्रीला की उनके लेखन के कारण तरक्की होती गई। 1906 से 1912 के बीच वह तीन अच्छे स्कूलों में शिक्षण कर चुकी थीं। 1912 में वह लास एंडेस में लीसियो (हाई स्कूल) में पढ़ाने का कार्य करने लगीं। वहाँ वह 6 वर्ष तक रहीं और कभी-कभी सेंटियागो भी जाती रहीं। 1918 में चिली के शिक्षा मंत्री के हस्तक्षेप से 'पंटा एरेनाज' में एक लीसियो में निदेशक का कार्य मिल गया। वह 1920 में टेमुको चली गईं। 1921 में वह सेंटियागो चली गईं और वहाँ की रेडीकल पार्टी के उम्मीदवार को हरा सेंटियागो के लीसियो 6 में निदेशिका चुन ली गईं। यह चिली का लड़कियों

का सबसे अधिक प्रतिष्ठित स्कूल था। यहाँ मंत्री के हस्तक्षेप से चुने जाने पर चिली में उनकी आलोचना हुई और तब उन्होंने 1922 में मेक्सिको में नौकरी स्वीकार कर ली।

अब उन्होंने लाइब्रेरी और स्कूलों में सुधार आरम्भ किया। वह देश की योजनाओं में सहयोग देकर राष्ट्रीय शिक्षा सिस्टम में बदलाव के लिए सहयोग देने लगीं। इसी वर्ष उनकी पुस्तक 'डिस्लोकेशन' अमेरिका के न्यूयार्क में प्रकाशित हुई जिससे उनकी प्रशंसा हुई। एक वर्ष बाद उन्होंने 'रीडिंग फॉर वीमेन' लिखी जो गद्य तथा पद्य दोनों में है। दो वर्ष तक वह मेक्सिको में रहीं।

इसके पश्चात् गेब्रीला लारेडो से बाहर निकलीं और टेक्सास से न्यूयार्क तक गईं। फिर यूरोप की भी यात्रा की। मैड्रिड (स्पेन) में उन्होंने 'टेन्डरनेस' नामक पुस्तक प्रकाशित कराई। इसमें लोरियों का संग्रह था जो बच्चों, माता-पिता तथा अन्य कवियों के लिए लिखी गईं थीं।

1925 में वह चिली लौट गईं और वहां के शिक्षा सिस्टम से सेवानिवृत्ति लेकर पेंशन प्राप्त करने लगीं। वहां एक कानून बनाया गया जिसकी वहां के शिक्षक संघ बरसों से मांग कर रहे थे कि केवल विश्वविद्यालय में प्रशिक्षित अध्यापक ही स्कूल में नौकरी पा सकें। चिली की यूनीवर्सिटी ने उन्हें शैक्षिणिक टाइटिल 'स्पेनिश ग़ोफेसर' 1923 में दे दिया था, जबकि उनकी शिक्षा मात्र 12 वर्ष की उम्र तक ही हो सकी थी।

लेखन कार्य

1914 में मृतक मित्र की याद में लिखी उनकी प्रेम कविताओं 'सॉनेट्स ऑफ लव' ने उन्हें पूरे लेटिन अमेरिका में प्रसिद्धि दिलाई लेकिन उनका अगला कविता-संग्रह 'डिस्पेयर' 1922 में प्रकाशित हो सका। 1924 में उनका काव्य खण्ड 'टेन्डरनेस' प्रकाशित हुआ जिसका मुख्य विषय था—'बचपन'। इसी विषय से सम्बन्धित लेकिन मातृत्व भाव से जुड़ा दूसरा कविता-संग्रह 'टाला' (डेस्ट्रक्शन) 1938 में प्रकाशित हुआ। उनका समस्त काव्य-संग्रह 1958 में प्रकाशित हुआ। 1954 में प्रकाशित 'द वाइन प्रेस' में उन्होंने मानवता विशेष कर बच्चों तथा दबे कुचले लोगों को कविताओं का विषय बनाया। उनकी कविताओं को अमेरिकी लेखन लांग्सटन ह्यूग्स ने अंग्रेज़ी में अनुवादित किया है। उनकी मृत्यु के पश्चात् 1967 में उनकी पुस्तक 'पोयम्स ऑफ चिली' प्रकाशित हुई तथा 1992 में 'लागर II प्रकाशित हुई। उन्होंने पत्र-पत्रिकाओं में लगभग 800 लेख-निबन्ध लिखे। वह एक अच्छी संवाददाता तथा वक्ता थीं तथा रेडियो पर भी बहुत अच्छा बोलती थीं।

अंतिम जीवन

गेब्रीला मिस्त्राल ने अपने प्रेमी की आत्महत्या के बाद जीवन-भर विवाह नहीं किया। गिरते स्वास्थ्य के कारण गेब्रीला की यात्राएं धीरे-धीरे कम होने लगीं। अपने जीवन के अंतिम वर्षों में वह न्यूयार्क के रोज़लिन शहर में रहीं। जनवरी 1957 के प्रारंभ में उन्हें न्यूयार्क के हेम्प्सटेड में भेज दिया गया जहां उनकी 10 जनवरी 1957 को 67 वर्ष की आयु में पेंक्रिएटिक कैंसर से मृत्यु हो गई। 9 दिन बाद उनका पार्थिव शरीर चिली लाया गया जहां हज़ारों लोग उनके अंतिम दर्शन करने उमड़ पड़े। चिली सरकार ने 3 दिन के राष्ट्रीय शोक की घोषणा की।

पुरस्कार व सम्मान

उनके लेखन को बहुत कम उम्र में ही मान्यता मिल गई जब 22 दिसम्बर 1914 को उन्हें पहला राष्ट्रीय पुरस्कार प्राप्त हुआ। सेंटियागो में 'जुएगोस फ्लोरेल्स' नामक राष्ट्रीय साहित्यिक प्रतियोगिता में उन्हें 'सॉनेट्स ऑफ लव' के लिए प्रथम पुरस्कार प्राप्त हुआ। वह 1908 से 'ग्रेब्रीला मिस्त्राल' नाम से लेखन करती रहीं थीं। जुएगोस फ्लोरेल्स में पुरस्कार जीतने के पश्चात् उन्होंने कुछ लेखन अपने वास्तविक नाम लुसिला गोडोय नाम से किया। उन्होंने अपना नाम गेब्रीला मिस्त्राल रखने के लिए अपने दो प्रिय कवियों 'गेब्राइल डी अनुन्जियो तथा फ्रेडरिक मिस्त्राल' के नामों से शब्द लिए और पेन नाम गेब्रीला मिस्त्राल रख लिया।

चिली में रहते हुए गेब्रीला को अपने कार्यों व लेखन से अन्तरराष्ट्रीय ख्याति प्राप्त हो गई थी। 1925 में उन्हें लीग ऑफ नेशन्स के नए संस्थान 'इंस्टीट्यूट ऑफ इन्टेलेक्चुअल कोआपरेशन' के लिए लेटिन अमेरिका का प्रतिनिधित्व करने के लिए बुलाया गया। वह वहां कल्चरल कमेटी में सदैव सक्रिय रहीं। 1926 में फ्रांस आने के पश्चात् गेब्रीला ज़िन्दगी भर चिली के बाहर ही रहीं। वह पत्रकारिता द्वारा अर्जन करती रहीं। फिर अमेरिका, लेटिन अमेरिका आदि में लेक्चर देने का कार्य बखूबी करती रहीं। वह ब्राजील, कैरीबियन अर्जेन्टीना आदि देशों में गई।

1930-31 में कोलम्बिया यूनीवर्सिटी के बर्नार्ड कॉलेज में वह विजिटिंग प्रोफेसर रहीं। अन्य लेटिन अमेरिकी बुद्धिजीवियों की भांति 1932 के बाद वह अनेकों देशों में राजनयिक रहीं। अपनी मृत्यु तक वह मैड्रिड, लिस्बन, पेट्रोपोलिस, लॉस एंजेल्स, नेपल्स, सैंटा बारबरा, वेराक्रूज़, रपालो, न्यूयार्क आदि में राजनयिक रहीं। मैड्रिड वास के दौरान उनकी चिली के अन्य राजनयिक तथा नोबेल पुरस्कार विजेता पेबलो नेरुडा से मुलाकात व विचारों का एडान-प्रदान होता था।

वह पत्र-पत्रिकाओं में सैकड़ों लेख स्पेनिश में लिखती रहीं, जिन्हें प्रतिष्ठित

पदों पर बैठे लोग भी पढ़ते और पसन्द करते थे। उनका दूसरा कविता खंड 'टाला' 1938 में प्रकाशित हुआ। इससे हुई आय को उन्होंने अनाथ बच्चों के लिए दान कर दिया।

गेब्रीला को यूनीवर्सिटी ऑफ फ्लोरस तथा ग्वाटेमाला की ओर से आनरेरी डिग्री प्रदान की गई। वह चिली के साथ-साथ अमेरिका, स्पेन तथा क्यूबा की अनेक कल्चरल सोसायटी की आनरेरी सदस्य रहीं। उन्होंने अमेरिका की कोलम्बिया यूनीवर्सिटी, मिडलबरी कॉलेज, वसार कॉलेज तथा यूनीवर्सिटी ऑफ प्यूर्टो रिको में स्पेनिश साहित्य का शिक्षण किया।

15 नवम्बर 1945 को ग्रेब्रीला मिस्त्राल पहली लेटिन अमेरिकी तथा साहित्य में नोबेल पुरस्कार प्राप्त करने वाली पांचवीं महिला बनीं। स्वीडन के किंग गुस्ताव के हाथों उन्होंने 10 दिसम्बर 1945 को पुरस्कार प्राप्त किया। 1947 में उन्हें कैलीफोर्निया के मिल्स कॉलेज ओकलैंड द्वारा आनरेरी डाक्टरेट प्रदान किया गया। 1951 में उन्हें चिली में 'नेशनल लिटरेचर प्राइज़' प्रदान किया गया।

एमिली ग्रीन बाल्च

(Emily Green Balch)

1867-1961

नोबेल पुरस्कार : शांति, 1946

राष्ट्रीयता : अमरीकी

एमिली ग्रीन बाल्च अमेरिकी लेखिका, शिक्षाविद् तथा शांतिवादी महिला थीं जिन्हें 1946 का शांति के लिए नोबेल पुरस्कार वाईएमसीए नेता जॉन आर. मॉट के साथ संयुक्त रूप से प्राप्त हुआ। उन्हें यह पुरस्कार वीमेन्स इन्टरनेशनल लीग फॉर पीस एंड फ्रीडम (डब्ल्यूआईएलपीएफ) के द्वारा महत्त्वपूर्ण कार्य करने के लिए प्राप्त हुआ। एमिली ने अपना सारा जीवन शांति तथा विश्व बन्धुत्व की भावना जगाने के लिए समर्पित कर दिया।

आरम्भिक जीवन व शिक्षा

एमिली ग्रीन बाल्च का जन्म 8 जनवरी 1867 को अमेरिका में बोस्टन के निकट जमाइका प्लेन में हुआ था। उनके पिता का नाम फ्रांसिस वी तथा माँ का नाम एलेन

(नोयेस) बाल्च था। एमिली का जन्म एक धनी परिवार में हुआ था। उनके पिता एक प्रतिष्ठित वकील थे जो यूएस सीनेटर चार्ल्स समर के सेक्रेटेरी भी रहे थे।

बचपन में एमिली की शिक्षा प्राइवेट स्कूलों में हुई। 1889 में उन्होंने ब्रिन मॉर कॉलेज से स्नातक शिक्षा प्राप्त की। वह इस कॉलेज के प्रथम स्नातकों में से थीं। 1889-1890 में उन्होंने समाजशास्त्र की शिक्षा ग्रहण की, फिर ब्रिन मॉर द्वारा दी गई यूरोपियन फैलोशिप से एमिली ने पेरिस में 1890-91 में अर्थशास्त्र की पढ़ाई की। अर्थशास्त्र में शोध उन्होंने एमिल लेवासर की देखरेख में किया और 'पब्लिक एसिस्टेंस ऑफ द पुअर' को फ्रांस में 1893 में प्रकाशित कराया। यह उनके शोध पर आधारित पुस्तक है।

उन्होंने अपनी औपचारिक शिक्षा अलग-अलग तरह के कोर्स अलग स्थानों से करके पूर्ण की। उन्होंने हार्वर्ड तथा यूनीवर्सिटी ऑफ शिकागो से कोर्स किए। 1895-1896 में उन्होंने अर्थशास्त्र का एक वर्ष का कोर्स बर्लिन (जर्मनी) से किया।

शिक्षक के रूप में कार्यकाल

1896 में एमिली ने वेलेस्ली कॉलेज में शिक्षक के रूप में फैकल्टी ज्वाइन कर ली। धीरे-धीरे उन्नति करके 1913 तक वह अर्थशास्त्र और समाजशास्त्र की प्रोफेसर बन गईं। वह एक अत्यन्त कुशल शिक्षिका थीं, जिनके विचारों में स्पष्टता थी जिससे छात्र प्रभावित हो जाते थे। शोषित लोगों के प्रति उनके मन में दया थी। वह दृढ़ शक्ति वाली अनुभवी महिला थीं, जिससे छात्र उनके आग्रह पर स्वयं कोई भी कार्य आसानी से कर लेते थे।

सामाजिक सुधार कार्य

एमिली बाल्च सामाजिक सुधार कार्यों में सदैव सक्रिय रहीं। 1903 में उन्होंने 'वीमेन्स ट्रेड यूनियन लीग' की स्थापना करने में सहायता की। वह कई ज़िला व राज्य बोर्डों की सदस्य थीं। महिला कष्टों, बाल मज़दूर, मज़दूरी सेवा सुधार, जातिवादी न्याय तथा शांति कार्यों से एमिली सदैव जुड़ी रहीं। एक बार की छुट्टियों में उन्होंने 'इमीग्रेशन' के बारे में अध्ययन किया, फिर एक पुस्तक 'अवर स्लेविक फैलो सिटीज़न्स' (1910) नामक पुस्तक लिखी।

कॉलेज की प्रोफेसर होने के दिनों में वह बच्चों तथा शहरी योजना से सम्बन्धित दो म्यूनिसिपल बोर्ड की सदस्य रहीं। वह औद्योगिक शिक्षा तथा अप्रवास से सम्बन्धित दो राज्य कमीशन की सदस्य थीं।

यद्यपि मिस एमिली का ध्यान सदैव शांति समस्याओं पर केन्द्रित रहता था, इसीलिये उन्होंने 1899 और 1907 की हेग कॉफ्रेंस में भाग लिया था। लेकिन 1914

में प्रथम विश्वयुद्ध शुरू होने के पश्चात् उन्होंने निश्चय किया कि उनका जीवन विश्व को युद्ध से मुक्ति दिलाने तथा मानवतापूर्ण कार्यों के लिए समर्पित रहेगा। 1915 में हेग में हुई महिलाओं की इंटरनेशनल कांग्रेस की प्रतिनिधि के रूप में उन्होंने कई महत्वपूर्ण योजनाओं में महत्वपूर्ण रोल निभाया। 'वीमेन्स इंटरनेशनल कमेटी फॉर पर्मानेंट पीस' नामक संस्था की स्थापना में उन्होंने महत्त्वपूर्ण भूमिका अदा की जिसका नाम बाद में 'वीमेन्स इंटरनेशनल लीग फॉर पीस एंड फ्रीडम' हो गया। उन्होंने युद्धरत देशों के बीच शांति समझौते को प्रस्तुत किया। स्कैंडीनेवियन देशों तथा रूस की सरकारों के बीच लिखित मध्यस्थता की शुरुआत हुई। उन्होंने जेन एडम्स तथा एलिस हेमिल्टन के सहयोग से 'वीमेन एट द देग : द इंटरनेशनल कांग्रेस ऑफ वीमेन एंड इट्स रिजल्ट्स' 1915 में लिखी। यह पुस्तक अमेरिका, आस्ट्रिया तथा हंगरी से आने वाले लोगों के आप्रवास ज्ञान से सम्बन्धित पुस्तक थी।

अमेरिका वापस आकर उन्होंने अमेरिका का झगड़े में प्रवेश के विरुद्ध सक्रिय रूप से आन्दोलन किया। इसके लिए उन्होंने वेलेस्ली कॉलेज की फैकल्टी से छुट्टी बढ़ाने के लिए प्रार्थना पत्र दिया परन्तु 1918 में ट्रस्टी सदस्यों ने उन्हें छुट्टी बढ़ाने के स्थान पर कॉलेज की नौकरी से निकालने का निर्णय लिया। इसके बाद एमिली ने *'द नेशन'* नामक साप्ताहिक पत्र में सम्पादकीय स्टाफ के रूप में नौकरी कर ली। तब उन्होंने 'अप्रोचेज टू द ग्रेट सेटलमेंट' नामक पुस्तक लिखी। इस पुस्तक की प्रस्तावना नार्मन एंजेल ने लिखी थी, जिन्हें बाद में नोबेल पुरस्कार प्राप्त हुआ। 1919 में एमिली ने ज्यूरिख में होने वाली इंटरनेशनल वीमेन कांग्रेस की दूसरी मीटिंग में भाग लिया। तब उन्होंने वीमेन्स इंटरनेशनल लीग फॉर पीस एंड फ्रीडम की सेक्रेटरी बनना स्वीकार कर लिया जिसका हेडक्वार्टर जेनेवा में था। वह इस पद पर 1922 तक रहीं लेकिन जब 1934 में इसमें कठिन आर्थिक परिस्थितियां आई तो उन्होंने डेढ़ वर्ष तक बिना वेतन लिए इस पद पर पुनः कार्य किया। बाद में जब उन्हें नोबेल पुरस्कार मिला तो उन्होंने इस राशि को भी इसी संस्था को दान दे दिया।

अन्य महत्त्वपूर्ण कार्य

दोनों विश्वयुद्धों के बीच एमिली ने अपने बुद्धि-विवेक का प्रयोग सरकारी कार्यों, अंतरराष्ट्रीय संस्थाओं तथा कई कमीशन को अपनी सेवाएं देकर किया। उन्होंने लीग ऑफ नेशन्स के कई प्रोजेक्ट में सहायता की जैसे अस्त्र-शस्त्र का विरोध, यातायात का अन्तरराष्ट्रीयकरण, ड्रग कंट्रोल, अमेरिका का लीग के कार्यों में सम्मिलित होना। 1926 में डब्ल्यू आई पी एफ के सदस्य होने के नाते हैटी की स्थितियों की जांच की और वहां के कई प्रोजेक्ट में सहायता की। उन्होंने नाज़ीवाद के पीड़ितों की भी हर सम्भव सहायता की।

द्वितीय विश्वयुद्ध के दौरान एमिली बाल्च को अत्यधिक नाज़ीवाद की ज्यादतियों के कारण अपने शांतिवादी विचारों को बदलना पड़ा। उन्होंने मानव अधिकारों की दुहाई दी तथा शांति स्थापित करने के नए विचार व तरीके प्रस्तावित करने में अपना ध्यान केन्द्रित किया, जैसे वाटर वेज, एविएशन के अन्तरराष्ट्रीयकरण आदि।

नोबेल पुरस्कार

1946 में 79 वर्ष की आयु में एमिली ग्रीन बाल्च को वाई एम सी ए नेता जॉन आर मॉट के साथ संयुक्त रूप से शांति पुरस्कार प्राप्त हुआ। इस पुरस्कार से मिली धनराशि को एमिली ने वीमेन्स इंटरनेशनल लीग फॉर फ्रीडम को दान दे दिया।

नोबेल पुरस्कार समारोह में नोबेल कमेटी अध्यक्ष ने एमिली बाल्च के बारे में कहा—'उन्होंने हमें सिखाया है कि वास्तविकता को बहुत मेहनत और कठिन परिश्रम से अर्जित किया जाता है, उन्होंने हमें उससे भी ज्यादा जो सिखाया है, वह यह कि थकान कुछ नहीं होती और हार इंसान को नया साहस देती है क्योंकि उसकी आत्मा में पवित्र ज्योति जलती रहती है।'

एमिली ग्रीन बाल्च इतनी उम्र हो जाने पर गिरते स्वास्थ्य के होते हुए भी अपने उद्देश्य से जुड़ी रहीं। उन्होंने डब्ल्यू आइ एल पी एफ से बिना वेतन लिए सम्बन्ध बनाए रखा। 1959 में जब जेन एडम्स का शताब्दी समारोह हुआ तब उन्होंने इस कमेटी का सह-चेयरमेन बनकर कार्य किया। जेन एडम्स उनकी पूर्व दिनों की अच्छी साथी व 1931 की नोबेल शांति विजेता रहीं थी।

अपने पूरे जीवन एमिली अपने मानवतापूर्ण कार्यों में लगी रहीं। उन्होंने विवाह कभी नहीं किया। उन्हें पेंटिंग करना अच्छा लगता था। उन्होंने कविताओं का संग्रह भी प्रकाशित किया जिसका नाम है—'द मिरेकल ऑफ लिविंग'।

उनका अपने 94वें जन्मदिन के अगले दिन 9 जनवरी 1961 को देहान्त हो गया। उन्होंने सिद्ध कर दिखाया कि वह शारीरिक और मानसिक रूप से योग्य थीं।

उनकी प्रकाशित पुस्तकें इस प्रकार हैं :

☆ पब्लिक असिस्टेंस ऑफ द पुअर (1893)
☆ अवर स्लेविक फैलो सिटीजन्स (1910)
☆ वीमेन एट द हेग : द इंटरनेशनल कांग्रेस ऑफ वीमेन एंड इट्स रिजल्ट्स, विद जेन एडम्स एंड एलिस हेमिल्टन, (1915)
☆ अप्रोचेज टू द ग्रेट सेटलमेंट (1918)
☆ आकुपाइड हैटी (1927)
☆ द मिरेकल ऑफ लिविंग (कविता, 1941)
☆ विग्नेट्स इन प्रोज़ (1952)

गर्टी थेरेसा कोरी
(Gerty Theresa Cori)
1896-1957

नोबेल पुरस्कार : चिकित्सा : शरीर विज्ञान, 1947
राष्ट्रीयता : चेक/अमरीकी

गर्टी कोरी, जिनका पूरा नाम गर्टी थेरेसा कोरी था, अमेरिकी जीव रसायन विज्ञानी (बायोकेमिस्ट) थीं। विज्ञान में नोबेल पुरस्कार प्राप्त करने वाली गर्टी विश्व की तृतीय महिला थीं और अमेरिका की प्रथम महिला थीं। शरीर विज्ञान/औषधि विज्ञान का नोबेल पुरस्कार प्राप्त करने वाली गर्टी प्रथम महिला थीं।

गर्टी कोरी को 1947 का औषधि विज्ञान का नोबेल पुरस्कार अपने पति कार्ल फर्डिनेन्ड कोरी तथा अर्जेन्टीना के शरीर विज्ञान वैज्ञानिक बर्नार्डो हाउसे के साथ संयुक्त रूप से प्राप्त हुआ। गर्टी कोरी को ग्लूकोज़ से निकाले जाने वाले ग्लाइकोज़न से सम्बन्धित आविष्कार के लिए पुरस्कार प्रदान किया गया। लेक्टिक एसिड से सम्बन्धित खोज को 'कोरी साइकल' नाम से जाना जाता है। 2004 में गर्टी तथा

कार्ल कोरी को 'कार्बोहाइड्रेड मेटाबॉलिज्म' के स्पष्टीकरण कार्य के लिए 'नेशनल हिस्टॉरिकल केमीकल लैंडमार्क में एसीएस घोषित किया गया।

आरम्भिक जीवन व शिक्षा

गर्टी कोरी का जन्म 15 अगस्त 1896 को तत्कालीन एस्ट्रो-हंगेरियन क्षेत्र के प्राग शहर (अब चेक रिपब्लिक में) में यहूदी परिवार में हुआ था। उनका बचपन का नाम गर्टी थेरेसा रेडनित्ज था। उनके पिता एक केमिस्ट थे जो चीनी रिफाइन करने का एक नया सफल प्रयोग करने के कारण शुगर रिफाइनरी में मैनेजर का पद पा गए थे। उनकी माँ सांस्कृतिक सभ्य महिला थीं।

उनकी आरम्भिक शिक्षा घर पर हुई। फिर 1906 में उन्हें लड़कियों के 'लिसियम' में प्रवेश दिला दिया गया। 1912 में उनकी स्नातक शिक्षा पूर्ण हो गई। 16 वर्ष की आयु में गर्टी डॉक्टर बनना चाहती थीं। तब उनके एक अंकल जो बच्चों के डॉक्टर थे, ने उन्हें सलाह दी कि उन्हें मेडिकल स्कूल में एडमीशन लेने के लिए मेहनत करनी चाहिए। उन्होंने खूब मेहनत करके विश्वविद्यालय प्रवेश परीक्षा दी और उसे 1914 में टेटचेन रियलजिमनेजियम से उत्तीर्ण कर लिया। तब उन्होंने प्राग की जर्मन चार्ल्स फर्डिनेंड यूनीवर्सिटी के मेडीकल स्कूल में 1914 में प्रवेश पा लिया। 1920 में उन्हें मेडिसिन में डाक्टरेट की डिग्री मिल गई।

शिक्षा के दौरान ही उनकी मुलाकात कार्ल कोरी से हुई जो उनकी ओर जल्दी ही आकर्षित हो गए। गर्टी को बाहर घूमने का, हंसी-मज़ाक का और पहाड़ों पर चढ़ने का शौक था। कार्ल को भी यही शौक थे, अतः उन्हें गर्टी की हर बात अच्छी लगी और 1920 में शिक्षा पूरी करते ही दोनों ने विवाह कर लिया।

अनुसंधान कार्य

इन दिनों प्रथम युद्ध के पश्चात् प्राग ऑस्ट्रिया का नगर न होकर चेकोस्लोवाकिया की राजधानी बन गया। तब उन्हें प्राग छोड़ना पड़ा क्योंकि वे ऑस्ट्रियन थे। कोरी दम्पत्ति वियना (ऑस्ट्रिया) चले गए जहां गर्टी केरोलिनेन चिल्ड्रन हास्पिटल में दो वर्ष तक कार्य करती रहीं और कार्ल ने वहां की प्रयोगशाला में कार्य किया। अस्पताल में गर्टी बच्चों के विभाग में कार्य कर रही थीं तब उन्होंने तापमान नियंत्रण सम्बन्धी कई प्रयोग किए जैसे थायरायड के इलाज के बाद व पहले के तापमान में बदलाव। फिर उन्होंने रक्त की गड़बड़ी से सम्बन्धित पेपर्स प्रकाशित कराए। उन्हें प्रथम विश्व युद्ध के बाद जीवन में अनेक परेशानियाँ आ रहीं थीं। भोजन की कमी की वजह से कुपोषण के कारण गर्टी को एक्जेरोफथेलमिया हो गया। कई परेशानियों के चलते उन्होंने यूरोप छोड़ने का निर्णय लिया।

वैसे भी कोरी दम्पत्ति यहाँ पर संतुष्ट नहीं थे और अनुसंधान के लिए अमेरिका जाना चाहते थे। 1922 में वे दोनों अमेरिका चले गए, यद्यपि कोर्ल कोरी के छह माह पश्चात् गर्टी अमेरिका जा सकीं क्योंकि उन्हें वहां अच्छी नौकरी नहीं मिल सकी थी। कार्ल को अमेरिका, न्यूयार्क के बफेलो के स्टेट इंस्टीट्यूट फॉर द स्टडी ऑफ मैलिग्नेंट डिज़ीज़ेज़ (अब रोज़वेल पार्क कैंसर इंस्टीट्यूट) में मेडिकल अनुसंधान के लिए कार्य मिला था। 1928 में वे दोनों अमेरिकी नागरिक बन गए। यहीं की प्रयोगशाला में गर्टी भी दिन-रात कार्य में लगी रहती थी। तब उन्हें प्रयोगशाला के कांच के बर्तन तक स्वयं धोने पड़ते थे क्योंकि उन्हें कोई सहायक नहीं मिला था।

उन दोनों को साथ कार्य करने के लिए काफी निरुत्साहित किया गया परन्तु वे साथ कार्य करते रहे और कार्बोहाइड्रेट मेटाबालिज्म पर अनुसंधान करते रहे। वे अध्ययन कर रहे थे कि ग्लूकोज़ का किस प्रकार मानव शरीर में उपपाचन होता है और हार्मोन किस प्रकार शरीर में प्रक्रिया पर संतुलन रखते हैं। गर्टी तथा कार्ल ने इससे सम्बन्धित 50 पेपर्स प्रकाशित कराए। फिर गर्टी ने 11 लेख 1929 में प्रकाशित करके यह प्रमाणित किया कि वह इसकी एकमात्र अधिकारी हैं। उन्होंने 'कोरी साइकल' नाम से सैद्धान्तिक चक्र बनाया, जिसके लिए बाद में उन्हें नोबेल पुरस्कार प्राप्त हुआ। इस चक्र में यह बताया गया है कि किस प्रकार मानव शरीर कार्बोहाइट्स जैसे ग्लूकोज से निकलने वाले ग्लाइकोजन को मांसपेशियों के ऊतकों में लेक्टिक एसिड में बदलकर रसायनिक प्रतिक्रिया उत्पन्न करता है।

कोरी दंपती कार्बोहाइट मेटाबालिज्म पर अपना कार्य प्रकाशित करने केबाद रोज़वेल छोड़कर चले गए। कई विश्वविद्यालय कार्ल को अच्छी नौकरी देना चाहते थे, लेकिन गर्टी को नहीं रखना चाहते थे। एक इन्टरव्यू के दौरान उन्हें बताया गया किविवाहित दंपती का एक स्थान पर साथ कार्य करना अमेरिकी सभ्यता के खिलाफ है। 1931 में वे सेंट लुई, मिसौरी चले गए। यहां कार्ल को 'वाशिंगटन यूनीवर्सिटी स्कूल ऑफ मेडिसिन' में अनुसंधान के लिए नौकरी मिल गई। जबकि गर्टी को अनुसंधान की पृष्ठभूमि होते हुए भी अनुसंधान सहयोगी की नौकरी मिली और कार्ल से दसवां भाग तनख्वाह मिलती थी। 1943 में गर्टी को 'रिसर्च बायोलॉजिकल केमिस्ट्री एंड फार्माकोलोजी' का एसोसिएट प्रोफेसर बना दिया गया। 1947 में नोबेल पुरस्कार प्राप्त करने के पूर्व ही उन्हें पूर्ण प्रोफेसर का दर्जा दे दिया गया था। इस पद पर वह 1957 में अपनी मृत्यु तक रहीं।

नोबेल पुरस्कार

गर्टी तथा कार्ल कोरी ने मानव तथा जानवरों के शरीर और भोजन पर अनेक प्रयोग किए और पाचन-क्रिया तथा शर्करा के सम्बन्ध में महत्त्वपूर्ण जानकारी हासिल करके तथ्य इकट्ठे किए। उनके अनुसंधान के परिणामस्वरूप मधुमेह जैसी बीमारियों का

इलाज सम्भव हो सका। गर्टी तथा कार्ल कोरी ने अपना सारा कार्य एक-दूसरे के सहयोग से किया। उनकी खोज मधुजन के परिवर्तन की प्रक्रिया की खोज के लिए कोरी दम्पत्ति को 1947 का औषधि विज्ञान का नोबेल पुरस्कार संयुक्त रूप से दिया गया। इस प्रक्रिया को कोरी चक्र नाम से भी जाना जाता है। नोबेल पुरस्कार की आधी राशि कोरी दम्पत्ति को तथा आधी राशि अर्जेन्टीना के औषधि विज्ञानी बर्नाडो हाउसे को प्रदान की गई। उन्होंने भी डायबिटीज/मधुमेह के इलाज से सम्बन्धित शर्करा व स्टार्च की परिवर्तन प्रक्रिया की खोज की थी।

1947 में औषधि/शरीर विज्ञान का नोबेल पुरस्कार जीतने पर गर्टी थेरेसा कोरी विज्ञान में नोबेल पुरस्कार जीतने वाली तीसरी महिला व प्रथम अमेरिकी महिला बन गईं। इससे पूर्व विज्ञान का नोबेल पुरस्कार मेरी क्यूरी तथा आइरीन जोलियट क्यूरी ने जीता था। गर्टी औषधि/शरीर विज्ञान में नोबेल पुरस्कार जीतने वाली प्रथम महिला बनीं। गर्टी बीमारी के कारण अपना नोबेल पुरस्कार लेने स्टाकहोम नहीं जा सकीं। इसके अतिरिक्त गर्टी ने उन्हीं दिनों एक पुत्र को भी जन्म दिया था। गर्टी को अनुसंधान कार्य के अतिरिक्त घर का कार्य भी देखना होता था।

कोरी दम्पत्ति ने इसके बाद 1950 में अपना अनुसंधान कार्य आगे बढ़ाते हुए मधुजन के अणुओं की रचना का पता लगाया। इसके साथ ही चार अन्य रोगों की खोज की जो मधुजन पर आधारित थे, और एक-दूसरे से भिन्न थे। 1951 में उन्होंने अपने अनुसंधान की रिपोर्ट प्रस्तुत की तो अनेकों बड़े वैज्ञानिकों ने उनकी प्रशंसा की। उन्होंने सेंट लुई में अपनी प्रयोगशाला खोजकर अनुसंधान कार्य जारी रखा।

अंतिम जीवन

नोबेल पुरस्कार प्राप्त करने के कुछ ही समय पूर्व जब कोरी दंपती पहाड़ों पर चढ़ने व सैर के लिए गए थे तब उन्हें पता लगा कि गर्टी कोरी को 'बोन मारो' से सम्बन्धित खतरनाक बीमारी थी, जिसका विज्ञान के पास तब तक कोई इलाज नहीं था। वह अपनी बीमारी से भी जूझती रहीं और अपना अनुसंधान कार्य भी जारी रखे रहीं। 10 वर्ष तक बीमारी से लड़ने के पश्चात् 26 अक्टूबर 1957 को 61 वर्ष की आयु में उनका निधन हो गया। उन्होंने लगभग 200 वैज्ञानिक लेख जर्नल ऑफ बायोलॉजिकल कैमिस्ट्री व अन्य समाचार पत्रों के लिए लिखे।

सम्मान व अन्य पुरस्कार

गर्टी कोरी को अपने पति कार्ल के साथ संयुक्त रूप से नोबेल पुरस्कार के अतिरिक्त अनेक पुरस्कार व सम्मान मिले :

- ☆ 1946 में गर्टी कोरी को अपने पति कार्ल के साथ 'मिडवेस्ट अवार्ड' मिला।

☆ 1947 में उन्हें अंतस्रावी विज्ञान में 'स्क्विब अवार्ड' दिया गया।

☆ 1948 में अमेरिकी सरकार की ओर से गर्टी को 'गर्वन ओलिन पदक' प्रदान किया गया। यह प्रतिष्ठित पुरस्कार रसायन शास्त्र में प्रसिद्ध कार्य करने के लिए अमेरिकी महिला विशेषज्ञ को दिया जाता है।

☆ 1948 में गर्टी कोरी दंपती को सेंट लुई अवार्ड मिला।

☆ 1950 में गर्टी को 'शुगर रिसर्च प्राइज़' प्रदान किया गया।

☆ 1951 में अमेरिकन मेडिकल कॉलेज संघ की ओर से गर्टी को 'बोर्डन अवार्ड' दिया गया।

☆ गर्टी को विभिन्न विश्वविद्यालयों व कॉलेज से आनरेरी डाक्टरेट (डॉक्टर ऑफ साइंस) प्रदान किया गया–बोस्टन यूनीवर्सिटी (1948), स्मिथ कॉलेज (1949), येल यूनीवर्सिटी (1951), कोलंबिया यूनीवर्सिर्टी (1954), रोचेस्टर विश्वविद्यालय (1955)

☆ गर्टी 'अमेरिकन सोसायटी ऑफ बायोलॉजिकल केमिस्ट्स' नेशनल एकेडेमी ऑफ साइंसेज़, अमेरिकन कैमीकल सोसायटी तथा अमेरिकन फिलासाफिकल सोसायटी की सदस्या थीं।

☆ चन्द्रमा पर एक क्रेटर का नाम 'कोरी' रखा गया है।

☆ सेंट लुई वॉक ऑफ फेम में उनका तथा पति के नाम का स्टार है।

☆ अप्रैल 2008 में 'कोरी' के नाम पर अमेरिकी पोस्टल सर्विस की ओर से डाक टिकट जारी किया गया।

☆ उन्हें राष्ट्रपति हैरी एस ट्रूमैन द्वारा 'नेशनल साइंस फाउंडेशन' का बोर्ड सदस्य नियुक्त किया गया। इस पद पर वह अपनी मृत्यु तक रहीं।

☆ गर्टी नेशनल एकेडेमी ऑफ साइंसेज़ के लिए निर्वाचित हुईं। इस प्रतिष्ठित एकेडेमी के लिए निर्वाचित होने वाली चौथी महिला थीं।

नैली साक्स
(Nelly Sachs)
1891-1970

नोबेल पुरस्कार : साहित्य, 1966
राष्ट्रीयता : जर्मन

लिओनी नैली साक्स जर्मनी की कवयित्री व नाटककार थीं। उन्हें 1966 में साहित्य का नोबेल पुरस्कार संयुक्त रूप से सैमुअल जोसेफ एग्नॉन के साथ प्राप्त हुआ। उन्होंने स्वयं कहा कि एग्नॉन इजरायल का प्रतिनिधित्व करते हैं जबकि मैं यहूदियों के दुख का प्रतिनिधित्व करती हूँ। नैली कवयित्री थीं जबकि सैमुअल गद्य लेखक थे।

द्वितीय विश्वयुद्ध में नाज़ियों के बढ़ते प्रभाव से हुए अनुभवों ने नैली को अपने साथी यहूदियों (ज्यूज़) के दुखों व ललक का प्रवक्ता बना दिया। उनका सर्वाधिक प्रशंसनीय नाटक 'एली' है जो 1950 में लिखा गया। उनकी अन्य रचनाओं में प्रमुख कविताएं हैं—'एंड नो वन नोज़ व्हेअर टू गो (1957), फ्लाइट एंड मेटामार्फोसिस (1959)।

नैली ने 1940 में जर्मनी से भाग कर स्वीडन में अपना शेष जीवन व्यतीत किया।

आरम्भिक जीवन व शिक्षा

लिओनी नैली साक्स का जन्म जर्मनी के स्कोनबर्ग में 10 दिसम्बर 1891 को एक धनी उत्पादक उद्योगपति विलियम साक्स के यहाँ हुआ था। वह अपने माता-पिता की इकलौती संतान थीं। उनकी माँ का नाम मार्गरीटा साक्स था। नैली धार्मिक यहूदी परिवार में अत्यन्त सुख-सुविधाओं के बीच पली-बढ़ी थीं। वह बर्लिन के फैशनेबल क्षेत्र में बहुत समय रहीं।

नैली की आरम्भिक शिक्षा पिता द्वारा तथा प्राइवेट शिक्षकों द्वारा घर पर ही हुई। वह बचपन में बहुत कमज़ोर थीं। उन्होंने संगीत और नृत्य की शिक्षा भी प्राप्त की परन्तु उनके माता-पिता उन्हें इस क्षेत्र में नहीं भेजना चाहते थे, अतः उन्होंने उन्हें इसके लिए बढ़ावा नहीं दिया। वह बहुत ही शर्मीली, अन्तर्मुखी लड़की थीं और उन्होंने जीवन-भर विवाह नहीं किया। वह बचपन में नर्तकी बनने का स्वप्न देखा करती थीं।

कविताओं की रचना का आरम्भ

नैली ने अपने पिता की लाइब्रेरी में बचपन में ही जर्मनी की अच्छी साहित्यिक पुस्तकें पढ़ीं और मात्र 17 वर्ष की आयु में उन्होंने अपनी पहली साहित्यिक कविता लिखी। 1920 के दशक में उनकी कविताएं कई जर्नल में प्रकाशित हुईं। 1930 के दशक में उनकी कविताओं में जर्मनी के फासीवाद तथा यहूदी पृष्ठभूमि की झलक देखने को मिलने लगी।

युवावस्था में लगभग 15-16 वर्ष की आयु में जब नैली ने सेल्मा लागरलोफ की 'गोस्टा बर्लिंग्स' पढ़ी तो दह उससे इतनी अधिक प्रभावित हुईं कि सेल्मा को उन्होंने पत्र लिखा। बाद में उनका पत्र-व्यवहार 35 वर्ष तक चलता रहा।

नैली की प्रारम्भिक रचनाएं साहित्यिक पत्रों में प्रकाशित हुईं। इन कविताओं में प्राकृतिक दृश्यों व पौराणिक घटनाओं का वर्णन मिलता है। जब नैली ने लेखन आरम्भ किया, उसी वर्ष उन्हें एक युवक से प्रेम हो गया। उन दिनों वह अपने माता-पिता के साथ छुट्टियां बिता रही थीं। बाद में उन्हें पता लगा कि उस युवक की नाज़ी युद्ध में मृत्यु हो गई। यद्यपि नैली ने उस युवक का निश्चित विवरण कभी नहीं दिया।

नैली की कहानियों का प्रथम संग्रह 1921 में 'लेजेन्डूस एंड टेल्स' नाम से प्रकाशित हुआ, जिसकी खूब प्रशंसा हुई। उनकी रचनाएं बर्लिन (जर्मनी) के प्रमुख

समाचार पत्र *'बर्लिनर टेजब्लॉट'* में भी कभी-कभार प्रकाशित होती रहीं। 1930 में उनके पिता की मृत्यु हो गई जिससे वह अपनी माँ के साथ अकेली रह गईं।

स्वीडन पलायन

इसके तीन वर्ष पश्चात् जब नाज़ीवादियों ने सत्ता पर कब्ज़ा कर लिया और हिटलर जर्मनी का चांसलर बन गया, तब उसने यहूदियों पर जुल्म ढाना आरम्भ कर दिया। नैली सदैव डरी-डरी रहने लगीं। एक समय ऐसा भी आया जब उन्होंने अपनी बोलने की क्षमता खो दी। जैसा कि उन्होंने अपनी कविता में व्यक्त किया–'व्हेन द ग्रेट टेरर केम, आई फैल डम्ब। 1940 में हिटलर की यहूदी विरोधी नीतियों के कारण नैली अपनी माँ के साथ स्वीडन चली गईं। उन्हें वीजा दिलवाने में सेल्मा लागरलोफ ने मदद की। उन्हें अपना सारा सामान वहीं छोड़ना पड़ा। लेकिन जब वे स्वीडन पहुँची, सेल्मा लागरलोफ, जिससे उनकी स्वीडन में पहचान थी, की मृत्यु हो चुकी थी।

स्वीडन पहुँच कर नैली किसी तरह लेबर कैम्प से भाग निकलीं। वह 1960 तक जर्मनी नहीं जा सकीं। वह 1960 में ड्रोस्टे हलशॉफ पुरस्कार लेने जर्मनी गईं। स्वीडन में गरीबी के कारण उन्हें अनेक परेशानियों का सामना करना पड़ा। उन्होंने स्वीडिश भाषा सीखकर स्वीडन की पुस्तकों का जर्मन भाषा में अनुवाद करके अपना तथा अपनी मां का जीवन यापन किया। उन्होंने स्वीडिश कवियों जैसे गुन्नार एकेलोफ, एरिक लिंडेग्रेन तथा जोहानेस एडफेल्ट की रचनाओं का अनुवाद किया। 1952 में उन्हें स्वीडन की नागरिकता मिल गई।

स्वीडन के स्टाकहोम में दो कमरे के छोटे से अपार्टमेंट में रहते हुए वह कई वर्षों तक मां की सेवा करती रहीं। मां की मृत्यु के पश्चात् नैली का नर्वस ब्रेक-डाउन हो गया और उन्हें नाज़ियों के खतरनाक स्वप्न दिखाई देने लगे। वह कई वर्ष मानसिक अस्पताल में रहीं। लेकिन वहां रहकर भी उन्होंने लेखन कार्य जारी रखा। एक बार वह स्विट्जरलैंड साहित्यिक पुरस्कार लेने गई तब वहां जर्मन भाषण सुनकर वह पुनः बीमार हो गईं। बाद में उन्होंने जर्मनी की युवा पीढ़ी को माफ कर दिया और जर्मन भाषी लेखकों से जैसे हैंस मैग्नस एंजेंसबर्जर तथा इंजेबोर्ग बचमैन से पत्र व्यवहार द्वारा सम्पर्क में रहीं।

लेखन कार्य

नैली का कवि के रूप में वास्तविक कैरियर स्वीडन जाने के बाद ही शुरू हुआ। तब वह पचास वर्ष की हो चुकी थीं। उनका प्रथम कविता संग्रह 1947 में 'इन द हाउसेज ऑफ डेथ' प्रकाशित हुआ जिसमें उनके समय के दुखों का विशेष कर यहूदियों

के दुखों का अत्यन्त मार्मिक चित्रण है। यद्यपि उनकी कविताएं अति आधुनिक स्टाइल में लिखी गई हैं जिनमें विभिन्न रूपक व अलंकारों का प्रयोग किया गया है लेकिन कहीं-कहीं उनमें साधु संत जैसी भाषा भी प्रयुक्त हुई है। उनके कविता संग्रह 'एकिलप्स' (1949), 'एंड नो वन नोज व्हेयर टू गो' (1957), 'फ्लाइट एंड मेटामॉर फोसिस' (1959) प्रकाशित हुए। इन सभी में बार-बार दुखों का, निष्कासन का, तथा मृत्यु का वर्णन है, जिनमें यहूदियों के जीवन का चित्रण है। इस वर्णन में नैली साक्स की अलंकारपूर्ण भाषा देखते ही बनती है जिसमें मानव की व्यथा की कड़वाहट है तो किस्मत की उम्मीद भी नज़र आती है।

नैली के काव्यात्मक नाटक 'एली' (1950) का पश्चिम जर्मनी के रेडियो पर नाट्य रूपांतर प्रस्तुत किया गया और विश्व भर में सराहा गया। 1961 में उनका कविता संग्रह 'जर्नी टू द बियान्ड' शीर्षक से प्रकाशित हुआ। उनके काव्यात्मक नाटक 'साइन्स इन द सैंड' तथा उनके नाटक 'एली' का कविता में अंग्रेजी अनुवाद 'ओ द चिमनीज' 1967 में प्रकाशित हुए।

नैली साक्स ने कभी विवाह नहीं किया। उनका प्यार गैर यहूदी लड़के से हुआ था, जिसे उनके पिता से स्वीकार नहीं किया था। अपने पिता की मृत्यु के बाद नैली उससे पुनः मिलीं और अपनी मित्रता कायम रखी। ऐसा माना जाता है कि सम्भवतः उस लड़के की मृत्यु कंसेन्ट्रेशन कैम्प में हो गई। नैली ने अपनी रचना 'प्रेयर्स फार ए डैड ब्राइडग्रूम' में उसे श्रद्धाजंलि दी है। यह 1947 में प्रकाशित हुई थी।

नैली की कविता में तारों, धूल, रेत जैसी चीज़ों का वर्णन है जो कविता संग्रह 'जीचेन इम सैंड' (जर्मन) 1962 में प्रकाशित हुआ। उन्होंने अपनी रचनाओं में एक पैगम्बर की भांति लय बनाए रखी और दुखों व कष्टों का स्पष्ट वर्णन किया जिनमें प्रमुख रूप से यहूदियों के कष्टों का वर्णन है।

नोबेल पुरस्कार

यहूदियों पर किए गए अत्याचारों की आवाज़ कविता के रूप में मार्मिक ढंग से प्रस्तुत करने तथा इज़रायल के भाग्य की दिल को छू लेने वाली ताकत को प्रकट करने वाली कवयित्री के रूप में 1966 का साहित्य का नोबेल पुरस्कार प्रदान किया गया। उन्हें यह पुरस्कार संयुक्त रूप से इज़रायल के सैमुअल एग्नान के साथ प्राप्त हुआ।

12 मई, 1970 को स्टाकहोम में इनकी 78 वर्ष की आयु में आंत के कैंसर से मृत्यु हो गई और स्टाकहोम के 'नौरा बीग्रेविंगप्लास्टेन' नामक यहूदी कब्रिस्तान में उन्हें दफना दिया गया। संयोग की बात है कि उनके साथ नोबेल पुरस्कार पाने वाले सैमुअल एग्नान की मृत्यु भी 1970 में 82 वर्ष की आयु में हुई। उनकी मृत्यु तक उनकी रचनाएं 15 भाषाओं में अनुवादित हो चुकी थीं। अपनी अंतिम रचना

'डाय सुशेन्डे' (1971) में उन्होंने अपनी जर्मन पहचान लालन-पालन तथा एक निर्वासित यहूदी लेखक के बीच तारतम्य बिठाने का प्रयास किया है।

सम्मान व अन्य पुरस्कार

नैली को स्वीडन तथा जर्मनी दोनों जगह पुरस्कार दिए गए :

- ☆ 1958 में नैली साक्स को 'स्वीडिश पोयट्स असोसिएशन' का पुरस्कार दिया गया।
- ☆ 1960 में नैली को जर्मनी का 'ड्रॉस्टे हलशॉफ' पुरस्कार दिया गया।
- ☆ 1961 में नैली साक्स के सम्मान में डार्ट सिटी द्वारा शुरू किया गया साहित्यिक सम्मान 'नैली साक्स प्राइज़' उन्हें ही सर्वप्रथम प्राप्त हुआ।
- ☆ 1965 में नैली को जर्मन बुक ट्रेड का 'पीस प्राइज़' प्रदान किया गया।
- ☆ 1965 में उन्हें 'फ्रेंडेस्पीज डेस डयूशेन बचनडेल्स' पुरस्कार प्राप्त हुआ।
- ☆ 1966 में नैली साक्स को साहित्य का नोबेल पुरस्कार प्राप्त हुआ।
- ☆ जर्मनी में उनके जन्मस्थान पर एक स्मारक पट्टिका लगाई गई है तथा बर्लिन के एक पार्क का नाम उनके नाम पर रखा गया है।

बेट्टी विलियम्स
(Betty Williams)
1943–

नोबेल पुरस्कार : शांति, 1976
राष्ट्रीयता : आयरिश

बेट्टी विलियम्स को उनकी सहविजेता मेयरीड कोरीगन के साथ 1976 का शांति नोबेल पुरस्कार प्रदान किया गया। यह पुरस्कार उन्हें उत्तरी आयरलैंड के संकट के शांति पूर्ण समाधान के लिए शुरू किए गए संगठन 'कम्युनिटी ऑफ पीस पीपल' की सह-स्थापना व शांति कार्यों के लिए प्रदान किया गया। बेट्टी 'ग्लोबल चिल्ड्रन्स फाउंडेशन' की प्रमुख हैं तथा 'वर्ल्ड सेंटर ऑफ कम्पैशन फॉर चिल्ड्रन इंटरनेशनल' की अध्यक्षा हैं। वह अमेरिका के वाशिंगटन डी सी के 'इंस्टीट्यूट फॉर एशियन डेमोक्रेसी' की अध्यक्षा हैं तथा नोवा साउथईस्टर्न यूनीवर्सिटी की प्रतिष्ठित विजिटिंग प्रोफेसर भी हैं।

बेट्टी विलियम्स ने 2006 में 'नोबेल वीमेन्स इनीशिएटिव' नामक संस्था की स्थापना में सहयोग दिया है, जिसमें अन्य नोबेल पुरस्कार विजेता महिलाएं भी सहयोगी

हैं। ये हैं-मेयरीड कोरीगन मेगुईर, शिरीन इबादी, वंगारी मथाई, जोडी विलियम्स, रिगोबर्टा मेन्चू टुम। इन छह महिलाओं ने जो उत्तरी अमेरिका, दक्षिणी अमेरिका, यूरोप मध्य पूर्व तथा अफ्रीका का प्रतिनिधित्व करती है, निश्चय किया कि वे शांति, न्याय तथा समानता के लिए अपने सम्मिलित प्रयास करके एक-दूसरे को अपना अनुभव बताएंगी। इस संस्था का उद्देश्य समस्त विश्व की महिलाओं के अधिकारों के लिए समर्थन जुटाना तथा महत्त्वपूर्ण कार्य करना है।

बेट्टी विलियम्स ने ऐसे समाज की स्थापना पर ज़ोर दिया जहाँ बच्चों के साथ किसी प्रकार की क्रूरता या हिंसा न हो और जहाँ अलग-अलग समुदायों के लोग एकता से रहें। उनकी इस विचारधारा व अपील को विश्वभर में मान्यता मिली और उन्हें 1976 में 'शांति' का नोबेल पुरस्कार प्रदान किया गया।

आरम्भिक जीवन व शिक्षा

बेट्टी विलियम्स का जन्म 22 मई 1943 को उत्तरी आयरलैंड के बेलफास्ट में हुआ था। उनके पिता मि. स्मिथ बूचड़खाने के मालिक थे तथा माँ एक समर्पित गृहिणी थीं। बेट्टी ने अपनी प्राइमरी शिक्षा बेलफास्ट के सेंट टेरेसा प्राइमरी स्कूल से प्राप्त की। अपनी उच्च शिक्षा उन्होंने सेंट डामिनिक ग्रामर स्कूल से पाई। अपनी औपचारिक शिक्षा पूर्ण करने पश्चात् उन्होंने एक आफिस में रिसेप्शनिस्ट की नौकरी कर ली।

बेट्टी ने 14 जून 1961 को बरमुडा में राल्फ विलियम्स से विवाह कर लिया। उनके पॉल नामक पुत्र व डिबोरा नामक पुत्री हैं। उनका पुत्र पॉल प्रसिद्ध फुटबाल खिलाड़ी है। अपने पति राल्फ विलियम्स से तलाक लेकर 1982 में उन्होंने जेम्स पर्किन्स से विवाह कर लिया और फ्लोरिडा चली गईं। वहाँ उन्होंने शिक्षण कार्य किया तथा भाषण दिए।

शांति कार्यों की प्रेरणा

10 अगस्त 1976 का दिन बेट्टी के जीवन में महत्त्वपूर्ण बदलाव का दिन साबित हुआ जब उन्होंने तीन बच्चों की मृत्यु अपनी आँखों के सामने देखी। यह घटना तब घटी जब ये बच्चे एक तेज़ गति से भागती हुई कार की चपेट में आकर मृत्यु का शिकार हो गए। कार का चालक आयरिश रिपब्लिकन आर्मी का भगोड़ा था, जिसका ब्रिटिश अधिकारी पीछा कर रहे थे और उन्होंने उस ड्राइवर को गोली मार दी। उन बच्चों की माँ एनी मैगुइर ने बच्चों की इस दुर्घटना को स्वयं देखा और उसने इसके सदमे में आकर बाद में आत्महत्या कर ली।

इस घटना से द्रवित होकर दुखी बेट्टी ने दुर्घटना के दो दिन के भीतर छह हज़ार लोगों के हस्ताक्षर इकट्ठे किए और लोगों से शांति की अपील की। उनकी

इस मुहिम को देश-भर में समर्थन मिला तथा मीडिया का ध्यान भी इस ओर गया। एनी मेयरीड की बहन मेयरीड कोरीगन के साथ बेट्टी विलियम्स ने 'वीमेन फॉर पीस' की स्थापना की, जिसका नाम बाद में 'कम्युनिटी फॉर पीस पीपल' हो गया।

उनके व्यक्तिगत प्रयासों तथा नेतृत्व में संस्था ने कई सामूहिक प्रदर्शन किए, बच्चों की कब्र तक शांति मार्च निकाले। इस प्रदर्शन में लगभग दस हज़ार प्रोटस्टेंट तथा कैथोलिक महिलाओं ने भाग लिया। उनके शांति मार्च को आयरिश रिपब्लिक आर्मी के सदस्यों ने विफल करने का प्रयास किया। उन्होंने संस्था तथा लोगों को 'अंग्रेज़ों का पिट्ठू' कहा। लेकिन इससे आन्दोलन समाप्त नहीं हुआ बल्कि अगले प्रदर्शन में 35,000 लोगों ने हिस्सा लिया। तब बेट्टी तथा मेयरीड की मुलाकात सायरन मैक्यॉन से हुई तब उन सबने मिलकर 'द कम्युनिटी फॉर पीस पीपल' की स्थापना की।

'पीस पीपल' की घोषणा

पीस पीपल का घोषणा-पत्र संस्था की सह-संस्थापिका मैक्योन ने लिखा था, जिसके मुख्य मुद्दे इस प्रकार थे :

- ☆ हम इस आन्दोलन से दुनिया को शांति का सामान्य संदेश देना चाहते हैं।
- ☆ हम शांति और प्यार से रहना चाहते हैं और शांतिपूर्ण समाज बनाना चाहते हैं।
- ☆ जिस प्रकार हम अपने लिए चाहते हैं, उसी प्रकार अपने बच्चों के लिए घर, कार्यस्थल तथा खेलने के स्थान पर खुशी और शांति की ज़िंदगी चाहते हैं।
- ☆ हम जानते हैं कि ऐसा समाज बनाने के लिए बहुत मेहनत, साहस और समर्पण की आवश्यकता है।
- ☆ हम जानते हैं कि हमारे समाज में अनेक समस्याएं ही झगड़े और हिंसा की जड़ हैं।
- ☆ हम जानते हैं कि बंदूक से निकलने वाली हर गोली और हर विस्फोट वाला बम हमारे कार्य को मुश्किल बनाएंगे।
- ☆ हम स्वयं को अपने पड़ोसियों, दूर तथा पास के लोगों के लिए दिन-रात शांतिपूर्ण समाज बनाने के लिए समर्पित रहेंगे। पिछली बीती दुखद घटनाएं हमारे लिए बुरी यादें तथा सबक हैं।

वर्तमान कार्य

बेट्टी अनेकों संस्थाओं की सदस्य, अध्यक्ष या डायरेक्टर के रूप में जुड़ी हैं। उनमें से कुछ इस प्रकार हैं-अध्यक्ष-वर्ल्ड सेन्टर्स ऑफ कम्पैशन फॉर चिल्ड्रन इंटरनेशनल,

चेयरपर्सन-इंस्टीट्यूट फॉर एशियन डेमोक्रेसी, वाशिंगटन डी सी, आनरेरी सदस्य-क्लब ऑफ बुडापेस्ट, आनरेरी सदस्य-ग्लोबल विजन फॉर पीस, बोर्ड ऑफ डायरेक्टर-एडॉप्शन आप्शंस इंक, एडवाइज़री बोर्ड-कैम्फेड इंटरनेशनल, वरमाँट पीस एकेडेमी आदि।

नोबेल पुरस्कार व अन्य सम्मान

बेट्टी विलियम्स को 1976 का नोबेल शांति पुरस्कार मेयरीड मैगुइर के साथ संयुक्त रूप से प्रदान किया गया। पुरस्कार प्राप्ति के पूर्व उन्होंने ऐसा संकेत दिया था कि वह पुरस्कार की राशि पीस पीपल संस्था को दान कर देंगी। बाद में उन्होंने ऐसा करने से इंकार कर दिया। उन्हें यह पुरस्कार उत्तरी आयरलैंड में शांतिपूर्ण समाज की स्थापना के लिए कार्यों तथा शांति के लिए प्रयासों के लिए प्रदान किया गया।

- ☆ उन्हें 1976 में ही नार्वेजियन पीपल पीस प्राइज़ प्रदान किया गया।
- ☆ बेटी को 'श्विटजर मेडालियन फार करेज', 'मार्टिन लूथर किंग जूनियर अवार्ड', 'एलीनर रूजवेल्ट अवार्ड' प्रदान किए गए। ये पुरस्कार उन्हें 1984 में प्रदान किए गए।
- ☆ 1992 में बेट्टी को टेक्सास के गवर्नर एन रिचर्ड्स द्वारा टेक्सास का युवा बच्चों का कमीशन नियुक्त किया गया।
- ☆ उन्हें 'फ्रैंक फाउंडेशन चाइल्स केयर इंटरनेशनल आलिवर अवार्ड' प्रदान किया गया।
- ☆ 1995 में बेट्टी को रोटरी क्लब इंटरनेशनल द्वारा 'पॉल हैरिस फैलोशिप' प्रदान की गई।
- ☆ वे टेक्सास के हन्ट्सविले में सैम हाउस्टन स्टेट यूनीवर्सिटी में विज़िटिंग प्रोफेसर रहीं।
- ☆ वह निकेलबैंक के हिट गीत 'इफ एवरीवन केयर्ड' के वीडियो में नज़र आईं।
- ☆ उन्हें अमेरिका की येल यूनीवर्सिटी से आनरेरी 'डाक्टर ऑफ लॉ' डिग्री प्रदान की गई।
- ☆ इंटरनेशनल लीग ऑफ ह्यूमन राइट्स के बर्लिन विभाग की ओर से बेट्टी को 'कार्ल वॉन ओसिट्सकी मेडल' प्रदान किया गया।
- ☆ उन्हें जापान की सोका यूनिवर्सिटी द्वारा 'डिग्री ऑफ डॉक्टर : आनरिस कॉजा' प्रदान की गई तथा सेंट नोर्बर्ट कॉलेज द्वारा 'डाक्टर ऑफ लॉ प्रदान की गई।

2004 में वह बेलफास्ट लौट गईं। इसके पश्चात् वह 2006 में 24 जुलाई को दिए गए वक्तव्य के कारण चर्चा व आलोचना का विषय बनीं। स्कूल के बच्चों

को सम्बोधित करते समय उन्होंने कहा कि मैं जार्ज बुश को मारना चाहूंगी। बाद में इसकी खूब आलोचना हुई।

इसके पश्चात् भी वह महत्त्वपूर्ण गेस्ट लेक्चर के रूप में कार्यरत हैं। 17 से 20 सितम्बर 2007 के कार्यक्रम में अमेरिका की सोका यूनीवर्सिटी में 'पीस इज़ एक्शन, नॉट वर्ड्स' में उन्होंने लेक्चर दिया। मार्च 2011 में ब्रेडफोर्ड यूनीवर्सिटी में उन्होंने 200 लोगों के बीच लेक्चर दिया।

मेयरीड कोरिगन मैगुइर

(Mairead Corrigane Maguire)

1944–

नोबेल पुरस्कार : शांति, 1976

राष्ट्रीयता : आयरिश

मेयरीड मैगुइर को मेयरीड कोरिगन मैगुइर नाम से भी जाना जाता है। वह उत्तरी आयरलैंड की शांति कार्यकर्तृ हैं। उन्होंने बेट्टी विलियम्स और सियारन मैक्योन के साथ मिल कर 'द कम्युनिटी ऑफ पीस पीपल' की स्थापना की। यह संस्था उत्तरी आयरलैंड के कठिनाइयों वाले भाग में शांति के लिए कार्य करती है। मेयरीड तथा बेट्टी विलियम्स को संयुक्त रूप से 1976 का नोबेल शांति पुरस्कार प्राप्त हुआ।

हाल ही के वर्षों में मेयरीड ने इज़रायली सरकार की फलिस्तीनी लोगों के प्रति बनाई गई नीतियों की खुलकर आलोचना की है। जून 2010 में इस नीति की ओर ध्यान खींचने के लिए उन्होंने कुछ साहसिक कदम भी उठाए हैं।

मेयरीड को उनके सामाजिक कार्यों के लिए अनेक पुरस्कार भी प्राप्त हो चुके हैं।

आरम्भिक जीवन व शिक्षा

मेयरीड का जन्म 27 जनवरी 1944 को उत्तरी आयरलैंड के बेलफास्ट में रोमन कैथोलिक समुदाय में हुआ था। वह एन्ड्रू तथा मार्गरेट कोरीगन की सात संतानों में (5 लड़की दो लड़के) से दूसरी संतान थीं। मेयरीड के पिता खिड़की सफाई के ठेकेदार थे तथा माँ घरेलू महिला थीं। उन्होंने 14 वर्ष की आयु तक सेंट विंसेंट प्राइमरी स्कूल से शिक्षा प्राप्त की। उस समय उनका परिवार उनकी शिक्षा पर इससे अधिक खर्च नहीं कर सकता था। उन्होंने एक वर्ष तक कैथोलिक कम्युनिटी सेंटर में बेबी सिटर (पश्चिमी देशों में छोटे बच्चों की देखभाल करने वाली लड़कियों को बेबी सिटर कहा जाता है) का कार्य किया और उससे कुछ धन एकत्र कर लिया। इस धन से उन्होंने मिस गॉर्डन कमर्शियल कॉलेज की बिजनेस कक्षाओं में दाखिला पा लिया। इसी कारण उन्हें मात्र 16 वर्ष की आयु में स्थानीय फैक्टरी में लेखा-जोखा करने वाले क्लर्क की नौकरी मिल गई। वह 'लीज़ेन आफ मेरी' तथा 'लांग केश प्रीज़न' में नियमित रूप से शाम को तथा सप्ताहांत में बच्चों के लिए कार्य करती रहीं और स्वयंसेवी के रूप में उनसे जुड़ी रहीं। 21 वर्ष की आयु में वह गिनीज़ बेवरी में सेक्रेटरी पद पर कार्य करने लगीं जहां वह 1976 तक कार्य करती रहीं।

शांति कार्यों में सहभागिता

मेयरीड मैगुइर की बहन एनी के तीन बच्चों की कार दुर्घटना में मृत्यु हो गई; उस समय वह कार डैनी लेनॉन चला रहा था जो प्रोविजनल आयरिश रिपब्लिक आर्मी (पीरा) का सदस्य था और ब्रिटिश पुलिस से बचने के लिए कार बहुत तेज़ चला रहा था। डैनी प्रतिबंधित पीरा का संदिग्ध सदस्य होने के कारण ही तीन वर्ष बाद जेल से छूटा था। वह तेज़ गति के कारण कार से नियंत्रण खो बैठा और कार साइड में बनी पैदल पथ पर चढ़ गई। तीनों बच्चों की व एनी की उस कार से टक्कर हो गई और बच्चों की मृत्यु हो गई। कुछ समय बाद एनी की भी मृत्यु हो गई। इसके बाद मेयरीड उत्तरी आयरलैंड के शांति आंदोलन से जुड़ गई।

10 अगस्त 1976 को बेट्टी विलियम्स भी इधर से अपनी कार से गुज़र रही थीं। उन्होंने देखा कि ब्रिटिश पुलिस ने पीछा करते हुए गोलियां चला दीं जिसके कारण दुर्घटना हुई। इस घटना से द्रवित होकर बेट्टी ने प्रोटेस्टेंट व कैथोलिक (दोनों ईसाई धर्म) के बीच शांति स्थापना के लिए लोगों से समर्थन के लिए हस्ताक्षर इकट्ठे शुरू किए और लगभग 200 महिलाओं ने इकट्ठे होकर शांति मार्च निकाला। यह मार्च मेयरीड के घर के आगे से निकला तो वह भी इसमें शामिल हो गईं और धीरे-धीरे इस शांति आंदोलन से जुड़ गईं।

अगला शांति मार्च बच्चों की कब्र तक हुआ जिसमें दोनों धर्मों की 1000 महिलाओं ने भाग लिया। पीरा सदस्यों ने इसका विरोध किया और मेयरीड व बेट्टी

पर हमला किया। परन्तु माह के अंत तक 35000 लोग बेलफास्ट की सड़कों पर शांति के लिए उतर पड़े। शुरू में इस संगठन का नाम 'वीमेन फॉर पीस' रखा गया। लेकिन इसमें महिलाओं का सम्बोधन हटा कर इसका नाम 'कम्युनिटी ऑफ पीस पीपल' या 'पीस पीपल' कर दिया गया।

नोबेल पुरस्कार

1976 में बेट्टी तथा मेयरीड को उनके शांति प्रयासों के लिए नोबेल कमेटी द्वारा 1977 में 1976 का शांति नोबेल पुरस्कार प्रदान किया गया। मेयरीड कोरिगन पुरस्कार मिलने के वक्त 32 वर्ष की थीं। नोबेल पुरस्कार पाने वाली वह आज तक की सबसे कम उम्र की विजेता हैं।

1980 में बेट्टी विलियम्स ने 'पीस पीपल' से त्यागपत्र दे दिया लेकिन मेयरीड ने इस संस्था से आज तक नाता नहीं तोड़ा है। वह इस संस्था के द्वारा अपना शांति संदेश विश्व तक पहुंचाती रही हैं और विश्व के सामाजिक व राजनीतिक विषयों पर अपने विचार व्यक्त करती रही हैं।

वैवाहिक जीवन

सितम्बर 1981 में मेयरीड ने अपनी बहन एनी के विधुर जैकी मैगुइर से विवाह कर लिया।

जनवरी 1980 में मेयरीड की बहन एनी ने आत्महत्या कर ली थी। 1976 में अपने तीनों बच्चों की मृत्यु के पश्चात् एनी डिप्रेशन में चली गई थी। एनी की मृत्यु के डेढ़ वर्ष पश्चात् सितम्बर 1981 में मेयरीड ने जैकी मैगुइर से विवाह कर लिया। मेयरीड के तीन सौतेले बच्चे तथा दो अपने बच्चे हैं।

महत्त्वपूर्ण कार्य

1981 में मेयरीड ने मानव अधिकारों को समर्पित 'कमेटी आन द एडमिनिस्ट्रेशन ऑफ जस्टिस' नामक संस्था की स्थापना में योगदान दिया। मेयरीड 'कंसिस्टेंट लाइफ एथिक' नामक संस्था की प्रो. लाइफ ग्रुप की सदस्या हैं। यह संस्था शारीरिक सज़ा, गर्भपात जैसी बुराइयों का विरोध करती है।

मेयरीड विश्वभर के राजनीतिक कैदियों की ओर से आंदोलनों में भाग लेती रही हैं। मेयरीड तथा अन्य छह नोबेल शांति पुरस्कार विजेताओं ने मिलकर म्यांमार के रास्ते थाईलैंड में घुसने के असफल प्रयास किये। ये सब आंग सान सू की को मुक्त कराना चाहते थे। वह पहली व्यक्ति थीं जिन्होंने हस्ताक्षर करके तुर्की के कुर्द नेता अब्दुल्ला ओक्लान के जुल्मों के खिलाफ अभियान चलाया। अक्टूबर 2010 में चीन के नोबेल शांति पुरस्कार विजेता ल्यू जिआबो को घर की कैद से आज़ादी दिलाने के लिए आवाज़ उठाई।

2003 में मेयरीड 'इन्टरनेशनल कोलीशन फॉर द डिकेड' के बोर्ड के सदस्य के रूप में चुनी गईं। 2006 में 'नोबेल वीमेन्स इनीशिएटिव की संस्थापक सदस्यों में से वह एक थीं। उनके साथ नोबेल शांति पुरस्कार विजेता बेट्टी विलियम्स, शिरीन इबादी, बंगारी मथाई, जोडी विलियम्स तथा रिगोबर्टा मेंचू शामिल थीं। इस संस्था में छह महिलाएं अलग-अलग क्षेत्रों का प्रतिनिधित्व करती हैं। उत्तरी व दक्षिणी अमेरिका, यूरोप, मध्य पूर्व तथा अफ्रीका की महिलाएं साथ मिलकर पूरे विश्व की महिलाओं के लिए न्याय, शांति व समानता के प्रयास करती हैं। मेयरीड अमेरिकी तथा ब्रिटिश नीतियों की खुलकर आलोचना करती रही हैं। यहां तक कि उन्होंने राष्ट्रपति बराक ओबामा की आलोचना की जिससे उन्हें कानून का सामना करना पड़ा। मेयरीड मैगुइर का विश्वास है कि हिंसा एक बीमारी है जो इंसानों में पैदा हो जाती है, मनुष्य इस बीमारी के साथ पैदा नहीं होता।

पुरस्कार व अन्य सम्मान

मेयरीड मैगुइर को अनेकों सम्मान मिले हैं, जो इस प्रकार हैं :

- ☆ 1976 में उन्हें शांति का नोबेल पुरस्कार प्राप्त हुआ, इसी वर्ष उन्हें नार्वेजियन पीस पीपल प्राइज़ भी मिला। 1976 में ही उन्हें 'काल वॉन ओगेसिटज्की मेडल' दिया गया।
- ☆ 1977 में येल यूनीवर्सिटी ने उन्हें ऑनरेरी डाक्टरेट 'डाक्टर ऑफ लॉ' प्रदान की।
- ☆ 1978 में कॉलेज ऑफ न्यू रोशेल ने भी उन्हें आनरेरी डिग्री प्रदान की।
- ☆ 1990 में मेयरीड को 'पसेम इन टैरिस' अवार्ड दिया गया। पसेम इन टैरिस, लेटिन का शब्द है जिसका अर्थ है 'पीस ऑन अर्थ।'
- ☆ 1990 में हेलसिंकी के तीसरे अन्तरराष्ट्रीय ह्यूमन राइट्स कान्फ्रेंस में वह गेस्ट स्पीकर के रूप में आमंत्रित की गईं।
- ☆ 1992 में कैलीफोर्निया के 'न्यूक्लियर एज़ पीस फांउडेशन' ने शांति आन्दोलन में नेतृत्व के लिए उन्हें सम्मानित किया।
- ☆ 1998 में कोलोराडो के डेनवर में रोमन कैथोलिक रेगिस यूनीवर्सिटी ने उन्हें आनरेरी डिग्री प्रदान की।
- ☆ 2000 में 'यूनीवर्सिटी ऑफ रहोड आईलैंड' ने उन्हें आनरेरी डिग्रीप्रदान की।
- ☆ 2006 में अल्बर्ट शिवटजर इन्टरनेशनल यूनीवर्सिटी ने उन्हें 'साइंस एंड पीस गोल्ड मेडल' प्रदान किया। यह मेडल उन्हें विश्व शांति को बढ़ावा देने के लिए दिया गया।

मारिया जोपर्ट मायर

(Maria Goeppert Mayer)

1906-1972

नोबेल पुरस्कार : भौतिक विज्ञान, 1963

राष्ट्रीयता : जर्मन

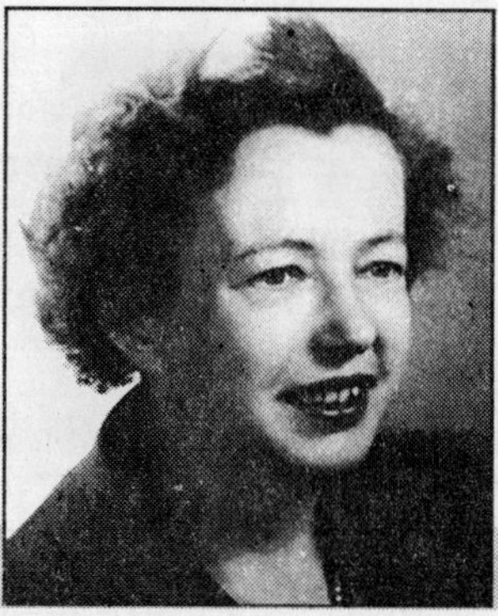

मारिया जोपर्ट मायर जर्मनी में जन्मी अमेरिकी भौतिकी विज्ञानी व दूसरी महिला थीं जिन्हें मेरी क्यूरी के पश्चात् भौतिक शास्त्र का नोबेल पुरस्कार प्राप्त हुआ। उन्हें यह पुरस्कार परमाणविक केन्द्र के नाभिकीय आवरण मॉडल की प्रस्तुति के लिए प्रदान किया गया।

आरम्भिक जीवन व शिक्षा

मारिया जोपर्ट का जन्म 28 जून 1906 को जर्मनी के क्षेत्र सिलेसिया के कटोविट्ज (अब पौलेंड में केटोविस) में हुआ था। वह अपने माता-पिता मारिया वौल्फ तथा फ्रेडरिच जोपर्ट की इकलौती संतान थीं। उनके परिवार में सात पीढ़ियों से सभी प्रोफेसर रहे थे।

1910 में मारिया के पिता फ्रेडरिच की नियुक्ति यूनीवर्सिटी ऑफ गाटिंजन में बाल चिकित्सा के प्रोफेसर के रूप में हो गई। अतः उनका परिवार गाटिंजन चला गया। वह बचपन में ही विश्वविद्यालय के छात्रों तथा अध्यापकों से घिरी रहती थीं। उनके घर में अनेक ऐसे प्रोफेसरों का आना-जाना था, जिन्हें भविष्य में नोबेल पुरस्कार प्राप्त हुआ।

मारिया गाटिंजन प्राइवेट तथा पब्लिक स्कूल में पढ़ी जहां उन्हें अच्छे-अच्छे अध्यापकों ने शिक्षा दी। यद्यपि उन दिनों यह आवश्यक और सम्भव नहीं था कि हर लड़की यूनीवर्सिटी शिक्षा प्राप्त करेगी, परन्तु मारिया के बारे में उनके परिवार की ओर से तथा स्वयं मारिया के मन में यह बात निश्चित थी कि वह यूनीवर्सिटी शिक्षा प्राप्त करेंगी। गटिंजन में एक ही प्राइवेट स्कूल था जो लड़कियों को यूनीवर्सिटी परीक्षा में प्रवेश के लिए तैयारी कराता था। उन्हीं दिनों किन्हीं कारणों से वह एकमात्र स्कूल भी बन्द हो गया लेकिन वहां के अध्यापकों ने फिर भी अपने छात्रों को पढ़ाना जारी रखा। मारिया जोपर्ट ने यूनीवर्सिटी की प्रवेश परीक्षा 'एबीटुर' दी। उन्होंने यह परीक्षा 1924 में हनोवर में दी, और सफल रहीं। 1924 में उन्होंने गाटिंजन विश्वविद्यालय में प्रवेश पा लिया। वह गणितज्ञ बनना चाहती थीं। लेकिन थोड़े दिनों बाद ही उन्हें भौतिक शास्त्र में रुचि होने लगी। उन्हीं दिनों 'क्वेंटम' की शुरुआत हुई थी और वह उन्हें अच्छी लगी थी। यहां उनके तीन प्रोफेसर ऐसे भी थे जिन्हें बाद में नोबेल पुरस्कार प्राप्त हुआ।

उन्होंने एक वर्ष इंग्लैंड के कैम्ब्रिज में शिक्षा प्राप्त की ताकि वह अच्छी इंग्लिश भी सीख सकें। इसके अतिरिक्त उनकी अधिकांश शिक्षा गाटिंजन में ही हुई। उन्होंने मैक्स बॉर्न की देखरेख में विज्ञान की शिक्षा प्राप्त करके अपनी पीएच.डी. पूरी की। 1930 में उन्होंने सैद्धांतिक भौतिक शास्त्र में डॉक्टरेट पा लिया। उनकी डॉक्टरेट कमेटी में तीन नोबेल पुरस्कार विजेता मैक्स बॉर्न, जेम्स फ्रैंक तथा एडोल्फ ऑटो रेन्होल्ड विंडौस थे।

वैवाहिक जीवन

तभी उसकी मुलाकात अमेरिकी रॉकफेलर फेलो जोसेफ एडवर्ड मायर से हुई जो जेम्स फैंक के यहां ही फेलोशिप कर रहे थे। 1930 में मारिया ने जोसेफ एडवर्ड मायर से विवाह कर लिया और विवाह के बाद वे दोनों जोसेफ के देश अमेरिका में जॉन हॅपकिन्स यूनीवर्सिटी, बाल्टीमोर चले गए। यहां जोसेफ की प्रोफेसर के तौर पर नियुक्ति हो गई थी। मारिया जोपेर्ट के लिए ये दिन बहुत निराशा भरे रहे क्योंकि तब कोई भी यूनीवर्सिटी किसी प्रोफेसर की पत्नी की नौकरी देने के बारे में सोच भी नहीं सकती थी। अगले कुछ वर्षों तक मारिया गैर अधिकारिक रूप से या स्वयंसेवी के

रूप में कार्य करती रहीं। वह एक प्रकार से भौतिक शास्त्र से खेल के रूप में जुड़ी रहीं। कार्ल एफ हर्जफेल्ड ने जोपर्ट के कार्यों में दिलचस्पी ली और धीरे-धीरे जोपर्ट उनके व अपने पति के प्रभाव से रसायनज्ञ भौतिक शास्त्री बन गई। उन्होंने 'आर्गेनिक मॉलीक्यूल्स' के रंगों पर कार्य करना आरम्भ कर दिया।

जोसेफ एडवर्ड 1931 से 1939 तक बाल्टीमोर रहे, 1940 से 1946 तक कोलम्बिया यूनीवर्सिटी में रहे, फिर यूनीवर्सिटी ऑफ शिकागो चले गए। जोपर्ट को लिंग-भेद और भाई-भतीजावाद के चलते विश्वविद्यालय में कोई प्रोफेशनल नौकरी नहीं मिल सकी, जहां जोसेफ कार्य कर रहे थे। लेकिन जोपर्ट ने अपने कार्य के मौके स्वयं ढूंढ ही लिए। पहले कोलंबिया में जोपर्ट मायर ने साराह लारेंस कॉलेज में 1 वर्ष तक शिक्षण किया। वहीं उन्होंने कोलंबिया यूनीवर्सिटी के 'सब्स्टीट्यूट एलॉय मैटीरियल प्रोजेक्ट (एसएएम लैब) में अनुसधान कार्य की नौकरी ले यहां उन्होंने गणित तथा भौतिकी दोनों विभागों में मौके का लाभ उठाया वहां हैरोल्ड उरे, जो वहां के निर्देशक थे, के साथ यूरेनियम के समस्थानिक अलगाव पर उन्होंने कार्य किया। उन्होंने सख्त सतह पर ऊर्जा परिवर्तन तथा धातु तत्त्वों के घुलने के प्रभाव का अध्ययन किया।

जब 1946 में मारिया जोपर्ट के पति शिकागो विश्वविद्यालय चले गए, तब उन्हें स्कूल में भौतिक शास्त्र के वालंटरी एसोसिएट प्रोफेसर की नौकरी मिल गई। यहां पहली बार उन्हें अपनी काबिलियत के अनुसार नौकरी मिली थी। उनका खुले दिल से स्वागत हुआ। वह न्यूक्लियर स्टडीज़ इंस्टीट्यूट के भौतिकशास्त्र विभाग में प्रोफेसर बना दी गईं। उन्हें एरगॉन नेशनल लेबोरेटरी में भी पार्ट टाइम नौकरी सीनियर भौतिक शास्त्री के रूप में मिल गई। यह लेबोरेटरी 1 जुलाई 1946 को ही स्थापित हुई थी। यहीं पर जोपर्ट ने न्यूक्लियर आवरण की संरचना का गणितीय ढांचा तैयार किया। यही वह कार्य था जिसके लिए 1963 में जोपर्ट को भौतिक शास्त्र का नोबेल पुरस्कार संयुक्त रूप से प्राप्त हुआ।

एरगॉन नेशनल लेबोरेटरी में उन्हें 'न्यूक्लियर फिजिक्स' का कार्य मिला था, जिसका उन्हें कम ज्ञान था। लेकिन नया क्षेत्र होते हुए भी उन्होंने धैर्य से कार्य किया। शिकागो के बेहतरीन वातावरण में उन्होंने आसानी से न्यूक्लियर फिजिक्स सीख ली। वहां वह एडवर्ड टैलर तथा एनरिको फर्मी से बातचीत करके परामर्श लेती रहीं। दोनों ही विशेषज्ञ उनके लिए धैर्यपूर्ण व अच्छे सहायक थे।

1940 में तथा 1950 के दशक के आरम्भ में जोपर्ट मायर ने प्रकाश से सम्बन्धित 'आप्टिकल ओपेसिटी' के समीकरण पर कार्य किया। तब वह एडवर्ड टैलर के लिए कार्य कर रही थीं। इन समीकरणों का प्रयोग टैलर तथा अन्य वैज्ञानिकों द्वारा प्रथम हाइड्रोजन बम बनाने में किया गया जो 1 नवम्बर 1952 को विस्फोटित किया गया।

1960 में जोपर्ट मायर को यूनीवर्सिटी ऑफ कैलिफोर्निया, सोंडियागो में भौतिक शास्त्र का प्रोफेसर नियुक्त कर दिया गया। यद्यपि उन्हें यहां आने के कुछ दिन बाद ही बीमारी का झटका लगा लेकिन उन्होंने अपना वैज्ञानिक अनुसंधान तथा शिक्षण कार्य वर्षों तक जारी रखा।

नोबेल पुरस्कार

1963 में मारिया जोपर्ट मायर को भौतिक शास्त्र में नोबेल पुरस्कार संयुक्त रूप से प्राप्त हुआ। उनके सहविजेता थे जे. हंस डी जेनसन तथा यूजीन पॉल विगनर। यह पुरस्कार उन्हें नाभिकी आवरण संरचना की कल्पना के लिए मिला। विश्वयुद्ध के पश्चात् जब जोसेफ मायर की नियुक्ति शिकागो में रसायन के प्रोफेसर के रूप में हुई, तब नियमानुसार मारिया को बिना वेतन के 1946 में भौतिक के सहयोगी प्रोफेसर के रूप में नियुक्त किया गया था। तब उन्होंने एरगॉन नेशनल लेबोरेटरी में सीनियर भौतिकविद के रूप में कार्य किया। यहां प्रथम इलेक्ट्रॉनिक कम्प्यूटर पर कार्य हो रहा था। इन्हीं दिनों मारिया का जादुई नंबरों से सामना हुआ। उन्होंने पाया कि कुछ नाभिक अनगिनत व प्रचुर मात्रा में उपलब्ध थे। इसी कारण सभी असामान्य रूप से अस्थिर थे। स्थिर नाभिक इकट्ठे होकर डटे रहते हैं। विशेषकर नाभिकी की अधिकता की स्थिति में प्रोटोन अथवा न्यूट्रान की संख्या 8 जादुई संख्या के बराबर होती है जो 2, 8, 20, 28, 50, 82, 126 कुछ भी हो सकती है।

जोपर्ट को आरम्भ में केवल दो जादुई संख्याएं 50 व 82 ही मिली थीं, फिर उन्हें पांच संख्याएं और मिल गईं, परन्तु उन्हें इसका उचित समाधान नहीं मिल रहा था। स्पिन ऑरबिट कपलिंग से उन्हें जादुई संख्या का मतलब समझ में आया। जोपर्ट ने बताया कि प्रोटोन व न्यूट्रान एक-दूसरे पर पर्त दर पर्त चढ़े हुए हैं। नाभिक एक प्याज़ की भांति छिलकों से ढका हुआ कहा जा सकता है। नाभिक तभी तक स्थिर रहता है जब तक न्यूट्रान और प्रोटोन की पर्तें पूरी रहती हैं अणु इलेक्ट्रान के लिए जादुई संख्या भिन्न रहती है।

इन्हीं दिनों जर्मनी के वैज्ञानिक इसी विषय पर अनुसंधान कर रहे थे। जोपर्ट ने अपना परमाणु आवरण सिद्धान्त 1948-49 में फिजीकल रिव्यू में प्रकाशित कराया। इसी प्रकार का सिद्धान्त एचडी जेनसन ने हीडलबर्ग विश्वविद्यालय में प्रकाशित करवाया। 1950 में जर्मनी में जेनसन व जोपर्ट की मुलाकात हुई फिर दोनों ने साथ मिलकर एक पुस्तक प्रकाशित कराई जिसका नाम था–'एलीमेंटरी थियोरी ऑफ न्यूक्लियर शैल स्ट्रक्चर।' इसी परमाणु ढांचे के आवरण की खोज के लिए जोपर्ट मायर को जेनसन के साथ संयुक्त रूप से 1963 का नोबेल पुरस्कार प्राप्त हुआ। पुरस्कार का आधा भाग यूजीन पॉल विगनर को प्राप्त हुआ।

अन्य महत्त्वपूर्ण कार्य

1931 में जब मारिया जोपर्ट अपनी पीएच.डी. कर रही थीं तब उन्होंने परमाणु द्वारा दो फोटो ऑन के भीतर समाने के सिद्धांत पर कार्य किया था। लेकिन यह वर्षों तक प्रायोगिक रूप से सिद्ध नहीं किया जा सका। 1960 में लेसर तकनीक के साथ ही यह सिद्ध हो सका। इस क्षेत्र में जोपर्ट की वास्तविक देन को सम्मानित करने के लिए दो फोटो ऑन के क्रास सेक्शन के अवशोषण की इकाई का नाम उनके नाम पर जोपर्ट मायर (जीएम) यूनिट रखा गया गया है।

मारिया जोपर्ट ने अपना आवरण सिद्धान्त में विकास का कार्य जारी रखा और जेनसन के साथ मित्रवत सम्बन्ध बनाए रखे। अपना अंतिम लेख उन्होंने 1966 में जेनसन के साथ प्रकाशित कराया।

20 फरवरी 1972 को कैलोफोर्निया (अमेरिका) के सेंडियागो में उनकी हृदयाघात से मृत्यु हो गई। उस समय वह 65 वर्ष की थीं।

पुरस्कार व अन्य सम्मान

- ☆ वह अमेरिका की नेशनल एकेडेमी ऑफ साइंसेज़ की सदस्य रहीं।
- ☆ वह हीडलबर्ग की विज्ञान अकादमी की सम्मानित सदस्या थीं।
- ☆ उन्हें रसेल सेज कॉलेज, माउंट होल्योक तथा स्मिथ कॉलेज द्वारा अनारेरी डाक्टरेट की डिग्री प्रदान की गई।
- ☆ अमेरिकन फिजीकल सोसाइटी मोरिया जोपर्ट मायर के नाम पर किसी युवा महिला भौतिक शास्त्री को पुरस्कार देती है।
- ☆ मारिया जोपर्ट ने जहां कार्य किया वे दोनों यूनीवर्सिटी मारिया के नाम पर अवार्ड देती हैं। यूनीवर्सिटी ऑफ शिकागो प्रति वर्ष होनदार युवा महिला वैज्ञानिक या इंजीनियर को पुरस्कृत करती है।
- ☆ यूनीवर्सिटी ऑफ कैलिफोर्निया, शिकागो हर वर्ष मारिया जोपर्ट मायर सिम्पोजियम यानी सेमिनार आयोजित करती है जिसमें महिला अनुसंधानकर्ता विज्ञान के विषय में चर्चा करती है।
- ☆ वीनस ग्रह पर जोपर्ट मायर के नाम पर एक क्रेटर का नाम रखा गया है।
- ☆ 2001 में उन पर एक डाक टिकट जारी किया गया।

डोरोथी क्रोफुट हॉजकिन
(Dorothy Crowfoot Hodgkin)

1910-1994

नोबेल पुरस्कार : रसायन शास्त्र, 1964
राष्ट्रीयता : ब्रिटिश

डोरोथी मेरी हौजकिन का विवाहपूर्व नाम डोरोथी मेरी क्रोफुट था। वह ब्रिटिश रसायनशास्त्री थीं जिन्होंने प्रोटीन क्रिस्टोलॉजी का विकास करके 1964 में रसायनशास्त्र का नोबेल पुरस्कार जीता।

डोरोथी ने एक्सरे-क्रिस्टलोग्राफी तकनीक का विकास किया जिससे जीवाणुओं की त्रिआयामी संरचना का निर्धारण किया जा सकता था। उन्होंने इंसुलिन के मणिभ की रचना का समाधान खोज कर दुनिया के लिए अनुपम खोज की। उनकी महत्त्वपूर्ण खोज हैं-पेंसिलीन की सरंचना का निश्चय, विटामिन बी 12 की संरचना का निश्चय, जिसके लिए डोरोथी हाजकिन को नोबेल पुरस्कार प्रदान किया गया।

डोरोथी ने 35 वर्षों की कड़ी मेहनत के पश्चात् नोबेल पुरस्कार जीतने के भी पांच वर्ष बाद इंसुलिन की संरचना को अच्छी प्रकार सम्झा व समझाया, इसके

बाद एक्सरे क्रिस्टलोग्राफ्री का खूब प्रयोग होने लगा। यही तकनीक डीएनए जानकारी के लिए काम आती है।

आरम्भिक जीवन व शिक्षा

इंग्लैंड की रसायनविद डोरोथी मेरी क्रोफुट का जन्म 12 मई 1910 को काहिरा, मिस्र में जॉन विन्टर क्रोफुट तथा ग्रेस मेरीहुड के यहां हुआ था। डोरोथी के पिता ब्रिटिश तथा खनन का कार्य करने वाले पुरातत्त्ववेत्ता थे। वह मिस्र में शिक्षा विभाग में पुरातत्त्ववेत्ता के पद पर कार्यरत थे।

अपने जीवन के आरम्भिक चार वर्षों में डोरोथी एशिया में इंग्लिश व्यक्ति की भांति रहीं। तब वह कुछ माह के लिए इंग्लैंड जाती थीं। जब वह मात्र चार वर्ष की थीं तब प्रथम विश्व युद्ध छिड़ गया। अतः वह अपने माता-पिता से दूर दादी व अन्य रिश्तेदारों के पास रहीं। प्रथम विश्व युद्ध समाप्ति के बाद डोरोथी की मां ने इंग्लैंड में अपने घर पर ही रहना ठीक समझा ताकि अपने बच्चों को पढ़ा सकें। वह अपनी चार बहनों में सबसे बड़ी थीं। इस समय को डोरोथी ने अपने जीवन का सबसे अधिक खुशनुमा समय बताया है।

1921 में डोरोथी इंग्लैंड के बेकल्स में सर जॉन लेमन ग्रैमर स्कूल में पढ़ने लगीं। इस बीच उनके पिता सूडान में चले गए थे, जहां वह शिक्षा तथा पुरातत्त्व के निदेशक बन गए थे। डोरोथी 1923 में सूडान गईं और वहां के बारे में खूब जानकारी हासिल की। उनके पिता जब 1926 में सूडान से रिटायर हुए तब वह अपना अधिकांश समय पुरातत्त्व विज्ञान में बिताते थे। वह कुछ वर्ष जेरूसलम में ब्रिटिश स्कूल ऑफ आर्केलॉजी के निदेशक रहे और जेराश, बोसरा तथा समारिया में ओफेल पहाड़ी पर खुदाई का कार्य करवाते रहे। वह 1921 से 1928 तक बेंकल्स में पढ़ती रहीं। उन्हें व एक अन्य लड़की को स्कूल में रसायन शास्त्र अध्ययन करने के लिए अपनी अध्यापिका मिस डीले के साथ लड़कों के स्कूल जाकर अध्ययन करने की अनुमति मिल गई।

डोरोथी की मां ग्रेस मेरी क्रोफुट उनके पिता के कार्यों में खूब रुचि लेती थीं और उन्होंने बुनकरी की नई तकनीक भी बनाई थी। वह बहुत अच्छी वनस्पतिविद भी थीं। वह सूडान के फल-फूल व वनस्पति का अच्छी तरह वर्णन करके डोरोथी को समझाती थीं साथ ही उन्हें इतिहास, विज्ञान व साहित्य जैसे विषय पढ़ाती थीं। बचपन में ही डोरोथी की रुचि मणियों (क्रिस्टल्स) की ओर हो गई। वह क्रिस्टलोग्राफी के इतिहास का अध्ययन रसायन शास्त्र के साथ ही बचपन से ही करने लगीं। ये विषय प्रायः उस वक्त लड़के ही पढ़ा करते थे। एक समय ऐसा भी आया जब डोरोथी मेरी ने एक सीजन स्कूल तथा विश्वविद्यालय के बीच अपने मां-बाप के साथ बिताया,

तब उन्होंने जेरोश की खुदाई व मोज़ेक कार्य देखा। उन्हें इसमें इतना आनन्द आया कि सोचा रसायन शास्त्र की पढ़ाई छोड़कर आर्केलॉजी यानी पुरातत्त्व विज्ञान की शिक्षा ले लूं।

मात्र दस वर्ष की आयु में उन्हें रसायनशास्त्र व क्रिस्टल्स के बारे में रुचि पैदा हो गई थी। उनके इस शौक को सूडान में उनके पिता के मित्र ए एफ जोसेफ ने खूब बढ़ावा दिया। उन्होंने डोरोथी को कई रसायन दिए और उन पर प्रयोग व विश्लेषण करना सिखाया।

उनकी अच्छी स्कूली शिक्षा के बाद 18 वर्ष की आयु में वह आक्सफोर्ड के सोमरविले कॉलेज से रसायन शास्त्र की पढ़ाई करने लगीं, तब यह केवल महिलाओं का कॉलेज था। वह यहां 1928 से 1932 तक रहीं।

अपनी पहले वर्ष की पढ़ाई में कुछ समय तक डोरोथी ने पुरातत्त्व विज्ञान और रसायन विज्ञान दोनों की शिक्षा प्राप्त की। वह बार-बार पुरातत्त्व की ओर आकर्षित होती थीं और सोचती थीं कि विज्ञान छोड़ पुरातत्व की शिक्षा प्राप्त करूँ। इस कारण उनकी दोनों विषयों में रुचि बढ़ने लगी। वह जेराश के ई जी जे हार्टले के साथ कांच का विश्लेषण करने लगीं। उन्होंने क्रिस्टलोग्राफी का विशेष अध्ययन किया। तब उनके शिक्षक एफ एम ब्रूअर ने उन्हें सलाह दी कि उन्हें एक्सरे क्रिस्टलोग्राफी में अनुसंधान करना चाहिए। तब डोरोथी ने पुनः रसायन की ओर ध्यान देना शुरू किया और एच एम पावेल के निर्देशन में अनुसंधान कार्य आरम्भ कर दिया। तब उन्होंने गर्मी की छुट्टियों में प्रोफेसर विक्टर गोल्ड शिमिट के साथ हीडलबर्ग की प्रयोगशाला में समय बिताया।

डोरोथी आक्सफोर्ड से कैम्ब्रिज विश्वविद्यालय में पढ़ने चली गईं और जॉन डेस्मंड बरनाल के निर्देशन में पढ़ाई शुरू की, तब उन्हें प्रोटीन की सरंचना के निर्धारण में एक्सरे क्रिस्टलोग्राफी का महत्त्व समझ में आया। उन्होंने वहां दो वर्ष बिताए और बरनाल के साथ अनेक समस्याओं पर चर्चा की।

अनुसंधान कार्य

1934 में डोरोथी पुनः आक्सफोर्ड लौट आईं। दो वर्ष बाद 1936 में वह सोमरविले कॉलेज में रिसर्च फैलो बन गई। इस पर डोरोथी 1977 तक बनी रहीं। 1940 में उनकी एक छात्रा मार्गरेट थैचर भी थीं जो बाद में इंग्लैंड की प्रधानमंत्री बनीं। प्रधानमंत्री बनने पर मार्गरेट थैचर ने 1980 के दशक में अपने प्रधानमंत्री आवास डाउनिंग स्ट्रीट में डोरोथी हाजकिन की बड़ी-सी तस्वीर लगाई थी।

आक्सफोर्ड में शुरुआत में उन्होंने एक्सरे उपकरण के लिए सर राबर्ट राबिन्सन के साथ धन एकत्र करना आरम्भ कर दिया। बाद में अनुसंधान के लिए उन्हें रॉकफैलर

तथा न्यूफील्ड फाउंडेशन से सहायता मिल गई। आक्सफोर्ड में उन्होंने जो अनुसंधान कार्य बरनाल के साथ आरम्भ किया था, उसे उन्होंने जारी रखा जिसमें वह इंसुलिन, आणविक तथा कोलस्ट्राल जैसी चीज़ों पर अनुसंधान कर रहीं थीं। उन्होंने पेंसिलीन पर अपना अनुसंधान 1942 में द्वितीय विश्वयुद्ध के दौरान आरम्भ किया तथा विटामिन बी[12] पर 1948 में अनुसंधान कार्य किया।

यूं तो 1928 में अलेक्ज़ेंडर फ्लेमिंग द्वारा पेंसिलीन की खोज हो चुकी थी, लेकिन युद्ध के दिनों में अधिक बैक्टीरिया के कारण इंफेक्शन में इसका अधिक उपयोग नहीं किया जा सका था। पेंसिलीन की रासायनिक बनावट का तब तक पूर्ण ज्ञान नहीं हो सका था, जिससे इसका अधिक उपयोग करके अधिक लोगों को लाभ हो सकता था। डोरोथी ने आक्सफोर्ड के कुछ विशेषज्ञों को लेकर एक्सरे क्रिस्टलोग्राफी द्वारा पेंसिलीन के विश्लेषण की प्रक्रिया आरम्भ की। काफी मेहनत के पश्चात् उन्होंने 1949 में पेंसिलीन की आणविक बनावट के बारे में निश्चित सफलता प्राप्त की।

1946 में डोरोथी हॉजकिन ने कई मीटिंग में भाग लिया जिससे इंटरनेशनल यूनियन ऑफ क्रिस्टलोग्राफी की स्थापना हुई। उन्होंने वैज्ञानिक कारणों से चीन, रूस, अमेरिका जैसे देशों की यात्रा की। अतः 1947 में उन्हें रायल सोसायटी का फैलो चुन लिया गया।

1948 में डोरोथी ने एक्सरे क्रिस्टलोग्राफी की सहायता से विटामिन बी[12] के विश्लेषण का कार्य आरम्भ कर दिया था, जिससे एनीमिया को रोका जा सके। तब तक इलेक्ट्रॉनिक कम्प्यूटर का विकास हो चुका था अतः कोई भी गणना करना आसान था। 1957 तक डोरोथी विटामिन बी[12] की आणविक बनावट के बारे में विश्लेषण व व्याख्या कर चुकी थीं। उसके बाद वह एक्सरे क्रिटलोग्राफी की आक्सफोर्ड में रीडर नियुक्त हो गईं। उनको आर्थराइटिस हो जाने पर भी वह हार्मोन व इंसुलिन पर कार्य करती रहीं। 40 वर्ष तक कार्य करके उन्होंने 1972 में जिंक इंसुलिन पर कार्य पूर्ण किया।

सिडनी ब्रेनर, जैक ड्यूनिट्ज लेसली आर्गेल, बेरिल एम ऑटन के साथ वह उन प्रथम लोगों में से थीं जिन्होंने अप्रैल 1953 में डीएनए की सरंचना का मॉडल देखा था जिसे वैज्ञानिक फ्रांसिस क्रिक तथा जेम्स वाटसन ने बनाया था। उस समय ये सभी वैज्ञानिक कैम्ब्रिज विश्वविद्यालय के कैवेन्डिश प्रयोगशाला में कार्य कर रहे थे। डीएनए के मॉडल से सभी वैज्ञानिक बेहद प्रभावित हुए थे। 1960 में डोरोथी को रायल सोसायटी का वोल्फसन रिचर्स प्रोफेसर बना दिया गया। डोरोथी हाजकिन का इंग्लैंड के वारदिकशायर में 29 जुलाई 1994 को 84 वर्ष की आयु में देहान्त हो गया।

वैवाहिक जीवन

इन अनुसंधान कार्यों के बीच डोरोथी मेरी क्रोफुट ने 1937 में थामस लॉयनेल हॉजकिन से विवाह कर लिया। थामस हॉजकिन आक्सफोर्ड के प्रसिद्ध इतिहासवेत्ता के पुत्र तथा दो प्रसिद्ध इतिहासवेत्ताओं के पौत्र थे। उनकी रुचि अफ्रीका तथा अरब देशों के इतिहास तथा राजनीति में थी। वह घाना विश्वविद्यालय में इंस्टीट्यूट ऑफ अफ्रीकन स्टडीज़ के निदेशक थे। वहीं पर डोरोथी का भी काफी समय बीता। उनके तीन बच्चे, दो पुत्र व एक पुत्री थी। एक पुत्र गणितज्ञ, एक पुत्र कृषि क्षेत्र में तथा पुत्री इतिहासवेत्ता बनी।

बाद में थामस हॉजकिन आक्सफोर्ड में लेक्चरर बने और अफ्रीका से सम्बन्धित कई पुस्तकें लिखीं। वह कम्युनिस्ट पार्टी के सदस्य भी रहे। थामस घाना के राष्ट्रपति के सलाहकार पद पर भी रहे, कम्युनिस्ट पार्टी से सम्बन्ध होने के कारण, डोरोथी को एक-दो बार छोड़ कर अमेरिका में प्रवेश की अनुमति नहीं मिली।

डोरोथी अपने जीवनभर जे डी बरनाल से वैज्ञानिक तथा राजनीतिक के रूप से प्रभावित रहीं। ऐसा माना जाता है कि वे दोनों एक-दूसरे को प्यार करते थे और दोनों का व्यक्तिगत वैवाहिक जीवन अधिक सुखी नहीं था।

पुरस्कार व अन्य सम्मान

- ☆ डोरोथी अनेक सामाजिक कार्यों से भी जुड़ी रहीं। वह सामाजिक असमानता व लोगों की समस्याओं के प्रति जागरूक थीं। इसी कारण 1976 से 1988 तक उन्हें 'पगवाश' का अध्यक्ष बनाया गया।
- ☆ उन्हें 'आर्डर ऑफ मेरिट' प्रदान किया गया जो लंदन की रॉयल सोसायटी में प्रदर्शित किया गया है। 1965 में यह पुरस्कार पाने वाली वह दूसरी अंग्रेज़ महिला थीं।
- ☆ 1951 में उन्हें 'रायल मेडल' दिया गया।
- ☆ 1976 में डोरोथी को 'कोपली मेडल' प्रदान किया गया।
- ☆ डोरोथी रायल सोसायटी की फैलो थीं।
- ☆ उन्हें रूस का 'लेनिन पीस प्राइज़' प्रदान किया गया।
- ☆ वह 1970 से 1988 तक ब्रिस्टल यूनीवर्सिटी की चांसलर रहीं।
- ☆ 1982 में डोरोथी को सोवियत विज्ञान अकादमी का 'लोमनोसोव गोल्ड मेडल' प्रदान किया गया।
- ☆ 'लंदन बोरो ऑफ हैकनी' के काउंसिल आफिसों, ब्रिस्टल विश्वविद्यालय के भवनों तथा कीले यूनीवर्सिटी के भवनों का नाम डोरोथी हॉजकिन के नाम पर रखा गया है।

☆ ब्रिटेन के 1996 के 'वीमेन अचीवमेंट' डाक टिकट सेट में पांच महिलाओं में एक चित्र डोरोथी हॉजकिन का है।

☆ रॉयल सोसायटी की 2010 में 350वीं वर्षगाठ के उपलक्ष्य में कुछ डाक टिकट प्रकाशित किए गये जिनमें डोरोथी का चित्र भी है।

☆ उनकी याद में प्रतिवर्ष 'यादगार लेक्चर' का आयोजन होता है।

☆ वह अनेक विदेशी विज्ञान अकादमी की सदस्या थीं जैसे-अमेरिका, नीदरलैंड, ऑस्ट्रेलिया, सोवियत रूस, घाना आदि।

☆ वह 1972 से 1975 तक अन्तर्राष्ट्रीय क्रिस्टलोग्राफी संगठन की अध्यक्षा रहीं। उसकी स्थापना में भी उनकी महत्त्वपूर्ण भूमिका रही।

रोज़ालिन एस. यालो

(Rosalyn Syssman Yalow)

1921-2011

नोबेल पुरस्कार : चिकित्सा : शरीर विज्ञान, 1977

राष्ट्रीयता : अमरीकी

रोज़ालिन एस. यालो अमेरिकी औषधि विज्ञानी भौतिक शास्त्री थीं जिन्हें 1977 में शरीर विज्ञान का नोबेल पुरस्कार संयुक्त रूप से प्राप्त हुआ। उनके सह-विजेता रोजर गुलेमिन तथा एन्ड्रयू शैली थे। रोज़ालिन को यह प्रतिष्ठित पुरस्कार रेडियोइम्यूनोऐसे की तकनीक के विकास के लिए प्रदान किया गया। वह गर्टी कोरी के बाद दूसरी महिला वैज्ञानिक थीं जिन्हें औषधि विज्ञान का नोबेल पुरस्कार प्राप्त हुआ।

आरम्भिक जीवन व शिक्षा

रोज़ालिन का जन्म 19 जुलाई 1921 को साइमन ससमैन तथा क्लारा के यहां अमेरिका के न्यूयार्क के मैनहट्टन में हुआ था। वह बचपन में अत्यन्त ज़िद्दी स्वभाव की

लड़की थीं, जो ठान लेती थीं, उसे पूरा करके रहती थीं। परन्तु अच्छी बात यही रही कि उन्होंने गलत चीज़ों को अपनी ज़िद के लिए नहीं चुना। उन्हें बचपन से ही पढ़ने का शौक था। अतः वह अपने बड़े भाई अलेक्ज़ेंडर के साथ हर सप्ताह पब्लिक लाइब्रेरी जाती थीं और पढ़ी हुई पुस्तकें वापस कर ढेरों नई पुस्तकें लाती थीं।

उन्होंने दसवीं तक की शिक्षा वाल्टन हाईस्कूल से प्राप्त की। सातवीं कक्षा तक उन्हें गणित में बहुत रुचि थी। उनके रसायन विज्ञान के अध्यापक मिस्टर मोन्डाक ने उनकी रुचि रसायनशास्त्र में कर दी। उसके बाद उन्होंने न्यूयार्क के महिला कॉलेज 'हन्टर' से शिक्षा प्राप्त की, तब उनकी रुचि भौतिक विज्ञान की ओर हो गई। हंटर कॉलेज (अब न्यूयार्क की सिटी यूनीवर्सिटी) के प्रोफेसर हर्बर्ट एन ओटिस तथा हुआन रोलर ने उनकी रुचि भौतिक विज्ञान में करने में महत्त्वपूर्ण भूमिका निभाई। 1930 के दशक में जब वह कॉलेज में पढ़ती थीं तब उनके लिए न्यूक्लियर फिजिक्स (अणु भौतिकी) विषय से अच्छा विश्व में कोई विषय न था। उनमें वैज्ञानिक बनने की इच्छा जाग चुकी थी, अतः उन्होंने मेरी क्यूरी की जीवनी पढ़ी, जिससे उनमें वैज्ञानिक बनने की इच्छा तीव्रतर हो गई। वह कोलम्बिया यूनीवर्सिटी के फिजिक्स लेक्चर रूम 'प्यूपिन लेबोरेटरी' के आसपास मंडराती रहती थीं।

रोज़ालिन अपना कैरियर भौतिक शास्त्र में बनाने को उत्सुक थीं, परन्तु उनके घर वाले सोचते थे कि वह स्कूल में अध्यापिका बन जाए तो सबसे अच्छा व व्यावहारिक रहेगा। उस वक्त यह इतना आसान नहीं था कि किसी लड़की की किसी अच्छे ग्रेजुएट स्कूल में अच्छी तनख्वाह वाली नौकरी लग जाए। 1940 में हंटर कॉलेज के अंतिम वर्ष में उन्हें सेक्रेटरी की नौकरी का ऑफर मिला क्योंकि वह टाइपिंग जानती थीं। उन्हें यह अवसर अच्छा लगा क्योंकि यह नौकरी कोलंबिया यूनीवर्सिटी फिजीशियन एंड सर्जन विभाग के प्रसिद्ध रसायन शास्त्री डॉ. रुडोल्फ स्कूहीमर के यहां थी। इस नौकरी से उन्हें ग्रेजुएट कोर्स में दाखिला मिलना भी सम्भव था। अतः उन्होंने स्टेनोग्राफर सेक्रेटरी की पार्ट टाइम नौकरी स्वीकार कर ली। जनवरी 1941 में उनका हंटर कॉलेज से ग्रेजुएशन पूरा हो गया, फिर वह बिजनेस स्कूल चली गईं, लेकिन वह वहां पर अधिक दिन नहीं टिकीं।

1941 फरवरी के मध्य में उन्हें इलिनॉस यूनीवर्सिटी से भौतिक शास्त्र की शिक्षण असिस्टेंट की नौकरी का ऑफर आया। इस नौकरी ऑफर का मुख्य कारण यह था कि द्वितीय विश्वयुद्ध शुरू हो चुका था और अनेक पुरुष युद्ध में चले गए थे। अतः यूनीवर्सिटी ने निश्चय किया कि इसे बंद करने के स्थान पर महिलाओं को स्कॉलरशिप पर रखा जाए।

इसी वर्ष रोज़ालिन ने न्यूयार्क यूनीवर्सिटी के सरकार द्वारा चलाए जाने वाले

फिजिक्स के दो कोर्स कर लिए, जिनके लिए कोई फीस नहीं थी। इलिनॉस यूनीवर्सिटी के 400 छात्रों के बीच रोज़ालिन एकमात्र महिला छात्रा थीं और 1917 के पश्चात् प्रथम महिला छात्रा थीं। कॉलेज के डीन ने उन्हें विशेषकर इस बात की बधाई दी कि वह इतने छात्रों के बीच इतने वर्षों बाद प्रथम छात्रा थीं।

कॉलेज के प्रथम दिन ही उनका परिचय अपने सहपाठी आरों यालो से हुआ, वह भी फिजिक्स में ग्रेजुएशन कर रहे थे। 1943 में उन दोनों ने विवाह कर लिया। जूनियर स्कूल से हंटर कॉलेज तक उनके साथ कभी कोई लड़का उनका सहपाठी नहीं रहा था। रोज़ालिन ससमैन के दो बच्चे हुए। उनकी पीएच.डी. 1945 में पूरी हो गई।

कार्यकाल

अपनी पढ़ाई पूरी करने के पश्चात् रोज़ालिन ने 1947 में ब्रॉक्स वेटरंस एडमिनिस्ट्रेशन अस्पताल में रेडियोस्टोप सर्विस की शुरुआत करने के लिए पार्ट टाइम सलाहकार की नौकरी कर ली। यहां उन्होंने रेडियोइम्यूनोऐसे के विकास के लिए सोलोमन बर्सन के साथ सहयोग किया। रेडियोइम्यूनोऐसे (जिसे संक्षिप्त में आरआइए (RIA) कहते हैं) रेडियोस्टोप ट्रेसिंग तकनीक है जिसके द्वारा खून अथवा किसी तरल पदार्थ में जैविक तत्त्वों की छोटी से छोटी भी कितनी मात्रा है, यह पता लगाया जा सकता है। प्रारम्भ में यह तकनीक मधुमेह (डायबिटीज़) में इसुंलिन का स्तर नापने के लिए प्रयोग की जाती थी। इसके बाद से यह तकनीक सैकड़ों तरह के तत्त्वों के लिए प्रयोग की जाने लगी है जैसे हार्मोन, विटामिन, एंज़ाइम। इसके प्रयोग की इतनी अधिक संभावनाएं होते हुए भी रोज़ालिन और बर्सन ने इसे पेटेंट कराने से इंकार कर दिया। रोज़ालिन और बर्सन की पार्टनरशिप 22 वर्ष तक चली जब तक कि 11 अप्रैल 1972 को बर्सन की मृत्यु नहीं हो गई। 1977 में रोज़ालिन को नोबेल पुरस्कार प्राप्त हुआ, यदि उस वक्त बर्सन जीवित होते तो यह पुरस्कार उन्हें भी सम्मिलित रूप से प्राप्त होता। 1968 में रोज़ालिन ससमेन यालो की माउट सिनाई अस्पताल के औषधि विभाग में रिसर्च प्रोफेसर के रूप में नियुक्ति हो गई जहां वह बाद में प्रतिष्ठित प्रोफेसर के रूप में कार्य करती रहीं।

रोज़ालिन अपने रिवरडेल के उस मकान में अपनी मृत्यु तक रहती रहीं जिसे उन्होंने व उनके पति ने 1940 के दशक में जब वह ब्रॉक्स एडमिनिस्ट्रेशन मेडिकल सेंटर में कार्य कर रही थी, खरीदा था। उनके पति आरों यालो की 1992 में मृत्यु हो गई, जबकि रोज़ालिन यालो की मृत्यु 30 मई 2011 को 89 वर्ष की आयु में ब्रॉक्स में हो गई।

पुरस्कार व अन्य सम्मान

रोज़ालिन यालो को अनेक पुरस्कार प्राप्त हुए हैं :

- ☆ 1971 में उन्हें 'गैर्डनर फाउंडेशन इंटरनेशनल अवार्ड' प्राप्त हुआ।
- ☆ 1975 में रोज़ालिन तथा बर्सन को अमेरिकन मेडिकल एसोसिएशन का 'साइंटिफिक एचीवमेंट अवार्ड' प्रदान किया गया।
- ☆ 1975 में न्यूयार्क एकेडेमी ऑफ सांइसेज़ का नेचुरल सांइसेज़ में 'ए क्रेसी मारिसन अवार्ड' उन्हें प्रदान किया गया।
- ☆ 1976 में रोज़ालिन को 'अल्बर्ट लस्कर अवार्ड' प्रदान किया गया। यह उन्हें बेसिक मेडिकल रिसर्च के लिए दिया गया।
- ☆ 1977 में उन्हें नोबेल पुरस्कार (औषधि विज्ञान) प्राप्त हुआ। यह पुरस्कार उन्हें रोजर गुलेमिन तथा एंड्रयू वी शैली के साथ रेडियोइम्यूनोऐसे के विकास के लिए प्रदान किया गया। इस तकनीक द्वारा रक्तदाताओं के खून में किसी बीमारी जैसे हैपीटाइटिस बी की जांच करना संभव हो गया।
- ☆ 1978 में वह अमेरिकन एकेडेमी ऑफ आर्ट्स एंड सांइसेज की फैलो चुनी गई।
- ☆ 1988 में उन्हें 'नेशनल मेडल ऑफ साइंस' प्रदान किया गया।
- ☆ वह न्यूयार्क एकेडेमी ऑफ साइंस की फैलो रहीं तथा रेडिएशन रिसर्च सोसायटी, अमेरिकन एसोसिएशन ऑफ फिजिसिस्ट इन मेडिसिन, एंडोक्राइन सोसायटी, नेशनल एकेडेमी ऑफ साइंस आदि की सदस्या रहीं।

मदर टेरेसा

(Mother Teresa)

1910-1997

नोबेल पुरस्कार : शांति, 1979

राष्ट्रीयता : भारतीय

मदर टेरेसा, जिनका वास्तविक नाम आग्नेस गोन्जा बोजाज़्यू था, अल्बानिया में जन्मी रोमन कैथोलिक नन थीं। वह भारत की नागरिक थीं और भारत ही नहीं दुनियाभर के करोड़ों गरीबों, बेसहारा व दुखियों के लिए ईश्वर के समान आशा की किरण थीं। उन्होंने 1950 में भारत के कलकत्ता में 'मिशनरीज़ ऑफ चैरिटी' की स्थापना की थी। उन्होंने 45 वर्षों तक मिशनरीज़ ऑफ चैरिटी का पहले भारत में फिर विश्वभर में विस्तार किया और इसी के माध्यम से गरीबों, बीमारों, मरणासन्न व अनाथ लोगों की सेवा करती रहीं। मदर टेरेसा की मृत्यु के पश्चात् उन्हें पोप जॉन पॉल द्वितीय ने 'ब्लेस्ड टेरेसा ऑफ कलकत्ता' की उपाधि दी।

मदर टेरेसा की मृत्यु तक 'मिशनरीज़ ऑफ चैरिटी' की 123 देशों में 610 शाखाएं फैल चुकी थीं जिनमें कोढ़, टीबी, एड्स तथा अन्य बीमारियों से ग्रस्त लोगों

के लिए अस्पताल व घर शामिल हैं। यहां पर बच्चों, परिवारों तथा अनाथों को सलाह व सहायता प्रदान की जाती है।

मदर टेरेसा को अनेकों पुरस्कार प्राप्त हुए जिनमें 1979 में शांति का नोबेल पुरस्कार तथा 1980 में भारत सरकार द्वारा दिया गया 'भारतरत्न' शामिल है।

आरम्भिक जीवन व शिक्षा

आग्नेस गोन्जा वोजाज़ियू (जो मदर टेरेसा नाम से प्रसिद्ध हुई) का जन्म 26 अगस्त 1910 को उस्कुब, आटोमन एंपायर, अल्बानिया में हुआ था। उस्कुब का वर्तमान नाम स्कोपजे है, जो रिपब्लिक ऑफ मैसीडोनिया की राजधानी है। गोन्जा का अल्बानियाई भाषा में अर्थ होता है छोटा गुलाब का फूल या कली। यद्यपि उनका जन्म 26 अगस्त को हुआ था, परन्तु वह 27 अगस्त को अपना वास्तविक जन्मदिन मानती थीं, उस दिन उन्होंने दीक्षा प्राप्त की थी। वह अपने माता-पिता निकोले तथा ड्राना बोजाज़ियू की सबसे छोटी संतान थीं।

आग्नेस के पिता अल्बानिया की राजनीति में सक्रिय थे। जब आग्नेस मात्र आठ वर्ष की थी, तब 1919 में उनके पिता की मृत्यु हो गई। पिता की मृत्यु के पश्चात् उनकी मां ने उनका रोमन कैथोलिक के रूप में पालन-पोषण किया।

आग्नेस बचपन में ही मिशनरीज़ द्वारा किए गए कार्यों से प्रभावित थीं और बंगाल (भारत) में किए गए कार्यों में रुचि लेती थीं। मात्र 12 वर्ष की आयु में उन्हें महसूस हुआ कि ईश्वर उन्हें पुकार रहा है और उन्हें संदेश दे रहा है कि उन्हें ईसा मसीह का प्यार फैलाने के लिए मिशनरी बनना है। उन्होंने धार्मिक जीवन बिताने का अंतिम निर्णय 15 अगस्त 1928 को लिया जब वह लेटनिस के ब्लैक मैडोना में पूजा व ध्यान में लीन थीं।

आग्नेस ने मात्र 18 वर्ष की आयु में अपना घर छोड़ दिया और सिस्टर्स ऑफ लॉरिटो में मिशनरी बनने निकल पड़ीं। इसके पश्चात् वह कभी भी अपनी मां या बहन से नहीं मिलीं। सबसे पहले वह आयरलैंड के लॉरिटो एबे गईं ताकि भारत के स्कूली बच्चों को पढ़ाने के लिए अंग्रेजी सीख सकें। 19 वर्ष की आयु में 1929 में वह भारत आ गईं। उन्होंने यहां ज़िंदगी की शुरुआत हिमालय पर्वतों के निकट दार्जिलिंग से की। यहां वह सेंट टेरेसा स्कूल में पढ़ाने लगीं।

नन के रूप में जीवन

आग्नेस ने 24 मई 1931 को नन के रूप में धार्मिक शपथ ली और अपना नाम भी परिवर्तित कर लिया। उन्होंने अपना नाम थेरेसे डी लिसियुक्स रखने का निश्चय किया क्योंकि यह नाम मिशनरीज़ के महान सन्त का था। लेकिन यही नाम एक

नन ने पहले ही चुन लिया तब आग्नेस ने इस नाम की स्पेलिंग को स्पेनिश रूप में बदल कर 'टेरेसा' कर लिया। तब से उनका नाम टेरेसा हो गया।

वह लॉरेटो कान्वेंट, कलकत्ता में अध्यापिका के रूप में पढ़ाने लगीं और लगभग 20 वर्षों तक वहां पढ़ाती रहीं। 1944 में टेरेसा वहां की प्रधानाध्यापिका बना दी गईं। यद्यपि उन्हें शिक्षण में बहुत आनन्द आता था लेकिन वह आसपास की गरीबी से परेशान हो उठती थीं। 1943 में बंगाल के अकाल में मृत्यु और दुखों का तांडव होने लगा और अगस्त 1946 में हिन्दू-मुसलमानों के दंगों में शहर दुख और निराशा में डूब गया।

टेरेसा का जीवन परिवर्तन

10 सितम्बर 1946 को सिस्टर टेरेसा कलकत्ता से दार्जिलिंग के लॉरेटो कान्वेंट वार्षिक उत्सव के लिए जा रही थीं। तब उन्हें अपनी अंतरात्मा की आवाज़ सुनाई दी कि उन्हें गरीबों व असहायों की सहायता करनी चाहिए। उस समय कोई नहीं जानता था कि सिस्टर टेरेसा जल्दी ही मदर टेरेसा बनने वाली हैं।

1948 में टेरेसा ने अपना मिशनरी कार्य गरीबों की सेवा आरम्भ कर दी। इसके लिए उन्होंने लॉरेटो की पारंपरिक ड्रेस छोड़कर नीले बॉर्डर वाली सफेद साड़ी धारण कर ली। बाद में जीवन पर्यन्त उन्होंने इसी प्रकार की सफेद नीली साड़ी पहनी। टेरेसा ने भारतीय नागरिकता ग्रहण कर ली। इसके पश्चात् वह पटना के होली फैमिली अस्पताल में मूलभूत मेडिकल ट्रेनिंग लेने गईं। फिर वह झुग्गी बस्ती में कार्य करने निकल पड़ीं। उन्होंने कलकत्ता की मोती झील नामक बस्ती में गरीब बच्चों के लिए एक स्कूल खोल लिया, वहीं उन्होंने गरीबों का जीवन देखा व महसूस किया। 1949 के आरम्भ में कुछ महिलाएं भी गरीबों की सहायता करने में उनकी मदद करने लगीं।

मदर टेरेसा के कार्यों की ओर शीघ्र ही भारतीय अधिकारियों का यहां तक कि भारतीय प्रधानमंत्री का ध्यान आकर्षित हो गया और उन्हें उनके कार्यों की प्रशंसा मिलने लगी। टेरेसा के यहां के शुरुआती वर्ष गरीबी व कठिनाइयों भरे रहे। लोगों से भोजन व सामान मांग कर लाना पड़ता था तब कई बार वह सोचती थीं कि अपने कान्वेंट के जीवन में वापस लौट जाएं।

मिशनरीज़ ऑफ चैरिटी की स्थापना

7 अक्टूबर 1950 को उन्हें वेटिकन से आज्ञा मिल गई कि वह अपनी संस्था बना सकती हैं, जो 'मिशनरीज़ ऑफ चैरिटी' बन गई। इस मिशन का कार्य भूखे, नंगों, बेघर, दबे-कुचले, अंधे, कोढ़ी, अनचाहे, प्यार के भूखे, समाज पर बोझ लोगों की मदद व देखभाल करना था।

मिशनरीज़ ऑफ चैरिटी कलकत्ता में 13 सदस्यों के साथ शुरू हुई थी जो 1997 तक 4000 नन सदस्यों के साथ विकसित हो चुकी थी। इसके अनाथालाय, एड्स अस्पताल, शरणार्थियों, अंधों, शराबियों व बेघर लोगों के लिए शरण स्थल व अस्पताल बन चुके थे।

1952 में मदर टेरेसा ने सर्वप्रथम कलकत्ता में उपलब्ध स्थान पर मरणासन्न लोगों के लिए 'शरणगृह' बनाया। इसके पश्चात् अधिकारियों की मदद से एक पुराने हिन्दू मंदिर को 'कालीघाट गृह' के रूप में ऐसे लोगों के लिए स्थापित किया। यहां गरीबों की निःशुल्क सेवा-चिकित्सा की जाती थी। फिर इसका नाम उन्होंने 'निर्मल हृदय' रख दिया। यहां पर घर वालों द्वारा त्याग दिये गए मरणासन्न लोगों को रखा जाता था और उनकी सेवा की जाती थी। उनकी मृत्यु हो जाने पर उनके धर्म के अनुसार उनका अंतिम संस्कार किया जाता था। अतः जो इंसान जानवर के समान जीते थे, उन्हें सुखद मौत मिलती थी, गंगाजल, कुरान जैसी रीतियां पूर्ण की जाती थीं।

इसके बाद मदर टेरेसा ने कोढ़ियों के लिए 'शांति नगर' नाम का गृह बनाया जहां कोढ़ियों का इलाज व सेवा होती थी। मिशनरीज़ ऑफ चैरिटी ने पूरे कलकत्ता में इसकी कई शाखाएं खोलीं। फिर अनेकों खोए हुए बच्चों के लिए मदर ने मिशनरीज़ ऑफ चैरिटी द्वरा 1955 में निर्मल शिशु भवन की स्थापना की। इसमें अनाथ व बेघर बच्चों व किशोरों को रखा जाने लगा। धीरे-धीरे लोग स्वयं ही इन संस्थाओं से स्वयंसेवकों के रूप में जुड़ने लगे और दान देकर इसकी सहायता करने लगे। फिर 1960 के दशक में इसकी अनेकों शाखाएं अस्पताल, अनाथालय तथा कोढ़ी गृह के रूप में खुल गईं।

इसके बाद मदर टेरेसा ने इसकी शाखाएं विश्व-भर में खोलनी शुरू कीं। सर्वप्रथम 1965 में पांच सिस्टर्स के साथ वेनेजुएला में प्रथम शाखा खुली। फिर 1968 में रोम, तंजानिया तथा आस्ट्रिया में इसकी शाखाएं खुलीं। 1970 के दशक में अमेरिका, यूरोप, एशिया तथा अफ्रीका के अनेकों देशों में इसकी शाखाएं खुल गईं।

इसी बीच 1963 में मदर ने 'मिशनरी ऑफ चैरिटी ब्रदर्स' की स्थापना की, 1976 में इसकी 'सिस्टर्स' शाखा खुली। अनेकों कार्यकर्ता इन कार्यक्रमों से जुड़ गए। 1984 में मदर ने फादर जोसेफ लैंगफोर्ड के साथ मिशनरीज ऑफ चैरिटी फादर्स की भी स्थापना की। 2007 तक 450 ब्रदर्स तथा 5000 नन विश्वभर में इससे जुड़ चुकी थीं, जो मिलकर 120 देशों में 600 मिशन, स्कूल व आश्रम गृह चला रहे थे।

अमेरिका का पहला मिशनरी ऑफ चैरिटी न्यूयार्क के साउथ ब्रांक्स में खुला, और 1984 तक अमेरिका में 19 शाखाएं खुल चुकी थीं। मदर टेरेसा ने अन्तरराष्ट्रीय स्तर पर भी कई मानवतापूर्ण कार्य किए। 1980 के दशक में जब पूर्वी यूरोप में

अधिक खुलापन आ गया तब उन्होंने अपना सहयोग कम्युनिस्ट पार्टी से किया और आलोचनाओं की परवाह न करते हुए गर्भपात और तलाक का विरोध किया।

मदर टेरेसा का गिरता स्वास्थ्य व मृत्यु

मदर टेरेसा अपने स्वास्थ्य की परवाह न करते हुए सदैव मानवतापूर्ण व कल्याण कार्यों में व्यस्त रहीं और उनका स्वास्थ्य धीरे-धीरे बिगड़ता रहा।

1983 में मदर टेरेसा को रोम यात्रा के दौरान दिल का दौरा पड़ा, जब वह पोप जॉन पॉल द्वितीय से मिलने गईं थीं। 1989 में मदर को पुनः दिल का दौरा पड़ा, उन्हें पेस मेकर लगा दिया गया। 1991 में मदर मैक्सिको गई थीं तब उन्हें निमोनिया हो गया जिससे उन्हें हृदय सम्बन्धी परेशानी हो गई। उन्होंने अपने बिगड़ते स्वास्थ्य के कारण मिशनरीज़ ऑफ चैरिटी के प्रमुख के पद से इस्तीफा देना चाहा, लेकिन गुप्त मतदान द्वारा उन्हें अपने पद पर बने रहना पड़ा।

अप्रैल 1996 में मदर गिर पड़ीं और उनकी गर्दन की हड्डी टूट गई। फिर अगस्त में उन्हें मलेरिया हो गया और हृदय सम्बन्धी परेशानी के चलते उनकी हार्ट सर्जरी की गई। उनका इलाज कैलीफोर्निया के अस्पताल में हुआ। 13 मार्च 1997 को मिशनरीज़ ऑफ चैरिटी के प्रमुख का पद छोड़ दिया। 5 सितम्बर 1997 को 87 वर्ष की आयु में मदर टेरेसा का देहान्त हो गया। राजकीय सम्मान के साथ उनकी अंत्येष्टि की गई।

मदर टेरेसा की याद में उनका चित्रण व नामकरण

मदर टेरेसा के नाम पर महत्त्वपूर्ण संग्रहालय, चर्च, सड़क व भवनों के नाम रखे गए हैं।

- ☆ अल्बानिया के इन्टरनेशनल एयरपोर्ट का नाम उनके नाम पर रखा गया है।
- ☆ 1984 में तमिलनाडु सरकार द्वारा कोडईकनाल में 'मदर टेरेसा' वीमेन्स यूनीवर्सिटी' खोली गई।
- ☆ पांडिचेरी सरकार द्वारा 1999 में 'मदर टेरेसा पोस्ट ग्रेजुएट एंड रिसर्च इंस्टीट्यूट ऑफ हेल्थ सांइसेज़' स्थापित किया गया।
- ☆ तिराना इन्टरनेशनल एयरपोर्ट का नाम मदर टेरेसा एयरपोर्ट रखा गया है।
- ☆ रिपब्लिक ऑफ मैसीडोनिया में उनके गृह नगर स्कोपजे में 2009 में 'मैमोरियियल हाउस ऑफ मदर टेरेसा' खोला गया।

- ☆ 26 अगस्त 2010 को उनकी जन्मशती के उपलक्ष्य में भारतीय रेलवे ने एक ट्रेन का नाम 'मदर एक्सप्रेस' रखा है।
- ☆ चेक रिपब्लिक में वेन्सेलस स्क्वेयर पर 'मदर टेरेसा' का यादगार चित्र उकेरा गया है।
- ☆ 1969, 1972, 1997, 2003 तथा 2007 में उन पर कई फिल्में बनाई जा चुकी हैं जैसे इटली की 2003 की फिल्म 'मदर टेरेसा ऑफ कलकत्ता'।

नोबेल पुरस्कार व अन्य सम्मान

मदर टेरेसा को उनकी समाजसेवा व मानवतापूर्ण कार्यों के लिए 1979 में शांति का नोबेल पुरस्कार प्रदान किया गया। लेकिन इसके बहुत वर्षों पूर्व ही उनके कार्यों को मान्यता व उन्हें राष्ट्रीय व अन्तरराष्ट्रीय पुरस्कार प्राप्त होने लगे थे। 1979 में नोबेल पुरस्कार उन्हें 'गरीबी तथा निराशा दूर करने के लिए किए गए कार्य व मेहनत' के लिए दिया गया। मदर ने पारंपरिक रूप से विजेताओं को दी जाने वाली राशि लेने से इंकार कर दिया और इनाम की राशि एक लाख बयानवे हजार डॉलर (1,92,000 डॉलर) भारत के गरीबों में बांटने का आग्रह किया। उनका कहना था कि ये पुरस्कार तभी तक महत्त्वपूर्ण हैं यदि इनसे विश्व के जरूरतमंद लोगों की सहायता की जा सकती है। उन्हें निम्न पुरस्कार प्राप्त हुए :

- ☆ 1962 में मदर टेरेसा को भारत सरकार द्वारा 'पद्मश्री' प्रदान किया गया।
- ☆ 1962 में अन्तरराष्ट्रीय सद्भावना के लिए एशिया का नोबेल कहा जाने वाला पुरस्कार 'रेमन मैग्सेसे पुरस्कार' प्रदान किया गया।
- ☆ 1969 में उन्हें 'जवाहरलाल नेहरू अन्तरराष्ट्रीय सद्भावना पुरस्कार' प्रदान किया गया।
- ☆ 1970 के दशक में वह अन्तरराष्ट्रीय ख्यातिप्राप्त सेलेब्रिटी बन चुकी थीं। मैल काम मुगेरिज ने उन पर एक डाक्यूमेंटरी बनाई, जिसका नाम था 'समथिंग ब्यूटीफुल फॉर गॉड'। 1971 में उन्होंने इसी नाम से पुस्तक भी लिखी। शूटिंग के दौरान 'होम फॉर डाइंग' में कम रोशनी होने के कारण निर्माताओं का कहना था कि यह डाक्यूमेंटरी फिल्म देखने लायक नहीं बन सकी है। परन्तु भारत वापस आने पर उन्हें आश्चर्य हुआ कि उस फिल्म में रोशनी एकदम ठीक हो गई थी। निर्माता मुगेरिन का कहना था कि यह मदर टेरेसा का ही दैवीय चमत्कार था।
- ☆ 1971 में पॉल षष्ठम ने मदर टेरेसा को प्रथम 'पोप जॉन त्रयोदश शांति पुरस्कार' प्रदान किया। यह पुरस्कार उन्हें गरीबों के लिए कार्य तथा शांति प्रयासों और सेवाभाव के लिए प्रदान किया गया।

- 1975 में उन्हें 'अल्बर्ट स्वीटज़र इन्टरनेशनल प्राइज़' दिया गया।
- 1978 में उन्हें नागरिक पुरस्कार 'बाल्ज़ान प्राइज़' दिया गया। यह उन्हें मानवता पूर्ण कार्यों, शांति व बन्धुत्व की भावना जगाने के लिए दिया गया।
- उन्हें 1976 में 'पेसेम इन टेरिस' पुरस्कार प्रदान किया गया।
- मदर टेरेसा को विभिन्न सरकारी तथा प्राइवेट संस्थाओं द्वारा सम्मानित किया गया। उन्हें 1982 में 'आर्डर ऑफ ऑस्ट्रेलिया' का आनरेरी सदस्य बनाया गया।
- उन्हें ब्रिटेन का 1983 का 'आर्डर ऑफ मेरिट' देकर पुरस्कृत किया गया।
- 16 नवम्बर 1996 को उन्हें अमेरिका की आनरेरी नागरिकता प्रदान कर सम्मानित किया गया।
- 1994 में उनके गृह देश अल्बानिया ने उन्हें 'गोल्डन आनर ऑफ द नेशन' प्रदान किया।
- मदर टेरेसा को भारत तथा अन्य देशों के अनेक विश्वविद्यालयों ने आनरेरी डिग्री प्रदान की।
- मदर टेरेसा अपने जीवन काल में 'गैलप्स मोस्ट एडमायर्ड मैन एंड वूमन पोल' में वह 18 बार चुनी गईं। विश्व की 10 सर्वाधिक प्रशंसित महिलाओं में वह अमरीकी लोगों द्वारा सर्वाधिक प्रशंसित रहीं। वह 1980 तथा 1990 के दशक में कई बार सर्वे में प्रथम स्थान पर रहीं।
- 1999 में 'गैलप्स लिस्ट ऑफ मोस्ट वाइडली एडमायर्ड पीपल ऑफ ट्वेन्टीयथ सेन्चुरी' में अमरीकी लोगों द्वारा वह प्रथम स्थान पर रहीं। विश्व भर में उन्हें प्रथम स्थान मिला जबकि दूसरे नम्बर पर रहने वाला व्यक्ति काफी अंतर से पीछे रहा।
- 19 अक्टूबर 2003 को पोप जॉन पॉल द्वितीय ने सेंट पीटर्स बजीलिका, रोम में उन्हें 'संत' घोषित कर दिया। इसे अभूतपूर्व उपलब्धि माना जाता है।

अल्वा मिरडाल

(Alva Reimer Myrdal)

1902-1986

नोबेल पुरस्कार : शांति, 1982

राष्ट्रीयता : स्वीडिश

अल्वा रीमर मिरडाल स्वीडिश समाजशास्त्री तथा राजनीतिज्ञ थीं जिन्हें 1982 का नोबेल पुरस्कार सहविजेता के रूप में मिला। पुरस्कार का आधा भाग अल्फोंसो गार्सिया रोबल्स को प्राप्त हुआ। उन्होंने स्वीडन में कल्याणकारी राज्य की स्थापना में पहल की।

आरम्भिक जीवन व शिक्षा

अल्वा रीमर का जन्म 31 जनवरी 1902 को उप्पसला में हुआ था। उनके पिता का नाम अल्बर्ट रीमर था और वह बिल्डिंग ठेकेदार थे। अल्वा ने उप्पसला और स्टोकहोम में शिक्षा प्राप्त की। 1924 में उन्होंने ग्रेजुएशन पूरा किया और उसी वर्ष उन्होंने गुन्नार मिरडाल से विवाह कर लिया जिनके साथ अल्वा सामाजिक कल्याण तथा वेलफेयर स्टेट का आइडिया विकसित कर रही थीं।

वैवाहिक जीवन

अल्वा पहली बार लोगों की निगाह में 1930 के दशक में आईं। वह स्वीडिश वेलफेयर स्टेट की कल्पना को साकार करने की भावना में अग्रणी थीं। उन्होंने गुन्नार मिरडाल के साथ अपनी पुस्तक 'क्राइसिस इन द पापुलेशन क्वेश्चन' (मौलिक रूप से स्वीडिश भाषा में) लिखी। इस पुस्तक में मुख्य रूप से इन मुद्दों को उठाया गया है कि व्यक्ति की स्वतन्त्रता (विशेषकर महिलाओं की) के लिए किन सामाजिक सुधारों की आवश्यकता है। साथ ही साथ स्वीडिश लोगों को बच्चों के जन्म के लिए प्रेरित किया गया है।

उनकी इस पुस्तक की वजह से स्वीडन की सरकार की जनसंख्या नीति प्रभावित हुई। सभी बच्चों की सही देखरेख के लिए दिशा निर्देश जारी किए गए। माता-पिता की आर्थिक स्थिति कैसी भी हो, बच्चों का लालन-पालन सही प्रकार होना चाहिए। अल्वा मिरडाल ने घर तथा स्कूल की समस्याओं की ओर लोगों का ध्यान आकृष्ट किया।

इसी कारण अल्वा को सोशल हाउसिंग की सरकारी समिति का सदस्य नियुक्त कर दिया गया। 1935 में उन्हें 'रायल पापुलेशन कमीशन' का सलाहकार नियुक्त किया गया। स्वीडिश कोआपरेटिव हाउसिंग सोसायटी की ओर से अल्वा ने नर्सरी और किंडरगार्टन ट्रेनिंग स्कूल अध्यापकों के लिए खुलवाए। वह बेहतर शिक्षा के लिए प्रयास करती रहीं। इसी कारण 1946 में उन्हें शिक्षा सुधार के लिए बने रॉयल कमीशन का सदस्य बना दिया गया।

इसके बाद उन्हें 'इंटरिम कमीशन ऑफ वर्ल्ड काउंसिल' का अध्यक्ष बनाया गया। उन्होंने स्वीडन की महिलाओं के राजनीतिक व आर्थिक आंदोलनों में महत्त्वपूर्ण भूमिका निभाई। 1935 से 1938 तक अल्वा मिरडाल ने लेबर पार्टी की महिला सदस्यों के लिए मासिक पत्रिका का संपादन किया। 1938 से 1947 तक वह बिज़नेस एंड प्रोफेशनल वूमन के अन्तरराष्ट्रीय संघ की उपाध्यक्ष रहीं।

उन्होंने 1937 में वास्तुविद स्वेन मार्केलियस के साथ स्टोकहोम का कोआपरेटिव 'कलेक्टिव हाउस' बनाया जिसमें उनका उद्देश्य महिलाओं को अधिक घरेलू स्वतन्त्रता प्रदान करना था।

अल्वा मिरडाल स्वीडिश सोशल डेमोक्रेटिक पार्टी की प्रमुख सदस्या थीं। 1943 में उन्हें युद्ध के बाद का कार्यक्रम तय करने के लिए पार्टी की कमेटी में नियुक्त कर दिया गया। इसी वर्ष उन्हें 'इन्टरनेशनल पोस्ट वार ऐड एंड रिकंस्ट्रक्शन' में सरकारी कमीशन नियुक्त कर दिया गया।

1949-1950 में अल्वा को संयुक्त राष्ट्र संघ की कल्याण नीति विभाग का

प्रमुख बना दिया गया। 1950 से 1955 तक अल्वा यूनेस्को के सामाजिक विज्ञान विभाग की चेयरमैन रहीं।

1955 में वह भारत में स्वीडन की राजदूत नियुक्त की गई। 1962 में वह जेनेवा निशस्त्रीकरण कांफ्रेस के लिए स्वीडन की प्रतिनिधि नामित की गई और 1973 तक स्वीडन की प्रतिनिधि बनी रहीं। 1962 में अल्वा संसद की सदस्या बनीं और 1967 में वह मंत्रिमंडल की सदस्य बन गईं और 1973 तक बनी रही। उन्हें विशेष रूप से निशस्त्रीकरण को बढ़ावा देने का कार्य सौंपा गया। कई वर्षों तक अल्वा संयुक्त राष्ट्र संघ की राजनीतिक कमेटी में अपने देश की प्रतिनिधि के रूप में रहीं।

जेनेवा (स्विट्ज़रलैंड) वार्ता में अल्वा निर्गुट देशों के समूह के नेता के रूप में उभरीं जिन्होंने दो बड़ी महाशक्तियों को निशस्त्रीकरण के साधन अपनाने के लिए दबाव बनाया। उनके जेनेवा में हुए अनुभवों को उन्होंने अपनी पुस्तक 'द गेम ऑफ डिस्आर्मामेंट' में प्रस्तुत किया है। इसमें उन्होंने अमेरिका तथा रूस की निशस्त्रीकरण के प्रति लापरवाही पर निराशा व्यक्त की है।

निशस्त्रीकरण के प्रति उनकी लगन के कारण ही उन्होंने स्टोकहोम इंटरनेशनल पीस रिसर्च इंस्टीट्यूट (सिपरी SIPRI) की स्थापना में सहयोग किया और 1966 में वह इसके गवर्निंग बोर्ड की प्रथम चेयरपर्सन बनी। उनकी अनेक पुस्तकों और लेखों में निशस्त्रीकरण कांफ्रेंस में की गई उनकी वार्ता का प्रभाव दृष्टिगोचर होता है।

नोबेल पुरस्कार

निशस्त्रीकरण की समर्थक होने के कारण ही उन्हें 1982 में शांति का नोबेल पुरस्कार प्रदान किया गया। उनके साथ उनके सहभागी रहे अल्फोंसो गार्सिया रोबल्स।

अल्वा को निशस्त्रीकरण का गहराई से ज्ञान हो गया था। कुशल विशेषज्ञों के सहयोग के कारण उन्होंने हथियार दौड़ के वैज्ञानिक तथा तकनीकी कारणों को बारीकी से समझ लिया था। निशस्त्रीकरण की गहरी समझ होने के कारण ही वह सिपरी के निर्माण में सक्रिय भाग ले सकी थीं तथा वार्ताओं में सही ढंग से भाग ले पाती थीं।

मिरडाल ने शांति प्रयास की दिशा में राष्ट्रीय व अन्तरराष्ट्रीय प्रयास किए। उन्होंने समानता, सामाजिक न्याय व जनसाधारण के कल्याण के लिए अंतरराष्ट्रीय स्तर पर कार्य किया। उन्हीं के प्रयासों से स्वीडन ने 1968 में अणु हथियारों का परित्याग कर दिया था। वह विश्व के देशों में हथियारों की दौड़ से चिंतित थी।

उन्हें अंतिम दिनों में हृदय रोग हो गया था, इस कारण ज़िंदगी के अंतिम दो वर्ष उन्होंने स्टाकहोम के अस्पताल में बिताए। फरवरी 1986 को 84 वर्ष की आयु में उनका निधन हो गया।

बारबरा मैक्लिंटॉक
(Barbara McClintock)
1902-1992

नोबेल पुरस्कार : चिकित्सा : शरीर विज्ञान, 1983
राष्ट्रीयता : अमरीकी

अमेरिकी वैज्ञानिक बारबरा मैक्लिंटॉक को 1983 का शरीर/औषधि विज्ञान का नोबेल पुरस्कार प्राप्त हुआ। वह विश्व की अति प्रतिष्ठित कोशिका वैज्ञानिकों में से एक थीं। वह 1944 में नेशनल एकेडेमी ऑफ सांइसेज़ की सदस्य चुनी गईं। उन्होंने मक्का के कोशिका विज्ञान पर अनुसंधान कार्य किया। 1940 व 1950 के दशकों में मैक्लिंटॉक ने पक्षान्तरण की खोज की और यह साबित किया कि किस प्रकार किसी भी चीज़ की बाहरी विशेषताओं में बदलाव का कारण उसके जीन्स या आनुवांशिक कारण होते हैं। उनकी इस खोज को अच्छी प्रकार से 1960 तथा 1970 के दशकों में समझा जा सका। मैक्लिंटॉक एकमात्र ऐसी महिला हैं जिन्हें औषधि विज्ञान का नोबेल पुरस्कार पूर्ण रूप से प्राप्त हुआ, सहविजेता के रूप में नहीं।

आरम्भिक जीवन व शिक्षा

बारबरा मैक्लिटॉक का जन्म 16 जून 1920 को अमेरिका के कनेक्टीकट के हर्टफोर्ड नामक स्थान पर हुआ था। वह थॉमस हेनरी मैक्लिटॉक तथा सारा हैंडी के चार बच्चों में तीसरी संतान थीं। वह बचपन से ही स्वतन्त्र विचारों वाली टामबॉय टाइप बालिका थीं। उनके पिता डॉक्टर थे। बारबरा 3 वर्ष की आयु से स्कूल जाने तक अपने अंकल आंटी के यहां ब्रुकलिन में रहीं ताकि इस बीच उनके पिता की डॉक्टरी ठीक प्रकार चल जाए और उनकी आर्थिक स्थिति अच्छी हो जाए। वह अपनी मां की अपेक्षा पिता के अधिक नज़दीक रहीं।

बारबरा की आरम्भिक शिक्षा ब्रुकलिन के इरासमस हाई स्कूल में हुई। उनकी हाई स्कूल में विज्ञान में रुचि जागृत हो गई और वह आगे की शिक्षा के लिए कार्नेल विश्वविद्यालय जाना चाहती थीं, परन्तु उनकी मां इसके खिलाफ थीं। उनका मानना था कि लड़कियों की ऊंची शिक्षा से विवाह में बाधाएं आती हैं। परिवार की आर्थिक स्थिति भी अच्छी नहीं थी। लेकिन उनके पिता उनका कॉलेज जाने का आग्रह मान गए।

1919 में बारबरा कार्नेल के कॉलेज ऑफ एग्रीकल्चर में पढ़ाई करने लगीं। उन्होंने वनस्पति विज्ञान पढ़ते हुए 1923 में बी.एससी. की। जब 1921 में वह विज्ञान पढ़ रही थीं तब उनकी आनुवांशिकी में रुचि जागृत हो गई। यह पाठ्यक्रम उस समय पौधों के विकास के विभाग के प्रोफेसर सी.बी. हचीसन द्वारा चलाया जा रहा था।

उस समय बहुत कम छात्र यह पाठ्यक्रम अपनाते थे। अधिकांश छात्र कृषि को अपना व्यवसाय बनाने के उद्देश्य से कृषि की पढ़ाई करते थे।

प्रो. हचीसन पौधों तथा आनुवांशिकी के बड़े वैज्ञानिक थे। वह बारबरा मैक्लिटॉक की इस ओर रुचि से प्रभावित हुए और उन्हें कार्नेल में आनुवंशिकी का पाठ्यक्रम करने के लिए आमंत्रित किया। बारबरा ने इसे स्वीकार किया, फिर वह जीवन-भर इसी से जुड़ी रहीं। यद्यपि उस वक्त ऐसी धारणा थी कि महिलाएं 'जेनेटिक्स' में कुछ खास नहीं कर सकतीं, परन्तु बारबरा ने 1925 में एम.ए. तथा 1927 में अपनी पीएच.डी. पूर्ण की। लेकिन उनकी यह डिग्रियां आधिकारिक तौर पर 'वनस्पति विज्ञान' में प्रदान की गईं।

अनुसंधान कार्य

अपनी स्नातक शिक्षा के दौरान बारबरा ने अपना एक ग्रुप तैयार कर लिया जो पौधों को उगाने की प्रक्रिया तथा कोशिका विज्ञान में रुचि रखता व अध्ययन करता था। इस ग्रुप में चार्ल्स आर. बर्नहम, मारकस रहोड्स जैसे कई व्यक्ति भी थे जिन्हें बाद

में जीन्स पर कार्य करने के लिए 1958 में नोबेल पुरस्कार मिला। बारबरा का कोशिका अनुसंधान इसी बात पर केन्द्रित रहा कि किस प्रकार मक्का के क्रोमोसोमूस को देखने व परखने की विधि विकसित की जाए। उन्होंने कारमाइन (किरमिज़) का प्रयोग करके एक तकनीक विकसित की जिनसे मक्का के क्रोमोसोम देखे जा सकते थे। तब उन्होंने पहली बार 10 मक्का के क्रोमोसोम की आकृति दिखाई। आकृति विज्ञान का अध्ययन करके बारबरा ने एक विशेष क्रोमोसोम का सम्बन्ध आनुवंशिकी से साबित किया।

1930 में बारबरा मैक्लिटॉक पहली व्यक्ति थीं जिन्होंने बताया कि अर्ध सूत्री विभाजन के दौरान सजातीय क्रोमोसोम का क्रास आकार में एडान-प्रदान होता है। 1931 में बारबरा और एक स्नातक छात्र हैरियट क्रीघटन ने यह सिद्ध कर दिखाया कि मक्का के गुण सूत्रों का अर्ध सूत्री विभाजन के प्रारंभिक स्तर पर गुण सूत्री क्रासिंग के दौरान सूचना और आनुवंशिक चीज़ों का एडान-प्रदान होता है। बारबरा ने 1931 में मक्का का प्रथम जेनेटिक नक्शा प्रकाशित कराया, इस सूचना से क्रासिंग का अध्ययन करने वालों को ज़रूरी जानकारी मिल सकती थी। उनके इन प्रकाशनों के कारण उन्हें 'नेशनल रिसर्च काउंसिल' की पोस्ट डॉक्टरेट फैलोशिप प्रदान की गई।

इसी फैलोशिप के कारण उन्हें कार्नेल में यूनोवर्सिटी ऑफ मिसौरी तथा कैलीफोर्निया इंस्टीट्यूट ऑफ टैक्नोलॉजी में अपना अध्ययन जारी रखने का मौका मिल गया जहां उन्होंने ई जी एंडरसन के साथ कार्य किया। 1931-1932 में उन्होंने मिसौरी में आनुवंशिकी विज्ञानी ल्यूइस स्टैडलर के साथ मिसौरी में कार्य किया।

1933-1934 के दौरान बारबरा को गुगेनहम फाउंडेशन की फैलोशिप मिल गई जिससे उन्हें जर्मनी में छह माह की ट्रेनिंग का मौका मिला। यूरोप में राजनीतिक उथल-पुथल के दौरान वह कार्नेल लौट गई और 1936 तक वहीं रहीं। तब उन्होंने यूनीवर्सिटी ऑफ मिसौरी कोलंबिया के वनस्पति विज्ञान की असिस्टेंट प्रोफेसर पद की नौकरी स्वीकार कर ली। मिसौरी में बारबरा ने अपने अनुसंधान को आगे बढ़ाते हुए मक्का के कोशिका विज्ञान पर एक्स रे के प्रभाव का अध्ययन किया। यहां वह 1936 से 1941 तक रहीं।

1941 में उन्हें कोल्ड स्प्रिंग हार्बर के जेनेटिक्स विभाग के डायरेक्टर द्वारा वहां कार्य करने के लिए आमंत्रित किया। उन्होंने कार्नेगी इंस्टीट्यूशन ऑफ वाशिंगटन के जेनेटिक्स विभाग की कोल्ड स्प्रिंग हार्बर लेबोरेटरी में स्टाफ के रूप में कार्य स्वीकार कर लिया, यहां वह 1942 से 1967 तक रहीं। 1944 में उन्होंने मक्का के बीज मोजेक कलर पैटर्न की विधि पर और अस्थिर आनुवंशिकी पर विधिवत अध्ययन किया। उन्होंने दो प्रमुख व प्रतिक्रियात्मक जेनेटिक्स की पहचान की जिनका नाम

उन्होंने डिसोसिएटर (डीसी) तथा एक्टीवेटर (एसी) रखा। उन्होंने निष्कर्ष निकाला कि डिसोसिएटर क्रोमोसोम को केवल तोड़ता ही नहीं बल्कि अपने-अपने आसपास की जींस को भी तरह-तरह प्रभावित करता है जहां एक्टीवेटर उपस्थित होता है। 1948 के आरम्भ में बारबरा ने आश्चर्यजनक खोज की कि डिसोसिएटर व एक्टीवेटर दोनों ही क्रोमोसोम पर अपना स्थान परिवर्तित कर सकते हैं।

1948 से 1950 के बीच बारबरा ने एक सिद्धान्त विकसित किया जिसमें सचल तत्त्व जींस के क्रियाकलापों को परिवर्तित अथवा निर्धारित करते हैं। उन्होंने एक्टीवेटर और डिसोसिएटर का 'कंट्रोलिंग यूनिट्स' का तथा बाद में 'कट्रोलिंग एलीमेन्ट्स' का नाम दिया। 1951 में उन्होंने कोल्ड स्प्रिंग हार्बर लेबोरेटरी के वार्षिक सिम्पोजियम में अपने जींस परिवर्तनशीलता के सिद्धान्त को प्रस्तुत किया। उनका कार्य थोड़ा भिन्न प्रकार का तथा मुश्किल था, अतः तत्कालीन विद्वानों द्वारा आसानी से समझा नहीं जा सका। लेकिन उन्होंने अपना अनुसंधान कार्य जारी रखा।

1957 में बारबरा मैक्लिटॉक को नेशनल साइंस फाउंडेशन तथा रॉकफैलर फाउंडेशन द्वारा दक्षिण अमेरिका में मक्का पर अनुसंधान करने के लिए स्पांसरशिप व धनराशि मिल गई, जहां मक्का की कई उन्नत किस्में उपलब्ध हैं। 1960 के दशक के अंत में तथा 1970 के दशक के प्रारंभ में बारबरा को बैक्टीरिया और खमीर में प्रक्रिया की खोज का श्रेय दिया गया लेकिन इस बीच बैक्टीरिया के अनुवांशिक बैक्टीरिया की खोज हो गई थी तथा एक्टीवेटर और डिसोसिएटर के क्लोनिंग वैज्ञानिकों द्वारा तैयार की जा चुकी थी।

नोबेल पुरस्कार

1983 में बारबरा मैक्लिटॉक को शरीर/औषधि विज्ञान के क्षेत्र में नोबेल पुरस्कार प्रदान किया गया। यह पुरस्कार उन्हें आनुवंशिक प्रक्रिया के स्थान परिवर्तन की खोज के लिए दिया गया जबकि वास्तव में उन्होंने यह खोज तीन दशक पूर्व कर ली थी।

सम्मान व अन्य पुरस्कार :

- 1947 में बारबरा को एसोसिएशन ऑफ यूनीवर्सिटी वीमेन की ओर से 'अचीवमेंट अवार्ड' दिया गया।
- 1957 में बॉटेनिकल सोसाइटी ऑफ अमेरिका की ओर से उन्हें 'मेरिट अवार्ड' प्रदान किया गया।
- 1967 में नेशनल एकेडमी ऑफ सांइसेज ने उन्हें 'किम्बर जेनेटिक्स अवार्ड' दिया।
- 1970 में 'नेशनल मेडल ऑफ सांइस' रिचर्ड निक्सन द्वारा प्रदान किया

गया।

- ☆ कोल्ड स्प्रिंग हार्बर ने उनके सम्मान में 1973 में एक बिल्डिंग का नाम उनके नाम पर रखा।
- ☆ 1978 में उन्हें 'ल्यूइस एस रोजेन्शियल अवार्ड' तथा 'द लुई बर्ट फ्रीमैन फाउंडेशन अवार्ड' मिले।
- ☆ अमेरिका की जेनेटिक्स सोसायटी द्वारा 18 अगस्त 1980 को उन्हें सम्मानित किया गया।
- ☆ 1981 में उन्हें ये पुरस्कार मिले : थामस हंट मार्गन मेडल, वुल्फ प्राइज़ (औषधि) अल्बर्ट लस्कर बेसिक मेडिकल रिसर्च अवार्ड, मैक आर्थर प्राइज़ फैलो लारेट पुरस्कार।
- ☆ 1982 में बारबरा को 'लुईसा हार्विट्स प्राइज़' वनस्पति विज्ञान के लिए तथा 'चार्ल्स लियोपोल्ड मायर प्राइज़', (फ्रांस) मिला।
- ☆ वह कई संस्थाओं की आनरेरी सदस्य बनाई गईं–सोसायटी फॉर डेवलपमेंटल बायोलॉजी (1981), द जेनेटिक सोसायटी, ग्रेट ब्रिटेन (1982)।
- ☆ उन्हें 14 आनरेरी डिग्री 'डाक्टर ऑफ सांइस' तथा 'आनरेरी डाक्टर ऑफ ह्यूमन लैटर्स' प्रदान की गई। आनरेरी डिग्री देने वाले कुछ विश्वविद्यालयों व संस्थाओं के नाम हैं–रोचेस्टर यूनीवर्सिटी (1947), मिसौरी यूनीवर्सिटी (1968), रॉकफैलर यूनीवर्सिटी (1979), हार्वर्ड यूनीवर्सिटी (1979), येल व क्रैम्ब्रिज यूनीवर्सिटी (1982) तथा न्यूयार्क यूनीवर्सिटी (1983)।
- ☆ 1983 में बारबरा मैक्लिंटॉक को औषधि विज्ञान का नोबेल पुरस्कार प्रदान किया गया।
- ☆ 1986 में उन्हें 'नेशनल वीमेन्स हॉल ऑफ फेम' में शामिल किया गया।
- ☆ 1989 में वह रॉयल सोसायटी की विदेशी सदस्य चुनी गईं।
- ☆ 1993 में उन्हें अमेरिका फिलास्फीकल सोसायटी का बेजामिन फ्रैंकलिन मेडल दिया गया।
- ☆ 1989 में स्वीडन में 8 नोबेल पुरस्कार विजेताओं पर 4 डाक टिकट निकाले गए जिनमें बारबरा का चित्र भी था। 2005 में अमेरिकी वैज्ञानिकों पर 4 डाक टिकट निकाले गए, जिनमें बारबरा का चित्र था।

बारबरा मैक्लिंटॉक ने विवाह नहीं किया। 2 सितम्बर 1992 को 90 वर्ष की आयु में न्यूयार्क में उनका देहान्त हो गया।

रीटा लेवी मोंटालसिनी

(Rita Levi Montalcini)

1909–

नोबेल पुरस्कार : चिकित्सा : शरीर विज्ञान, 1986

राष्ट्रीयता : इटैलियन

इटालियन न्यूरोलॉजिस्ट रीटा लेवी मोंटालसिनी (इटालियन उच्चारण) आज तक की सर्वाधिक आयु तक जीने वाली नोबेल पुरस्कार विजेता हैं। वह 102 वर्ष की हैं। उन्हें अपने सहयोगी स्टेनली कोहेन के साथ 1986 का औषधि/शरीर विज्ञान का नोबेल पुरस्कार प्राप्त हुआ। उन्हें यह पुरस्कार उन खोजों के लिए प्राप्त हुआ जो कोशिकाओं और इन्द्रियों के विकास की तकनीक को समझने में मदद करती है।

रीटा लेवी 2001 से इटली की सीनेटर बनाई गई हैं और जीवनपर्यन्त वह सीनेटर (सीनटेर फॉर लाइफ) बनी रहेंगी। वह 100 वर्ष पूरे करने वाली एकमात्र नोबेल पुरस्कार विजेता हैं। 22 अप्रैल 2009 को उनकी सौंवी जन्मदिन पार्टी रोम के सिटी हाल में आयोजित की गई थी।

आरम्भिक जीवन व शिक्षा

रीटा लेवी का जन्म इटली के ट्यूरिन में अपनी जुड़वां बहन पाओला के साथ 22 अप्रैल 1909 को यहूदी परिवार में हुआ था। उनके पिता एडामो लेवी इलेक्ट्रीकल इंजीनियर तथा जन्मजात गणितज्ञ थे। उनकी मां अवेले मोंटालसिनी एक पेंटर थीं। वह अपने माता-पिता की चौथी संतान थीं। रीटा ने अपने नाम के साथ मां का नाम जोड़ लिया था।

रीटा लेवी ने अपने किसी रिश्तेदार को कैंसर से मरते देखा तो उन्होंने डाक्टर बनने का निर्णय लिया। उनके परिवार में बहुत ही अच्छा माहौल था। माता-पिता शिक्षित व बुद्धिजीवी थे। लेकिन उस समय सभी परिवारों में प्रायः पारिवारिक निर्णय पिता या पति ही लेते थे। अतः उनके पिता का कहना था कि लड़कियों का प्रोफेशनल कैरियर उनके पत्नी या मां के दायित्व में बाधक होता है अतः उनकी तीनों बहनों पाओला, अन्ना व रीटा को यूनीवर्सिटी शिक्षा या प्रोफेशनल कैरियर नहीं अपनाना चाहिए। उनका भाई जीनो ट्यूरिन यूनीवर्सिटी में प्रोफेसर व बड़ा आर्किटेक्ट था।

चूंकि उनकी बहन पाओला में कलात्मक गुण थे अतः उन्हें पेंटिंग करने से कभी नहीं रोका गया। लगभग 20 वर्ष की आयु में रीटा को महसूस हुआ कि उनके लिए महिला के रूप में साधारण जीवन बिताना सम्भव नहीं। अतः 1930 में उन्होंने ट्यूरिन मेडीकेल स्कूल में प्रवेश ले लिया। 1936 में मेडिसिन सर्जरी में ग्रेजुएशन पूर्ण करने के बाद वह गुसेप लेवी की असिस्टेंट बन कर कार्य करने लगीं। साथ ही उन्होंने 3 वर्ष के लिए न्यूरोलॉजी व मनोविज्ञान में विशेषज्ञता के लिए नामांकन भर दिया। लेकिन 1938 में बेनीतो मुसोलिनी ने जातिवाद के नाम पर यहूदियों के शैक्षिक व प्रोफेशनल कैरियर पर कानूनी रोक लगा दी।

वह कुछ समय तक ब्रसेल्स के न्यूरोलॉजिकल इंस्टीट्यूट में रहीं। वहां जर्मन सेना के आक्रमण की आशंका को देख वह ट्यूरिन वापस लौट गईं। 1940 में वह अपने परिवार के साथ आ गईं। अब उनके पास दो ही रास्ते थे कि या तो वह अमेरिका चली जाएं या फिर घर पर ही रहकर कार्य करें जहां बाहर से संपर्क न रखना पड़े। तब परिवार ने उन्हें घर में ही रहने की सलाह दी और घर पर ही छोटी प्रयोगशाला बन गई। तब उनकी प्रेरणा विक्टर हैम्बर्गर का 1934 में छपा लेख था जिसमें चूजों पर प्रयोग की रिपोर्ट छपी थी। तब तक गुसेव लेवी भी बेल्जियम से वापस आकर उनके साथ शामिल हो गए। वह चूजों की कोशिकाओं व नसों पर परीक्षण करती रहीं जो बाद में उनके लिए महत्त्वपूर्ण साबित हुआ।

1943 में उनका परिवार बमबारी के कारण दक्षिण फ्लोरेंस चला गया, वहां भी उन्होंने प्रयोगशाला स्थापित कर ली। 1945 में युद्ध समाप्ति पर उनका परिवार ट्यूरिन लौट आया।

सितम्बर 1946 में सेंट लुई के वाशिंगटन विश्वविद्यालय के प्रो. विक्टर हैम्बर्गर का उन्हें आमंत्रण मिला जिसे उन्होंने स्वीकार कर लिया। वह वहां चली गई। बाद में वह 30 वर्ष तक वहां रही और अपना सभी महत्त्वपूर्ण कार्य वहीं किया। यहां उन्होंने 1952 में 'नर्व ग्रोथ फैक्टर' (NGF-कोशिका विकास तथ्य) का अध्ययन करके पाया कि कैंसर वाली कोशिकाओं का तेज़ी से विकास होता है। 1958 में उन्हें प्रोफेसर बना दिया गया। 1962 में रीटा ने रोम में भी एक अनुसंधान प्रयोगशाला खोल ली। फिर बाकी जीवन सेंट लुई और रोम के बीच बिताया।

1961 से 1969 तक रीटा रोम के न्यूरोबायोलॉजी रिसर्च सेंटर की डायरेक्टर रहीं और 1969 से 1978 तक सेलुलर बायोलॉजी लेबोरेटरी की डायरेक्टर रहीं। उन्होंने 'यूरोपियन ब्रेन रिसर्च इंस्टीट्यूट' की स्थापना की। इस संस्था में उनकी कार्यविधि के बारे में काफी आलोचना भी हुई।

सीनेटर के रूप में कार्य

1 अगस्त 2001 को रीटा लेवी मोंटालसिनी को 'सीनेटर फॉर लाइफ' नियुक्त किया गया। उन्हें इटली के राष्ट्रपति कार्लो अजेगलिओ सिएम्पी द्वारा सीनेटर नियुक्त किया गया। 28-29 अप्रैल 2006 को रीटा लेवी ने 97 वर्ष की आयु में असेम्बली के सेशन में भाग लिया। वह सबसे अधिक आयु तक जीवित रहने वाली नोबेल विद्वान हैं, यद्यपि उन्हें अब बहुत कम सुनाई व दिखाई देता है। 17 जनवरी को वह रोम के धर्म स्थल पर उपस्थित थीं जब पोप बेनेडिक्ट XVI आए थे।

लेवी मोंटालसिनी ने विवाह नहीं किया। वह रोम में अपनी जुड़वां बहन पाओला लेवी के साथ रहती रही हैं। वह रोम की प्रयोगशाला में युवा वैज्ञानिकों की मदद करती रहीं हैं और इटली में विज्ञान के विकास में सक्रिय रही हैं। वह इटली तथा अमेरिका दो देशों की नागरिक हैं। उनकी बहन पाओला का 2000 में निधन हो गया। उन दोनों बहनों पर 1995 में विज्ञान डाक्यूमेंटरी 'डेथ बाय डिजाइन' बनी थी।

नोबेल पुरस्कार व अन्य सम्मान

प्रारम्भ में उनका एन जी एफ का फार्मूला लोगों को आसानी से नहीं पचा। फिर 1986 में उन्हें शरीर/औषधि विज्ञान का नोबेल पुरस्कार कोहेन के साथ प्राप्त हुआ। उनकी एन जी एफ की खोज को आश्चर्यजनक माना गया और कहा गया कि वह एक ऐसा उदाहरण है कि कैसे एक कुशल अवलोकनकर्ता गड़बड़ी में से एक नया फार्मूला निकाल सकता है।

- ☆ 1968 में वह 'यूनाइटेड स्टेट्स नेशनल एकेडेमी ऑफ सांइसेज' की सदस्य चुनी जाने वाली 10वीं महिला थीं।
- ☆ 1974 में उन्होंने 'नेशनल पेराप्लेजिक फाउंडेशन' का 'विलियम थाम्सन वैकमेन' पुरस्कार मिला।
- ☆ 1983 में उन्हें कोलंबिया यूनीवर्सिटी द्वारा 'लुइसा ग्रॉस हार्विट्स पुरस्कार' दिया गया। उनके सह विजेता थे स्टेनली कोहेन (जो औषधि नोबेल पुरस्कार में भी 1986 में उनके सहविजेता थे) तथा स्टेनली हैम्बर्गर।
- ☆ 1986 में रीटा लेवी को औषधि विज्ञान का नोबेल पुरस्कार सहविजेता के रूप में प्राप्त हुआ। वह इटली की चौथी नोबेल विजेता रहीं।
- ☆ 1986 में उन्हें 'अल्बर्ट लस्कर अवार्ड' प्राप्त हुआ।
- ☆ 1987 में उन्हें अमेरिकी वैज्ञानिक पुरस्कार 'नेशनल मैडल ऑफ साइंस' दिया गया।
- ☆ 1999 में यूनाइटेड नेशन्स फूड एंड एग्रीकल्चर संगठन (FAO) की वह 'सद्भावना दूत' नामित की गईं।
- ☆ 2001 में वह 'सीनेटर फॉर लाइफ' नामित की गईं।
- ☆ 2006 में रीटा लेवी को अपने पैतृक शहर की पोलीटेक्नीक यूनीवर्सिटी ऑफ ट्यूरिन की ओर से 'आनरिस कॉजा इन बायोमेडीकल इंजीनियरिंग' की डिग्री प्रदान की गई।
- ☆ 2008 में उन्हें स्पेन की कम्प्लूटेंस यूनीवर्सिटी ऑफ मैड्रिड की ओर से आनरेरी पीएचडी प्रदान की गई।
- ☆ वह 'सिटा डेला साइंजा' की संस्थापक सदस्य हैं।
- ☆ वह अन्य अनेक प्रतिष्ठित संस्थाओं की सदस्या हैं-हार्वे सोसायटी, अमेरिकन एकेडेमी ऑफ आर्ट एंड साइंसेज़ बेल्जियम रायल अकादमी ऑफ मेडिसिन, नेशनल एकेडेमी ऑफ साइंसेज़ ऑफ इटली, यूरोपियन एकेडेमी ऑफ साइंसेज़।

जरट्रूड बेले ईलियन

(Gertrude Belle Elion)

1918-1999

नोबेल पुरस्कार : चिकित्सा : शरीर विज्ञान, 1988
राष्ट्रीयता : अमरीकी

जरट्रूड बेले ईलियन अमेरिकी रसायनशास्त्री तथा औषधि विज्ञानी थीं। उन्होंने अकेले तथा जार्ज एच हिचिंग्स के साथ मिल कर दवाएं विकसित कीं जिनसे अनेक रोगों का इलाज सम्भव हो सका। इन्हीं दवाओं की नई अनुसंधान पद्धति से ही बाद में एड्स जैसी बीमारी की दवा बनाई जा सकी है। नोबेल कमेटी ने 1986 में उन्हें उनकी खोजों के व्यावहारिक महत्त्व के कारण सम्मानित किया। उन्होंने 45 पेटेन्ट तथा 23 आनरेरी डिग्री हासिल कीं।

आरम्भिक जीवन व शिक्षा

जरट्रूड बेले का जन्म न्यूयार्क में 23 जनवरी 1918 को हुआ था। उनके माता-पिता दोनों प्रवासी अमेरिकी थे। उनके पिता लिथुआनिया से आए थे जब वह 12 वर्ष

के थे। वह अमेरिका में पढ़ाई करके दंत चिकित्सक बन गए। उनकी मां पोलैंड से 15 वर्ष की आयु में अमेरिका आ गई थीं। जब बेले 7 वर्ष की थीं तब उनका परिवार मैनहट्टन से ब्रांक्स चला गया। वहीं उनका भाई भी उनके साथ ही स्कूल जाता था। 12 वर्ष की आयु तक वह दो बार अपनी कक्षा से अगली कक्षा में प्रमोट कर दी गईं।

1937 में उन्होंने हंटर कॉलेज से रसायनशास्त्र में स्नातक किया। उन्हें महसूस हुआ कि उनका परिवार अच्छी आर्थिक स्थिति में नहीं है, वह नौकरी तलाश करने लगीं। वह वैज्ञानिक बनना चाहती थीं लेकिन कोई भी उनके निर्णय के बारे में गम्भीरता से नहीं सोचता था। उनके सभी परिचित उनके बारे में यही कहने लगे कि वह रसायन शास्त्री क्यों बनना चाहती हैं। दुनिया में कोई भी महिला यह कार्य नहीं करती। क्या उसके बिना दुनिया का काम नहीं चलेगा?

वह बचपन से ही ज्ञान की प्यासी थीं। उन्हें हर विषय में पढ़ना व उससे आगे का ज्ञान प्राप्त करना अच्छा लगता था। उनके बचपन में उनके दादा की मृत्यु कैंसर से हो गई। उन्होंने महीनों तक उन्हें दर्द से तड़पते देखा, तब उनके दिमाग में आया कि उन्हें वैज्ञानिक बनना चाहिए, विशेष रूप से रसायन शास्त्री ताकि वह कैंसर जैसी बीमारियों का इलाज ढूंढ सकें।

1937 में ग्रेजुएशन के पश्चात् उन्होंने स्वयं को व्यस्त रखने के लिए एक केमिस्ट के यहां कार्य शुरू कर दिया। इन्हीं दिनों उन्होंने मास्टर ऑफ साइंस कोर्स (M.Sc.) करने का निश्चय किया और 1941 में न्यूयार्क विश्वविद्यालय से पोस्ट ग्रेजुएशन पूरा कर लिया। अपनी स्नातक शिक्षा के दौरान उन्होंने अपना खर्च चलाने के लिए हाई स्कूल में रसायन शास्त्र व भौतिक शास्त्र पढ़ाना शुरू कर दिया जिसके लिए उन्हें 7.50 डालर प्रतिदिन मिलते थे। लड़की होने के कारण उन्हें रिसर्च के लिए कहीं सीट नहीं मिली तब उन्होंने अध्यापन के साथ ही लैब असिस्टेंट का कार्य भी किया। फिर वह बरोह वेलकम फार्मेसी कम्पनी के जार्ज एच हिचिंग्स के साथ असिस्टेंट के रूप में कार्य करने लगीं (इस कम्पनी का नाम अब ग्लैक्सो स्मिथ क्लाइन है)। उन्होंने पीएच.डी. की डिग्री कभी हासिल नहीं की, लेकिन पोलीटेक्नीक न्यूयार्क यूनीवर्सिटी ने उन्हें 1989 में आनरेरी पीएच.डी. की डिग्री प्रदान की और 1998 में हार्वर्ड यूनीवर्सिटी ने उन्हें आनरेरी एस.डी. डिग्री प्रदान की।

उनको कार्य करने का पहला मौका तब मिला जब द्वितीय विश्वयुद्ध में अमेरिका भी शामिल हो गया। चूंकि उस समय पुरुषों की कमी हो गई, तब महिलाओं को रोज़गार प्राप्त होने लगा। जरट्रूड को भी विश्लेषक रसायनशास्त्री के रूप में नौकरी प्राप्त हो गई। उनके कार्यों में अचार की एसिडिटी तथा मेयोनीज का रंग जांचना तक शामिल था। कुछ ही समय में वह इन कार्यों से ऊब गईं और कोई अच्छा

कार्य तलाशने लगीं। तब उन्होंने बरोह वेलकम में कार्य शुरू किया जहां जीव रसायनशास्त्री जार्ज हिचिंग्स कार्य कर रहे थे। वहां जरट्रूड ने अनेकों बीमारियों, डीएनए व उनसे सम्बन्धित इलाज पर कार्य आरम्भ किया। वहां पर वह जैव वैज्ञानिक के रूप में 1944 से कार्य करने लगीं। बरोह वेलकम में जरट्रूड ने 39 वर्षों तक कार्य किया और 1967 में प्रयोग थेरेपी विभाग की अध्यक्षा बन गईं। 1970 में वह रिसर्च ट्रायंगल में चली गईं। कुछ समय वह ड्यूक यूनीवर्सिटी में रिसर्च प्रोफेसर रहीं।

कोशिश और गलती के सिद्धान्त पर विश्वास करने की बजाय जरट्रूड और हिचिंग्स ने जीव रसायनशास्त्र के अंतर को प्रयोग किया जो सामान्य मानव कोशिकाओं और पैथेजीसं (बीमारी पैदा करने वाले कारण) के बीच होता है। इस अंतर का प्रयोग उन्होंने उन दवाओं के निर्माण में किया जिनसे बीमारी पैदा करने वाले कारणों को या तो नष्ट किया जा सकता था या फिर उनका पुनर्निमाण बंद हो सकता था और जिनसे मुख्य कोशिकाओं को कोई नुकसान नहीं पहुंचता था।

अनुसंधान कार्य

- ☆ अजाथियो प्रीन (Azathio prine,-Imaran) जिसे अंग-प्रत्यारोपण में प्रयोग किया जाता है। यह प्रथम इम्यूनो सप्रेसिव एजेंट है।
- ☆ एलोप्यूरीनाल (Allopurinol-Zyloprlm) गठिया इलाज के लिए।
- ☆ पायरीमेथामाइन (Pyrimethamine-Daraprim) मलेरिया की दवा।
- ☆ ट्रिमेथोप्रिम (Trimethoprim-Septra) जिससे मोनेनजाइटिस, रक्त विषयन, बैक्टीरिया इंफेक्शन, पेशाब तथा श्वास-सम्बन्धी तकलीफों का इलाज होता है।
- ☆ एकायक्लोविर (Acyclovir-Zovirax) जिससे हरपीज नामक त्वचा रोग का इलाज सम्भव है।

1988 में जरट्रड बेले ईलियन को हिचिंग्स तथा सर जेम्स ब्लैक के साथ औषधि विज्ञान का नोबेल पुरस्कार दिया गया।

जरट्रूड को खाली वक्त में फोटोग्राफी, संगीत, पहाड़ों की यात्रा का शौक था और रसभरी खाना अच्छा लगता था। उन्होंने विवाह नहीं किया। 81 वर्ष की आयु में 21 फरवरी 1999 को जरट्रूड बेले ईलियन की मृत्यु हो गई।

उस दिन रविवार को वह प्रतिदिन की भांति सैर को गई थीं लेकिन वह उसके बाद घर नहीं लौट सकीं। वह गिर पड़ीं और उन्हें नाथ कैरोलिना अस्पताल ले जाया गया, जहां उन्होंने अंतिम सांस ली।

पुरस्कार व अन्य सम्मान

नोबेल पुरस्कार के अतिरिक्त उन्हें निम्न पुरस्कार मिले :

- ☆ अमेरिकन केमीकल सोसायटी की ओर से उन्हें 1968 में 'गार्वन ओलिव मेडल' प्रदान किया गया।
- ☆ 1970 में हंटर कालेज ने उन्हें 'प्रेसीडेन्ट्स मेडल' प्रदान किया।
- ☆ 1983 में मेमोरियल स्लोअन केटरिंग इंस्टीट्यूट की ओर से उन्हें 'जड अवार्ड' दिया गया।
- ☆ 1984 में अमेरिकन एसोसिएशन फॉर कैंसर सेंटर ने उन्हें 'कैन अवार्ड' दिया।
- ☆ 1988 में उन्हें औषधि विज्ञान का नोबेल पुरस्कार प्रदान किया गया।
- ☆ 1990 में जरट्रूड को 'अर्नेस्ट डब्ल्यू बर्टनर मेमेरियल अवार्ड' एम. डी. एन्डरसन कैंसर सेंटर की ओर से दिया गया।
- ☆ 1990 में ही अमेरिकन कैंसर सोसायटी की ओर से उन्हें 'मेडल ऑफ आनर' प्रदान किया गया।
- ☆ वह 1990 में नेशनल एकेडेमी ऑफ साइंसेज़ की सदस्य चनी गईं।
- ☆ 1991 में राष्ट्रपति जार्ज बुश ने उन्हें 'नेशनल मेडल ऑफ साइंस' प्रदान किया।
- ☆ 1991 में 'नेशनल इन्वेन्टर्स हाल ऑफ फेम' में उनका नाम शामिल किया गया। इसमें शामिल होने वाली वह प्रथम महिला थीं।
- ☆ 1991 में इंस्टीट्यूट ऑफ मैडिसिन की सदस्य चुनी गईं। वह अन्य कई संस्थाओं की सम्मानित सदस्य थीं-अमेरिकन एकेडेमी ऑफ फार्मेसिऊटीकल साइंटिस्ट की फैलो, एकेडेमी ऑफ आर्ट एंड साइंस की सदस्य, रॉयल सोसायटी की विदेश सदस्य, स्पेनिश एकेडेमी ऑफ डर्माटॉलॉजी की सदस्य रहीं।
- ☆ 1997 में जरट्रूड को 'लेमेलसन-एमआईटी लाइफटाइम अचीवमेंट अवार्ड' प्राप्त हुआ।
- ☆ उन्हें 23 आनरेरी डिग्री प्राप्त हुईं।

आंग सान सू की

(Aung San Suu Kyi)

1945–

नोबेल पुरस्कार : शांति, 1991
राष्ट्रीयता : ब्रिटिश/म्यांमार

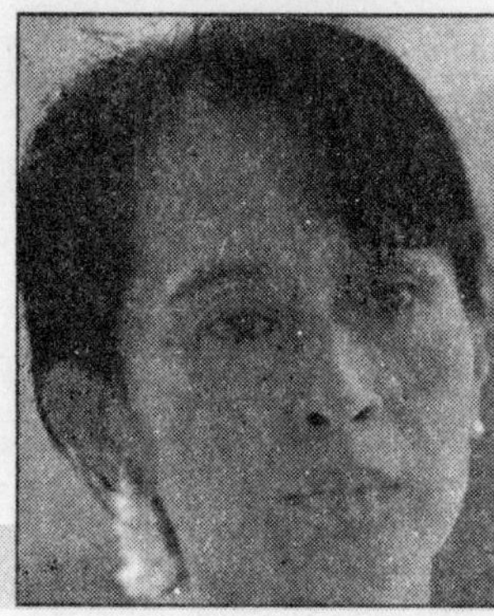

आंग सान सू की बर्मा की विपक्षी पार्टी की नेता हैं और नेशनल लीग फार डेमोक्रेसी की महासचिव हैं। वह पिछले 21 वर्षों में (20 जुलाई 1989 से 13 नवम्बर 2010 तक) लगभग 15 वर्ष तक घर में नजरबन्द यानी कैदी बनाकर रखी गईं हैं। 1990 के आम चुनावों में उनकी पार्टी नेशनल ने 485 में से 392 सीटें जीत ली थीं।

आंग सान सू की को उनके शांति प्रयासों के लिए अनेक अन्तरराष्ट्रीय पुरस्कार प्राप्त हो चुके हैं।

आरम्भिक जीवन व शिक्षा

आंग सान सू की के पिता आंग सान बर्मा इन्डिपेंडेंस आर्मी के कमांडर थे तथा

मां डॉ खिन की रंगून जनरल अस्पताल में सीनियर नर्स थीं, जहां आंग सान ने युद्ध के बाद अपना इलाज कराया था। 19 जून 1945 को आंग सान सू की का जन्म रंगून में हुआ था। रंगून का नाम अब यंगोन है।

आंग सान सू की के नाम में 'आंग सान' पिता का नाम 'सू' दादी का नाम तथा 'की' नाम मां से मिल गया था। 'सू' शब्द सप्ताह के उस दिन का नाम भी है जिस दिन उनका जन्म हुआ था।

आंग के पिता आंग सान ने माडर्न बर्मीज आर्मी की स्थापना की थी और 1947 में अंग्रेजी राज्य से बर्मा की स्वतंत्रता का युद्ध लड़ रहे थे। 1948 में बर्मा स्वतंत्र गणराज्य बन गया। तब 1948 में वह चुनाव जीत गए लेकिन उसी वर्ष उनके प्रतिद्वन्द्वियों द्वारा उनकी हत्या कर दी गई। 2 वर्षीय आंग सान का पालन-पोषण अपने ही भाइयों के साथ मां द्वारा किया गया। उनके एक भाई लिन की मृत्यु 8 वर्ष की आयु में हो गई जब वह घर के बाहर बनी लेक में डूब गया। उनका बड़ा भाई 'ओ ओ' कैलीफोर्निया में अमेरिकी नागरिक है। लिन की मृत्यु के पश्चात् उनका परिवार इन्या लेक के घर में चला गया जहां आंग सान को भिन्न पृष्ठभूमि, भिन्न विचारों व भिन्न धर्मों के लोगों से मिलने का मौका मिला।

उनकी आरम्भिक शिक्षा मेथोडिस्ट इंग्लिश हाई स्कूल में बर्मा में ही हुई। उनमें बचपन से ही विभिन्न भाषाएं सीखने की योग्यता थी। वह थेरवडा बौद्ध धर्म अनुयायी हैं।

1948 में जब बर्मा स्वतंत्र गणराज्य बन गया तब आंग सू की मां खिन की नई बर्मा सरकार में बड़ी राजनीतिक हस्ती के रूप में उभरीं। वह अनेक सामाजिक योजनाओं व सामाजिक नीति संस्थाओं की अध्यक्षा बन गईं। 1960 में खिन की भारत में राजदूत बनकर आईं और उनके साथ आंग सान सू भी आ गईं। उन्होंने दिल्ली के जीसस एंड मेरी स्कूल में शिक्षा प्राप्त की और लेडी श्रीराम कॉलेज से स्नातक शिक्षा पूर्ण की। उन्होंने 1964 में राजनीति शास्त्र में ग्रेजुएशन किया। इसके बाद पुनः अपनी शिक्षा जारी रखते हुए ऑक्सफोर्ड के सेंट हयग कॉलेज से दर्शन शास्त्र, राजनीति शास्त्र तथा अर्थशास्त्र में 1969 में बी.ए. किया।

इसके बाद वह न्यूयार्क (अमेरिका) में अपने पारिवारिक मित्र के यहां रहने चली गईं और यूएन में 3 वर्ष तक कार्य किया। वह विशेष रूप से बजट सम्बन्धी विषयों पर कार्य करती थीं। वहीं उनकी मुलाकात डॉ. माइकेल एरिस से हुई। वह तिब्बती संस्कृति से जुड़े विद्वान थे और भूटान में रहते थे। आंग सान ने 1972 में उनसे विवाह कर लिया। उन्होंने अगले वर्ष अपने प्रथम पुत्र अलेक्ज़ेंडर को लंदन में जन्म दिया। उनका दूसरा बेटा किम 1977 में पैदा हुआ।

साथ ही साथ उन्होंने अपनी पढ़ाई जारी रखते हुए 1985 में लंदन यूनीवर्सिटी

के स्कूल ऑफ ओरएिंटल एंड अफ्रीकन स्टडीज़ से पीएच.डी. पूरी कर ली। वह 1990 में आनरेरी फैलो चुनी गईं। वह दो वर्ष तक शिमला के इंडियन इंस्टीट्यूट ऑफ एडवांस्ड स्टडीज़ की फैलो रहीं। वह बर्मा की सरकार के कार्य भी करती रहीं।

1988 में आंग सान सू अपनी बीमार मां की देखभाल के लिए बर्मा लौट गई। बाद में वह यहां के लोकतंत्र स्थापना के आंदोलन से जुड़ गई। एरिस की 1995 के क्रिसमस पर आंग सान सू से अंतिम मुलाकात हुई, उसके बाद बर्मा की तानाशाही सरकार ने उन्हें वीजा देने से इंकार कर दिया। एरिस को 1997 में प्रोस्टेट कैंसर का पता लगा। विश्व की महान हस्तियों जैसे संयुक्त राष्ट्र सचिव कोफी अन्नान, पोप जॉन पॉल द्वितीय ने एरिस को बर्मा का वीजा दिए जाने की अपील की, लेकिन बर्मा सरकार ने यह कहकर वीज़ा देने से इंकार कर दिया कि उनके पास इस बीमारी के इलाज की सुविधा नहीं है। आंग सान को नज़रबन्दी से छूट देकर देश से बाहर मिलने की इज़ाज़त दी गई लेकिन उन्हें अपनी सरकार पर विश्वास नहीं था कि वह बर्मा में वापसी कर सकेंगी, अतः वह नहीं गईं।

1999 में एरिस की मृत्यु हो गई, जबकि आंग सान सू घर में नज़रबंद थीं। उनके दोनों बच्चों को भी उनसे अलग कर दिया गया। आखिरकार 2011 में उनके बच्चों की (लंदन वासी) उनसे बर्मा में मुलाकात हुई। 2 मई 2008 को बर्मा में नर्गिस तूफान आया जिसमें आंग सान सू की घर की छत उड़ गई। उन्हें अंधेरे में मोमबत्तियों के सहारे रहना पड़ा, क्योंकि सरकार ने उन्हें जेनेरेटर नहीं दिया। 13 नवम्बर 2010 को उन्हें घर की नज़रबन्दी से मुक्त कर दिया गया।

राजनीतिक जीवन व नज़रबन्दी

आंग सान सू जब 1988 में अपनी मां की देखभाल के लिए बर्मा लौटीं, तभी संयोगवश बर्मा के मिलिटरी शासक जनरल नेविन ने त्यागपत्र दे दिया और लोकतंत्र की स्थापना के लिए प्रदर्शन होने लगे। 8 अगस्त 1988 (8-8-88) का दिन शुभ मानकर उस दिन खूब प्रदर्शन हुए। आंग सान ने लगभग 5 लाख लोगों के सामने भाषण दिया और लोकतांत्रिक सरकार की मांग की। तब 'नई मिलिटरी जनता' की सरकार बन गई और वह सत्ता में आ गईं।

आंग सान महात्मा गांधी की अहिंसा से व बौद्ध विचारधारा से प्रभावित थीं। उन्होंने 27 सितम्बर 1988 को 'नेशनल लीग फॉर डेमोक्रेसी' की स्थापना की। 20 जुलाई 1989 को उन्हें नज़रबंद कर दिया गया और उन्हें कहा गया कि यदि वह देश छोड़ देती हैं तो उन्हें रिहा कर दिया जाएगा। उन्होंने देश छोड़ने से इंकार कर दिया।

उन्होंने अपने भाषण में कहा 'सत्ता से भ्रष्टाचार नहीं बढ़ता, डर से बढ़ता

है, सत्ता खोने का डर ही लोगों को भ्रष्टाचारी बनाता है।

1990 में 'मिलिटरी जनता' शासन ने आम चुनाव कराए जिनमें नेशनल लीग फॉर डेमोक्रेसी (एनएलडी) को 59 प्रतिशत वोट तथा 80 प्रतिशत संसद सीट मिलीं। आंग सान ने स्वयं चुनाव नहीं लड़ा था। उन परिणामों से वह प्रधानमंत्री बन सकती थीं लेकिन उन परिणामों को मिलिटरी ने मानने से इंकार कर दिया, जिसकी विश्व भर में आलोचना हुई। आंग सान को रंगून में यूनीवर्सिटी एवेन्यू के अपने घर में नज़रबन्द कर दिया गया। 2012 में हुए चुनावों में वह सांसद के रूप में निर्वाचित हुईं।

आंग सान सू को अपने राजनीतिक जीवन में अनेक बार नज़रबन्द किया गया। 21 वर्षों में वह 15 वर्ष तक नज़रबन्द रहीं। इस दौरान उन पर अपने समर्थकों व अन्तरराष्ट्रीय व्यक्तियों से मिलने पर रोक थी। वह अपना समय दर्शन शास्त्र, राजनीति शास्त्र या जीवनी की पुस्तकें पढ़ने में बिताती थीं जो प्रायः उनके पति भेजा करते थे। कभी-कभी वह पियानो बजाती थीं। कभी-कभार उन्हें विदेशी अधिकारियों व अपने डॉक्टर से मिलने की अनुमति मिलती थी। पत्रकारों से मिलने की उन्हें सख्त मनाही थी। 1998 में एक पत्रकार ने उनका साक्षात्कार आदि ले लिया जो बाद में कस्टम अधिकारियों ने (टेप, फिल्म, पेपर्स) छीन लिए।

उन्हें छुड़ाने के लिए कई अन्तरराष्ट्रीय प्रयत्न भी किए गए। संयुक्त राष्ट्र संघ ने भी उन्हें छुड़ाने के प्रयास किये। वह अन्ततः 13 नवम्बर 2010 को नज़रबन्दी से मुक्त हो गईं।

उनका पुत्र किम एरिस 10 वर्षों के बाद अपनी मां से नवम्बर 2010 में मिल सका। आंग सान को अनेक पश्चिमी देशों से पूर्ण समर्थन प्राप्त हुआ। यूरोप, ऑस्ट्रेलिया, उत्तरी व दक्षिण अमेरिका, भारत, इज़रायल, जापान, दक्षिण कोरिया आदि देशों ने आंग सान सू को पूर्ण मौखिक समर्थन दिया।

नज़रबन्दी के दौरान पुरस्कार

जब आंग सान सू की अपने घर में नज़रबंद थी तो उन्हें अनेक अन्तरराष्ट्रीय पुरस्कार प्राप्त हुए। उन्हें 1990 में विचारों की स्वतंत्रता के लिए 'सखारोव पुरस्कार' प्रदान किया गया। 1991 में उन्हें नोबेल शांति पुरस्कार प्रदान किया गया, जिसे लेने पर स्वयं नहीं जा सकीं। उनके बेटों अलेक्ज़ेंडर तथा किम ने उनकी ओर से पुरस्कार प्राप्त किया। इस नोबेल पुरस्कार राशि (1.3 मिलियन डालर) से आंग ने बर्मा के लोगों के लिए स्वास्थ्य व शिक्षा ट्रस्ट की स्थापना की। राजनीतिज्ञ के रूप में आंग सान सू ने सदैव अहिंसा का रास्ता अपनाया।

आंग सान सू की को मिले सम्मान व अन्य पुरस्कार

- ☆ 1990 में आंग सान को 'राफ्टो प्राइज़' दिया गया।
- ☆ 1990 में उन्हें विचारों की स्वतन्त्रता के लिए 'सखारोव पुरस्कार' प्रदान किया गया।
- ☆ 1991 में उन्हें नोबेल शांति पुरस्कार मिला। यह पुरस्कार उन्हें लोकतंत्र और मानव अधिकारों के लिए अहिंसक आंदोलन के लिए दिया गया। यह कहा गया कि वह उन समस्त विश्व के लोगों के लिए एक उदाहरण हैं जो लोकतंत्र के लिए लड़ाई लड़ रहे हैं। उनके शांतिपूर्ण तरीके व प्रयास सराहनीय हैं। वह लोगों के प्रति उत्पीड़न के विरुद्ध एक शांति प्रतीक हैं।
- ☆ 1992 में भारत सरकार द्वारा अन्तरराष्ट्रीय सद्‌भावना के लिए उन्हें 'जवाहर लाल नेहरू अवार्ड' प्रदान किया गया।
- ☆ 1992 में वेनेज़ुएला सरकार द्वारा उन्हें 'इन्टरनेशनल सिमोन बोलिवर प्राइज़' दिया गया।
- ☆ 2007 में कनाडा सरकार ने उन्हें अपने देश का मानद नागरिक घोषित किया। कनाडा में आज तक पांच लोगों को 'आनरेरी सिटीज़न' बनाया गया है जिनमें आंग सान एक हैं।
- ☆ 6 मई, 2008 : अमेरिका की हाउस ऑफ रिप्रज़ेन्टेटिव्स ने आंग सान सू को 'कांग्रेसनल गोल्ड मेडल' देने के लिए शत-प्रतिशत वोट दिए और राष्ट्रपति जार्ज बुश ने उस पर हस्ताक्षर किए। अमेरिका के इतिहास में यह पहला अवसर था जब किसी व्यक्ति को जेल में रहते हुए पुरस्कार दिया गया हो।
- ☆ उन्हें 'ओलोफ पाल्मे पुरस्कार' दिया गया है।
- ☆ 2008 में उन्हें क्लब ऑफ मेड्रिड (स्पेन) का आनरेरी सदस्य बनाया गया।
- ☆ (अब बर्मा का नाम म्यांमार हो चुका है) वह 'द एल्डर्स' की आनरेरी सदस्य हैं, जिसके अन्य लोगों के अतिरिक्त नेल्सन मंडेला नेता हैं।

नेडीन गॉर्डीमर
(Nadine Gardimer)

1923--

नोबेल पुरस्कार : साहित्य, 1991
राष्ट्रीयता : दक्षिण अफ्रीकी

नेडीन गॉर्डीमर दक्षिण अफ्रीकी लेखिका तथा सामाजिक कार्यकर्तृ हैं। उन्हें 1991 में साहित्य का नोबेल पुरस्कार प्राप्त हुआ। उन्होंने अपने महान लेखन द्वारा, यदि अल्फ्रेड नोबेल की भाषा में कहें तो, मानवता को बहुत लाभ पहुंचाया है। उन्होंने अपने लेखन में नैतिकता, जातिवाद, दक्षिण अफ्रीका का रंगभेद जैसे विषयों को शामिल किया है। वह रंगभेद विरोधी आंदोलन में भी सक्रिय रहीं। वह 'अफ्रीकन नेशनल कांग्रेस' में तब शामिल हुईं जब इस पर प्रतिबन्ध लगा था। हाल ही में वह एचआईवी एड्स के बारे में भी सक्रिय रही हैं।

आरम्भिक जीवन व शिक्षा

नेडीन गॉर्डीमर का जन्म स्प्रिंग्स के पास गौटेंग में 20 नवम्बर 1923 को हुआ था।

यह स्थान जोहान्सबर्ग के बाहर पूर्वी खनन कस्बा है। उनके माता-पिता यहूदी आप्रवासी थे। पिता इसीडोर गॉर्डीमर लातिवियन सीमा के निकट लिथुआनिया से आए घड़ी निर्माता थे तथा मां नान लंदन से आई थीं।

नेडीन की दक्षिण अफ्रीका के जातिगत भेदभाव तथा आर्थिक असमानता जैसे विषयों में रुचि उनके माता-पिता ने ही कराई थी। उनके पिता के यहूदी शरणार्थी होने के कारण अपनी पहचान बनाने के दौरान के अनुभव थे। यद्यपि इसीडोर न तो सक्रिय कार्यकर्ता थे न ही उन्हें रंगभेद के कारण काले लोगों से कोई विशेष हमदर्दी थी, लेकिन उनकी मां नान गरीब व काले लोगों के प्रति भेदभाव के विरुद्ध सक्रिय थीं। उन्होंने इसी कारण काले बच्चों के लिए क्रेच भी खोला था। नेडीन ने स्वयं किशोरावस्था में देखा था कि सरकारी दबाव में पुलिस ने उनके यहां छापेमारी की थी और नौकर के कमरे से डायरी व पत्र उठाकर ले गई थी।

नेडीन की शिक्षा कैथोलिक कान्वेंट स्कूल में हुई और उनकी मां उन्हें अधिकांशतः घर में ही रखना पसन्द करती थीं। उन्हें लगता था कि नेडीन बेहद कमज़ोर दिल की है। अकेलेपन में घर में रहकर नेडीन ने कम उम्र में ही लिखना शुरू कर दिया। उनकी पहली कहानी 1937 में पन्द्रह वर्ष की आयु में प्रकाशित हुई। बच्चों के लिए लिखी यह कहानी थी 'द क्वेस्ट फॉर सीन गोल्ड' यह कहानी *चिल्ड्रन्स संडे एक्सप्रेस* में प्रकाशित हुई। उसी वर्ष उनकी दूसरी कहानी 'फोरम' में 'कम अगेन टुमारो' प्रकाशित हुई। 16 वर्ष की आयु में उन्होंने बड़ों के लिए पहली कहानी प्रकाशित कराई।

नेडीन ने एक वर्ष तक यूनीवर्सिटी में पढ़ाई की, जहां पर रंगभेद छोड़कर अपने सहयोगियों से पहली बार खुलकर मिलीं। उन्होंने अपनी डिग्री पूरी नहीं की और 1948 में वह जोहान्सबर्ग में रहने चली गईं और आज तक वहीं रहती हैं। उन्होंने अपना लेखन जारी रखा जो दक्षिण अफ्रीका की पत्रिकाओं में प्रकाशित होता रहा। उनकी कुछ आरम्भिक कहानियां 'फेस टू फेस' नाम से 1949 में प्रकाशित हुईं।

1951 में *न्यूयार्कर* ने उनकी कहानी 'अ वाचर ऑफ द डेड' स्वीकार कर ली, जिससे उनका लेखन ज्यादा लोगों द्वारा पढ़ा जाने लगा। तब से *न्यूयार्कर* के लिए कहानियां लिखती रही हैं। नेडीन की प्रथम प्रकाशक लूलू फ्रीडमैन थीं जो सांसद बर्नार्ड फ्रीडमैन की पत्नी थीं। उन्हीं के घर पर नेडीन रंगभेद-विरोधी लेखकों से मिलीं।

नेडीन का प्रथम उपन्यास 'द लाइंग डेज़' 1953 में प्रकाशित हुआ। फिर 1954 में नेडीन ने रिनोल्ड कैसीरर से विवाह कर लिया जो दक्षिण अफ्रीका के स्थापित आर्ट डीलर थे और बाद में उनकी अपनी आर्ट गैलरी थी। उनका विवाह 2001 तक चला। 2001 में कैसीरर की बीमारी से मृत्यु हो गई। उनका पुत्र ह्यूगो न्यूयार्क

में फिल्म निर्माता है। उसके साथ नेडीन कम से कम दो डाक्यूमेंटरी में सहयोग कर चुकी हैं। कैसीरर का यह तीसरा व नेडीन का दूसरा विवाह था। उनके पहले विवाह से 1950 में जन्मी पुत्री ओरिएन है।

1960 के दशक में नेडीन दक्षिण अफ्रीका की राजनीति में सक्रिय हो गईं। वह नेल्सन मंडेला के एटार्नी से 1962 के ट्रायल के दौरान काफी मित्रवत रहीं। जब नेल्सन मंडेला 1990 में जेल से रिहा हुए तब नेडीन गॉर्डीमर उन खास लोगों में थीं जिनसे मंडेला मिलना चाहते थे। वह 1960 तथा 1970 के दशक में जोहांसबर्ग में रहते हुए सरकार की रंगभेद की नीतियों के खिलाफ सक्रिय रहीं।

दक्षिण अफ्रीका सरकार ने उनकी कुछ पुस्तकों पर प्रतिबंध भी लगा दिए। 'द लेट वर्गीज वर्ल्ड' उनकी प्रथम पुस्तक थी जिस पर सेंसरशिप लगाई गई। यह 1976 से 10 वर्ष के लिए प्रतिबंधित रही। 'अ वर्ल्ड ऑफ स्ट्रेन्जर्स' 12 वर्ष तक प्रतिबंधित रही। इसी प्रकार उनकी अनेकों पुस्तकों पर प्रतिबंध लगा।

वह 'अफ्रीकन नेशनल कांग्रेस' में शामिल हो गईं जबकि यह वहां की सरकार द्वारा गैरकानूनी संस्था घोषित की गई थी। उन्होंने वहां काले नागरिकों के प्रति सरकारी रवैये की निंदा की। अफ्रीकन नेशनल कांग्रेस के नेताओं को गिरफ्तारी से बचाने के लिए उन्हें अपने घर में छिपा लिया। उन्होंने इसी संदर्भ में अनेक अन्तर्राष्ट्रीय यात्राएं भी कीं।

नेडीन की साहित्यिक रचनाओं को 1961 से ही मान्यता मिलने लगी थी और 1991 में उन्हें साहित्य का नोबेल पुरस्कार प्राप्त हुआ। नेडीन की गतिविधियां केवल रंगभेद अर्थात् श्वेत-अश्वेत लोगों के भेदभाव के विरोध तक ही सीमित नहीं रहीं, उन्होंने सेंसरशिप का भी विरोध किया तथा साहित्यिक गतिविधियों को बढ़ावा दिया। वह एन्टी सेंसरशिप एक्शन ग्रुप की कमेटी में रहीं। वह कांग्रेस ऑफ साउथ अफ्रीकन राइटर्स के संस्थापक सदस्यों में रहीं। वह अनेक अन्तरराष्ट्रीय संस्थाओं में सक्रिय रही हैं।

1990 के पश्चात् वह एचआईवी/एड्स के आंदोलन में सक्रिय रही हैं। 2004 में उन्होंने 20 मुख्य लेखकों के साथ कहानी सुनाने का कार्यक्रम रखा जिससे एड्स के इलाज के लिए धन इकट्ठा किया जा सके।

वह विदेशों में लेक्चर टूर करती रही हैं और दक्षिण अफ्रीका की विदेश नीति तथा भेदभाव की नीतियों पर भाषण देती रही हैं। 2005 में फिदेल कास्त्रो के बीमार होने पर नेडीन ने अन्य छह नोबेल विजेताओं के साथ अमेरिका को पत्र लिखा जिसमें आग्रह किया गया था कि क्यूबा की कम्युनिस्ट सरकार को अस्थिर न किया जाए। 2006 में नेडीन गॉर्डीमर के घर पर लुटेरों ने धावा बोल दिया था, लेकिन मित्रों की सलाह पर उन्होंने घर बदलने से इंकार कर दिया।

लेखन कार्य

नेडीन गॉर्डीमर को अपने लेखन के लिए अन्तरराष्ट्रीय ख्याति व सराहना मिली है, जिनमें अधिकांशतः राजनीतिक विषयों या देश में फैले भेदभाव का वर्णन है। वह साधारण लोगों के बारे में तथा उनकी ज़िंदगी के बारे में लेखन करती हैं।

उनका प्रथम प्रकाशित उपन्यास है 'द लाइंग डेज़' (1953), जो उनके गृहनगर स्प्रिंग्स के पास घटित होता है। इसकी मुख्य पात्र हेलेन एक युवा गोरी महिला है जो समय के साथ-साथ ग्रामीण जीवन के बाद दक्षिण अफ्रीका के नस्ली भेदभाव व बढ़ती राजनीतिक जागरूकता के प्रति सचेत हो जाती है। यह उपन्यास आत्मकथात्मक जैसा प्रतीत होता है।

1963 में प्रकाशित 'ऑकेज़न फॉर लविंग' में उन्होंने रंगभेद और प्यार की कहानी को साथ-साथ बढ़ाया है। उन्होंने अपने उपन्यास 'द कन्ज़र्वेशनिस्ट' (1974) में ज़ुलू सभ्यता तथा एक बड़े उद्योगपति की ज़िन्दगी को वर्णित किया है। उनका यह उपन्यास काव्यात्मक उपन्यास पुकारा गया है।

1979 में लिखा उनका उपन्यास 'बर्गर्स डॉटर' एक ऐसी महिला की कहानी है जो अपने पिता से रिश्तों के बारे में विश्लेषण करती रहती है जो रंगभेद विरोधी आंदोलन में शहीद हो गए थे। 1981 में प्रकाशित 'जुलाइज पीपल' उपन्यास में नेडीन एक ऐसी दक्षिण अफ्रीकी क्रांति की कल्पना करती हैं जिसमें काले व अश्वेत लोग रंगभेदी सरकार के विरुद्ध क्रांति कर देते हैं और गोरे लोग ढूंढ-ढूंढ कर मार दिए जाते हैं। पढ़े-लिखे गोरे दम्पती मैरीन और बैम्फोर्ड स्मेल्स अपने पुराने नौकर जुलाई के यहां छिप जाते हैं। इसकी कहानी में दिखाया गया है कि किस प्रकार लोग थोपी गई हिंसा, जातिगत घृणा और भेदभाव का सामना करते हैं।

1988 में उनका उपन्यास 'द हाउस गन' दूसरा रंगभेद आधारित उपन्यास था। 2002 में प्रकाशित उनका उपन्यास 'द पिक अप' आया, जिसमें आर्थिक शक्तियां, आप्रवास, अस्थिरता, धार्मिक दिश्वास जैसे विषयों को उठाया गया है।

2005 में प्रकाशित नेडीन का उपन्यास 'गैट ए लाइफ' उनके जीवनसाथी रेनोल्ड कैसीरर की मृत्यु के बाद प्रकाशित हुआ। इसकी कहानी एक ऐसे व्यक्ति की कहानी है जो खतरनाक बीमारी के कारण इलाज कराता रहता है। इसमें साथ ही नेडीन का राजनीतिक विश्लेषण भी चलता है।

उन्होंने कुल 14 उपन्यास और 11 कहानी संग्रह लिखे हैं। अंतिम उपन्यास 2005 में तथा अंतिम कहानी संग्रह 'द लूट' 2003 में प्रकाशित हुआ।

पुरस्कार व अन्य सम्मान

- ☆ उन्हें 1971 में 'जेम्स टैट ब्लैक मैमोरियल पुरस्कार' 1971 में प्रकाशित पुस्तक 'ए गेस्ट ऑफ ऑनर' के लिए दिया गया।
- ☆ 1974 में उन्हें उपन्यास 'द कन्ज़र्वेशनिस्ट' के लिए बुकर पुरस्कार दिया गया। उन्हें यह पुरस्कार स्टेनली मिडलटन के उपन्यास 'होली डे' के साथ सहविजेता के रूप में प्राप्त हुआ।
- ☆ नेडीन को उनके उपन्यास 'द पिक अप' के लिए पुरस्कृत किया गया।
- ☆ वह अमेरिकन एकेडेमी ऑफ आर्ट्स एंड साइंसेज़ की आनरेरी सदस्या हैं।
- ☆ वह अमेरिकन एकेडेमी एंड इंस्टीट्यूट ऑफ आर्ट्स एंड लैटर्स की आनरेरी सदस्य हैं।
- ☆ वह रायल सोसायटी ऑफ लिटरेचर की फैलो हैं।
- ☆ उन्हें दक्षिण अफ्रीका का 'आर्डर ऑफ द साउथर्स क्रास' दिया गया है।
- ☆ उन्हें रिपब्लिक ऑफ क्यूबा का 'आर्डर ऑफ फ्रेंडशिप' दिया गया है।
- ☆ उन्हें चिली रिपब्लिक द्वारा 'प्रेसीडेन्ट मेडल ऑफ आनर' दिया गया है।
- ☆ 1991 में उन्हें साहित्य का नोबेल पुरस्कार दिया गया है।
- ☆ वह लेखकों की संस्था 'इन्टरनेशनल पेन' की अध्यक्षा हैं।

रिगोबर्टा मेन्चू टुम
(Rigoberta Menchu Tum)

1959–

नोबेल पुरस्कार : शांति, 1992
राष्ट्रीयता : ग्वाटेमाला

रिगोबर्टा मेंचू टुम ग्वाटेमाला की 'किचे एथनिक ग्रुप' की सदस्या हैं। उन्हें 1992 का नोबेल शांति पुरस्कार प्रदान किया गया। उन्होंने अपना जीवन ग्वाटेमाला के सिविल युद्ध (1960 से 1996 तक) के दौरान तथा बाद में ग्वाटेमाला के नागरिकों की तकलीफों को लोगों में प्रचारित करने तथा उन्हें अपने नागरिक अधिकार दिलाने के लिए समर्पित किया हुआ है। वह यूनेस्को की 'सद्भावना राजदूत' हैं। वह अपने देश की राजनीतिक पार्टियों में महत्त्वूपर्ण हस्ती बन चुकी हैं। 2007 में उन्होंने ग्वाटेमाला के राष्ट्रपति पद का चुनाव भी लड़ा था।

आरम्भिक जीवन व शिक्षा

रिगोबर्टा मेन्चू का जन्म 9 जनवरी 1959 को ग्वाटेमाला के एल क्विचे के लाज

चिमेल गांव में गरीब किसान परिवार में हुआ था तथा उनका पालन-पोषण मायान सभ्यता के क्विचे भाग में हुआ था। बचपन में वह फार्म के कार्यों में परिवार का हाथ बँटाती थीं। वह या तो नार्दर्न हाइलैंड में कार्य करती थीं जहां परिवार रहता था या फिर प्रशांत सागर के किनारे कार्य करती थीं जहां गांव के अन्य युवा बच्चे बड़े पौधों से काफी बींस तोड़ा करते थे।

रिगोबर्टा ग्वाटेमाला के कम्युनिस्ट नेता विसेन्टे मेन्चू के नौ बच्चों में से छोटी संतान हैं। उनकी मां जौना मेन्यू मिडवाइफ हैं। रिगोबर्टा 8 वर्ष की होने तक अपनी मां के साथ सुबह के तीन बजे से शाम तक काम करने की आदी हो चुकी थीं, जिसके लिए वह बहुत कम मज़दूरी पाती थीं।

रिगोबर्टा की प्राइमरी शिक्षा कई कैथोलिक बोर्डिंग स्कूलों में हुई। इसके बाद बारह वर्ष की आयु में वह ग्वाटेमाला शहर में एक ज़मीन मालिक के परिवार में नौकरानी बनकर कार्य करने गईं। वहां उन्हें कुत्ते के पास चटाई पर सोना पड़ता था। उस परिवार में उनसे अधिक अच्छा व्यवहार कुत्ते से किया जाता था। चार माह की कमरतोड़ मेहनत और शर्मिंदगी के बाद वह अपने गांव लौट आईं।

आंदोलन में सक्रिय

वह किशोरावस्था से ही ग्वाटेमाला के सैनिकों द्वारा गृहयुद्ध के दौरान मानव अधिकारों के हनन के विरुद्ध सक्रिय आंदोलन से जुड़ गईं। यह गृहयुद्ध 1960 से 1996 तक चला। उनमें महिला अधिकारों के आंदोलन में सक्रिय होने व सुधार कार्य के जुटने से प्रभावशाली क्षेत्रों में उनकी आलोचना होने लगी। इस बीच गुरिल्ला संस्था ने स्वयं को इस क्षेत्र में स्थापित कर लिया। मेंचू परिवार पर भी गुरिल्ला क्रियाकलापों में भाग लेने का दोष लगा। रिगोबर्टा के पिता विसेन्टे को जेल में डाल दिया गया और यातनाएं दी गईं कि उन्होंने स्थानीय प्लान्टेशन मालिक को परेशान किया है। वहां से छूटने पर कमेटी ऑफ द पेजेन्ट यूनियन (CUC) में शामिल हो गए।

1979 में रिगोबर्टा में भी सीयूसी में शामिल हो गईं। अगले वर्ष 1980 में स्पेन दूतावास पर हमले के दौरान सुरक्षा बलों द्वारा उनके पिता को मार दिया गया। यहां विसेन्टे व अन्य किसान रह रहे थे। कुछ समय बाद उनकी मां भी गिरफ्तार की गईं, सताई गईं और बलात्कार के बाद उनकी हत्या कर दी गई। रिगोबर्टा सीयूसी में ज्यादा सक्रिय हो गईं और उन्होंने फ्रेंच के अतिरिक्त कई मायान भाषाएं सीखीं। 1980 में वह सीयूसी द्वारा बेहतर सुविधाओं के लिए की गई हड़ताल में प्रमुख रूप से उभरीं। यह फार्म कर्मचारियों के लिए पैसीफिक कोस्ट पर भी गई थीं। 1 मई 1981 को वह बड़े प्रदर्शनों में सक्रिय रहीं। वह 'जनवरी पापुलर फ्रंट' में शामिल

हो गईं जिसमें वह विशेष रूप से मिलिटरी दबाव को रोकने व किसान जनता को शिक्षित करने के कार्य में लग गईं।

1981 में रिगोबर्टा मेंचू को ग्वाटेमाला में छिपकर रहना पड़ा, फिर वह मैक्सिको भाग गईं। यहां से उनके जीवन की नई शुरुआत हुई। वह ग्वाटेमाला के किसानों के अधिकारों व ग्वाटेमाला के दमन के खिलाफ एकजुट संगठन बनाने लगीं। उन्होंने यहां संयुक्त विरोधी ग्रुप की स्थापना में सहयोग दिया, जिसका नाम 'यूनाइटेड रिप्रजेन्टेशन ऑफ द ग्वाटेमालान अपोजीशन' रखा गया।

1983 में रिगोबर्टा ने अपने जीवन व कठिनाइयों के बारे में एलिज़ाबेथ बर्गोज डिब्रे को सुनाया और उन्होंने इंग्लिश में 'आई रिगोबर्टा मेंचू' नामक महत्त्वपूर्ण पुस्तक लिखी। इस पुस्तक से सारे विश्व का ध्यान इन मानव अधिकारों की ओर गया। 1986 में रिगोबर्टा सीयूसी की कोआर्डिनेटिंग कमेटी की सदस्य बन गईं। अगले वर्ष एक फिल्म आई 'व्हेन द माउंटेन ट्रैम्बल' जिसमें मायान लोगों के दुखों व कठिनाइयों को प्रदर्शित किया गया। इसमें रिगोबर्टा ने विवरणात्मक आवाज़ प्रस्तुत की। वह कम से कम तीन बार ग्वाटेमाला लौट चुकी हैं परन्तु मारे जाने की धमकी के कारण उन्हें वापस निर्वासन में रहना पड़ा है।

1996 में गृहयुद्ध समाप्त होने पर रिगोबर्टा ने राजनीतिक व मिलिटरी संस्थाओं की स्थापना के लिए स्पेनिश कोर्ट में अर्ज़ी दी क्योंकि ग्वाटेमाला के इन अपराधों की सज़ा यहां सम्भव नहीं। अतः उन्होंने स्पेन के कोर्ट में अर्ज़ी दी। 23 दिसम्बर 2006 को स्पेन ने ग्वाटेमाला सरकार के सात सदस्यों को अत्याचारों व नरसहांर के कारण देशनिकाला की सज़ा दी। जिसमें पूर्व मिलिटरी शासक एफ्रेन रिओस मांट तथा ऑस्कर मेज़िया शामिल थे। स्पेन की सबसे बड़ी अदालत ने कहा कि इन नरसंहार के केसों का स्पेन में निर्णय किया जा सकता है, चाहे इसमें स्पेन के नागरिक न शामिल हों।

रिगोबर्टा मेक्सिको की फार्मेसी इंडस्ट्री में सक्रिय हो गई हैं। वह 'हेल्थ फॉर आल' नामक कम्पनी की अध्यक्ष हैं। वह महत्त्वपूर्ण दवाइयां कम कीमत पर उपलब्ध कराने के प्रयास में लगी रहती हैं। 1996 में शांति समझौतों के दौरान उन्होंने सद्भावना दूत अध्यक्ष बन कर कार्य किया।

वह 2006 में 'नोबेल वीमेन्स इनीशिएटिव' के संस्थापक सदस्यों में रहीं जिसमें जोडी विलियम्स, शिरीन एबादी, वंगारी मथाई, बेट्टी विलियम्स व मेयरीड कोरीगन मैगुइर शामिल हैं। ये छह महिलाएं उत्तरी अमेरिका, दक्षिणी अमेरिका, यूरोप, मध्य पूर्व व अफ्रीका का प्रतिनिधित्व करती हैं और अपने संयुक्त प्रयासों से विश्व में शांति, न्याय व समानता के अधिकारों की लड़ाई लड़ती है। ये विशेष रूप से विश्व भर की महिलाओं के अधिकारों की लड़ाई लड़ रही हैं।

रिगोबर्टा 'पीसजैम' नामक संस्था की सदस्य हैं जिसका उद्‌देश्य है ऐसे युवा नेताओं को तैयार करना जिनमें समाज, विश्व व स्वयं में बदलाव लाने की क्षमता हो, जो नोबेल विजेताओं से प्रेरणा ले सकें।

रिगोबर्टा मेंचू 2007 तथा 2011 में राष्ट्रपति चुनाव भी लड़ चुकी है। विगत वर्षों में रिगोबर्टा भारतीय अधिकारों और सांस्कृतिक विकास की प्रबल समर्थक के रूप में विश्व में उभरी है। वह केवल ग्वाटेमाला ही नहीं पश्चिमी देशों में भी लोकप्रिय रही हैं। उन्हें अनेक अन्तरराष्ट्रीय पुरस्कार प्राप्त हो चुके हैं।

नोबेल पुरस्कार

16 अक्टूबर 1992 को रिगोबर्टा पश्चिमी ग्वाटेमाला में थीं तब उन्हें सूचना मिली कि उन्हें 130 सदस्यों के बीच नोबेल पुरस्कार के लिए चुना गया है तो उन्हें हार्दिक प्रसन्नता हुई। समिति ने कहा—'इस हिंसक दुनिया में मेंचू की हथियारों के बिना मानवता की लड़ाई हमें सबसे अधिक प्रेरक लगती है। वह एक सत्य आदर्श के लिए आंदोलन कर रही हैं।' मेंचू के पुरस्कार के बारे में सुनकर बहुत लोगों को तथा वहां की सरकार को अच्छा नहीं लगा।

रिगोबर्टा को बारह लाख डालर पुरस्कार राशि के रूप में मिले, जिससे उन्होंने अपने पिता की याद में एक 'विसेन्टे मेंचू फाउंडेशन' की स्थापना की। इसका मुख्य कार्यालय मैक्सिको शहर में तथा शाखाएं ग्वाटेमाला, न्यूयार्क, कैलीफोर्निया आदि में हैं। यह फाउंडेशन मानव अधिकारों के लिए तथा जरूरतमंदों को शिक्षा दिलाने का कार्य करता है। फाउंडेशन ने ग्वाटेमाला में स्वास्थ्य, शिक्षा, आवास व रोज़गार की दिशा में सुधार किए हैं और देश के बाहर विस्थापितों को वापस देश में आने में सहायता प्रदान की है।

पुरस्कार व अन्य सम्मान

- ☆ रिगोबर्टा मेंचू को 1992 में उनके मानव अधिकारों के समर्थन के लिए नोबेल शांति पुरस्कार प्रदान किया गया।
- ☆ 1998 में उन्हें 'प्रिंस ऑफ अस्टूरियाज़' पुरस्कार प्राप्त हुआ।
- ☆ 2010 में रिगोबर्टा को 'आर्डर ऑफ द एज़टेक ईगल' पुरस्कार दिया गया।
- ☆ मेंचू यूनस्को की सद्‌भावना दूत के रूप में सम्मानित हुईं।

टोनी मॉरिसन
(Toni Morrison)

1931–

नोबेल पुरस्कार : साहित्य, 1993

राष्ट्रीयता : अमरीकी

अमेरिकी उपन्यासकार, सम्पादिका तथा प्रोफेसर टोनी मॉरिसन नोबेल पुरस्कार तथा पुलित्ज़र पुरस्कार विजेता हैं। उनके उपन्यासों में महाकाव्य जैसे विषय, विस्तृत डायलॉग तथा विस्तृत चरित्र पाए जाते हैं। नोबेल कमेटी ने उन्हें पुरस्कार देते समय कहा—टोनी मॉरिसन ने अपने उपन्यासों में दृश्य शक्ति व काव्यात्मक सुन्दरता भर दी है, जो अमेरिकी वास्तविकता का एक सुन्दर उदाहरण है।

उनके प्रसिद्ध उपन्यास हैं : द ब्लूएस्ट आई, सांग ऑफ सोलोमन, बिलविड।

आरम्भिक जीवन व शिक्षा

टोनी मॉरिसन का जन्म च्लो एंथनी वोफोर्ड के रूप में 18 फरवरी 1931 को अमेरिका में लॉरेन, ओहियो में हुआ था। उनकी मां रमाह तथा पिता जार्ज वोफोर्ड थे। वह

अपने माता-पिता की चार संतानों में दूसरी थीं। उनका परिवार साधारण मध्यम परिवार था। वह बचपन में ही पुस्तकें पढ़ने की शौकीन थीं। उनके प्रिय लेखकों में जेन ऑस्टेन और लियो टॉलस्टॉय थे। उनके पिता उन्हें अक्सर अश्वेत समुदाय के लोगों की लोक कथाएं सुनाया करते थे जो बाद में टोनी मॉरिसन के लेखन में दृष्टिगोचर होती हैं।

स्कूली शिक्षा के बाद 1949 में टोनी ने हावर्ड यूनीवर्सिटी में प्रवेश लिया और 1953 में उन्होंने अंग्रेजी में बी.ए. कर लिया। 1955 में उन्होंने कार्नेल यूनीवर्सिटी से एम.ए. (अंग्रेज़ी) कर लिया। उन्होंने विलियम फॉकनर तथा वर्जीनिया वुल्फ की रचनाओं में आत्महत्या विषय पर थीसिस लिखी। अपनी शिक्षा पूरी करने के पश्चात् टोनी मॉरिसन टेक्सास सदर्न यूनीवर्सिटी में 1955 से 1957 तक इंग्लिश की शिक्षिका रहीं, फिर इंग्लिश पढ़ाने के लिए हावर्ड लौट गईं। वह 'अल्फा कप्पा अल्फा' नामक महिला छात्र समुदाय की सदस्य बन गईं।

1958 में उन्होंने हावर्ड यूनीवर्सिटी में अपने सहयोगी हैरोल्ड मॉरिसन, जो जमाइका के वास्तुविद् थे, से विवाह कर लिया। उनके दो बच्चे हैरोल्ड और स्लेड हुए। उनका 1964 में तलाक हो गया। तलाक के बाद वह न्यूयार्क चली गईं और टेक्स्ट बुक की सम्पादक बन कर कार्य करने लगीं। इसके डेढ़ वर्ष पश्चात् वह रैंडम हाउस के न्यूयार्क सिटी हेडक्वार्टर में सम्पादक के रूप में कार्य करने लगीं। सम्पादक के रूप में उन्होंने अश्वेत साहित्य के मुख्यधारा में लाने में महत्त्वपूर्ण भूमिका निभाई। उन्होंने टोनी केड बाम्बरा, एंजेला डेविस व गेल जोन्स जैसे रचनाकारों की पुस्तकें सम्पादित कीं।

लेखन कार्य

टोनी मॉरिसन ने हावर्ड में लेखकों व कवियों के एक समूह का हिस्सा बनने के पश्चात् लेखन आरम्भ किया। यह ग्रुप अपने-अपने कार्य के बारे में चर्चा करने के लिए मिलता था। एक मीटिंग में वह एक कहानी लेकर गईं जिसमें एक काली लड़की नीली आँखों की इच्छा रखती थी। बाद में इसी कहानी को उन्होंने 1970 में उपन्यास का रूप दिया जिसका नाम था 'द ब्लूएस्ट आई'। यह पुस्तक उन्होंने अपने दो बच्चों का लालन-पालन करते समय लिखी। बाद में 2000 में यह पुस्तक ओपरा बुक क्लब के लिए चुनी गई।

उनका 1973 में प्रकाशित उपन्यास 'सुला' 1975 में 'नेशनल बुक अवार्ड' के लिए नामित किया गया। उनका तीसरा उपन्यास 'सांग ऑफ सोलोमन' (1977) उनके लिए राष्ट्रव्यापी प्रसिद्धि लाया। यह पुस्तक 'बुक ऑफ द मंथ क्लब' के लिए चुनी गई। 1940 के बाद यह किसी अश्वेत लेखक का प्रथम उपन्यास था जो बुक

ऑफ द मंथ क्लब के लिये चुना गया। इस उपन्यास को 'नेशनल बुक क्रिटिक्स सर्कल अवार्ड' मिला।

1987 में टोनी का उपन्यास 'बिलविड' आया जो सफल रहा। लेकिन इसे राष्ट्रीय पुरस्कार न मिलने से अनेक लेखकों ने इसके विरुद्ध आवाज़ उठाई। बाद में इसे 'फिक्शन' के लिए 'पुलित्ज़र पुरस्कार' तथा 'अमेरिकन बुक अवार्ड' प्राप्त हुआ। इसी वर्ष टोनी मॉरिसन बार्ड कॉलेज में विज़िटिंग प्रोफेसर बन गईं। 1998 में इस पुस्तक पर फिल्म भी बनी। मई 2006 में *न्यूयार्क टाइम्स* बुक रिव्यू में 'बिलविड' को पिछले 25 वर्षों का सर्वश्रेष्ठ अमेरिकी उपन्यास बताया गया। इस उपन्यास में एक गुलाम सेथो की कहानी है जो स्वयं के पकड़े जाने से बचने के लिए दो साल की बेटी को मार डालती है। बाद में 'बिलविड' नाम की महिला उसे मिलती है जो उसका इतिहास जाने बिना अपने साथ ले जाती है।

टोनी की अधिकांश कृतियों में मुख्य केन्द्र अश्वेत महिलाएं हैं। लेकिन वह अपने लेखन को महिलावादी नहीं मानतीं। अपने उपन्यासों के अतिरिक्त टोनी ने कुछ पुस्तकें बच्चों के लिए अपने बेटे स्लेड के साथ लिखी। स्लेड मॉरिसन संगीतज्ञ व पेन्टर के रूप में कार्य करते थे। उनकी 45 वर्ष की आयु में 2010 में मृत्यु हो गई।

नोबेल पुरस्कार

1993 में टोनी मॉरिसन को साहित्य का नोबेल पुरस्कार प्रदान किया गया। उनके पुरस्कार प्रशंसा पत्र में लिखा गया कि टोनी मॉरिसन के उपन्यासों में एक काव्य-शक्ति व दृश्य शक्ति दिखाई देती है जो अमेरिकी वास्तविकता का महत्वपूर्ण हिस्सा है। उनके बाद किसी अमेरिकी व्यक्ति को वर्षों तक नोबेल पुरस्कार प्राप्त नहीं हुआ।

1996 में टोनी को 'नेशनल एन्डाउमेंट फार ह्यूमेनिटीज़' द्वारा जेफरसन लेक्चर के लिए चुना गया। यह अमेरिकी सरकार द्वारा ह्यूमेनिटीज़ के क्षेत्र में दिया जाने वाला सबसे बड़ा पुरस्कार है।

टोनी मॉरिसन ने स्टेट यूनीवर्सिटी ऑफ न्यूयार्क की दो शाखाओं में अंग्रेज़ी शिक्षण का कार्य किया है। 1984 में न्यूयार्क स्टेट यूनिवर्सिटी की यूनिवर्सिटी ऑफ अल्बानी में उन्हें अल्बर्ट स्विटज़र चेयरपर्सन नियुक्त किया गया। 1989 से 2006 में रिटायर होने तक वह प्रिंसटन यूनीवर्सिटी की ह्यूमेनिटीज में चेयरपर्सन थीं।

नवम्बर 2006 में मॉरिसन पेरिस के लूवरे म्यूज़ियम में कार्यक्रमों में आमंत्रित की गईं। 2008 में प्रिंसटन में एक सेमिनार 'द फॉरेनर्स होम' के प्रमुख के रूप में उन्होंने भाग लिया। मई 2010 में वह 'पेन वर्ल्ड वाइसेज' में दक्षिण अफ्रीकी साहित्य के बारे में वार्ता में दिखाई दीं। वह वर्तमान में *'द नेशन'* पत्रिका के सम्पादक मंडल की सदस्य के रूप में कार्यरत हैं।

पुरस्कार व अन्य सम्मान

- ☆ 1977 में टोनी मॉरिसन को 'नेशनल बुक क्रिटिक्स सर्कल अवार्ड' उनकी पुस्तक 'द सांग ऑफ सोलोमन' के लिए दिया गया।
- ☆ 1977 में उन्हें अमेरिकन एकेडेमी एंड इंस्टीट्यूट ऑफ आर्ट्स एंड लैटर्स अवार्ड दिया गया।
- ☆ 1979 में बर्नार्ड कालेज ने अपना सर्वोच्च सम्मान 'बर्नार्ड मेडल ऑफ डिस्टिंक्शन' उन्हें प्रदान किया।
- ☆ 1987-88 में उन्हें राबर्ट एफ. केनेडी बुक अवार्ड मिला।
- ☆ 1988 में टोनी को 'हेलमेरिक', 'अमेरिकन बुक अवार्ड' (बिलविड के लिए), 'एनीसफील्ड वुल्फ बुक अवार्ड', 'पुलित्ज़र पुरस्कार', 'फ्रेडरिक जी मेल्चर बुक अवार्ड' प्राप्त हुए।
- ☆ 1989 में उन्हें 'एमएलए कामनवेल्थ अवार्ड' उनके साहित्य के लिए प्राप्त हुआ।
- ☆ 1993 में टोनी मॉरिसन को साहित्य का नोबेल पुरस्कार प्राप्त हुआ। इसी वर्ष उन्हें 'कमांडर ऑफ द आर्ट्स एंड लैटर्स, पेरिस' प्राप्त हुआ।
- ☆ 1994 में टोनी को 'पर्ल बर्क अवार्ड', 'रीगियम जूली पुरस्कार', कंडोरसेट मेडल, पेरिस प्राप्त हुए।
- ☆ 1996 में उन्हें 'नेशनल बुक फाउंडेशन का मेडल ऑफ डिस्टिंग्विश्ड कान्ट्रीब्यूशन टू अमेरिकन लैटर्स' प्रदान किया गया।
- ☆ 2000 में टोनी को 'नेशनल ह्यूमेनिटीज़ मेडल' प्रदान किया गया।
- ☆ 2005 में टोनी मॉरिसन को आक्सफोर्ड यूनीवर्सिटी द्वारा 'आनरेरी डॉक्टरेट ऑफ लैटर्स' डिग्री प्रदान की गई।
- ☆ 2009 में लाइफ टाइम अचीवमेंट 'नार्मन मेलर प्राइज़' उन्हें दिया गया।
- ☆ 2011 में उन्हें 'यूनीवर्सिटी ऑफ जेनेवा' तथा 'रूटगर्स यूनीवर्सिटी ग्रेजुएशन कमेंसमेंट' से आनरेरी डाक्टरेट ऑफ लेटर्स डिग्री प्रदान की गई।

क्रिस्टीन नुस्लीन वोल्हार्ड
(Christiane Nuesslein Volhard)

1942–

नोबेल पुरस्कार : चिकित्सा : शरीर विज्ञान, 1995
राष्ट्रीयता : जर्मन

क्रिस्टीन नुस्लीन वोल्हार्ड जर्मनी की जीव वैज्ञानिक हैं जिन्हें पहले 1991 में अपने अनुसंधान के लिए अल्बर्ट लस्कर अवार्ड मिला, फिर 1995 में औषधि/शरीर विज्ञान का नोबेल पुरस्कार मिला। उन्हें नोबेल पुरस्कार एरिक विस्चौस तथा एडवर्ड बी. ल्यूइस के साथ भ्रूण के विकास पर अनुसंधान करने के लिए सहविजेता के रूप में मिला।

आरम्भिक जीवन व शिक्षा

क्रिस्टीन नुस्लीन का जन्म विश्वयुद्ध के दौरान 20 अक्टूबर 1942 को मैग्डेबर्ग, जर्मनी में हुआ था। वह अपने माता-पिता की पांच संतानों में दूसरी थीं। उनके पिता रॉल्फ वोल्हार्ड एक वास्तुविद् थे। उनके दादा फ्रैंकफर्ट में मेडिसिन के प्रोफेसर थे जो हृदय

और गुर्दे के विशेषज्ञ थे। उनकी नानी एक पेंटर थीं जिनके पास वह अक्सर जाया करती थीं और उनकी अनुशासनप्रियता व व्यवहार से वह बहुत प्रभावित थीं। उनकी दादी व नानी के बड़े परिवार थे जिनमें लगभग 33 बच्चे उनके बहन भाई थे।

वह फ्रैंकफर्ट में अपने माता-पिता के साथ रहती थीं। उनका बचपन बहुत खुशहाल रहा तथा माता-पिता का हरदम उन्हें सहयोग मिला। युद्ध के पश्चात् जब चीजें खरीदना मुश्किल था तब उनके माता-पिता स्वयं पुस्तकें व खिलौने बनाकर इन बच्चों को देते थे। उनके माता-पिता पेंटिंग और संगीत के शौकीन थे और ये पांचों बच्चे इनका आनन्द लेते थे। थोड़ा बड़े होने पर जब इनके पास धन की कमी थी, तब इन बच्चों ने अपने कपड़े स्वयं सिलना सीख लिया था। उनकी एक बहन व एक भाई वास्तुविद् बना, एक बहन ने संगीत को अपनाया व एक बहन आर्ट टीचर बनी।

बचपन में ही क्रिस्टीन नए विचारों व चीज़ों से प्रभावित होकर उनके बारे में सोचती रहती थीं। पहले वह पौधों और जानवरों में रुचि लेती थीं। 12 वर्ष की आयु में उन्हें लगा कि वह जीवविज्ञानी बनना चाहती है। वह अपने परिवार में अकेली थीं जिन्हें विज्ञान में रुचि थी। उनके माता-पिता ने उनकी सहायता के लिए इससे सम्बन्धित पुस्तकें लाकर दीं और उनके बहन-भाई उनकी जानकारी व विचार ध्यान से सुनते थे।

उन्होंने अपना हाई स्कूल मध्यम दर्जे के अंकों के साथ पास किया, जबकि अंग्रेज़ी में मुश्किल से पास हो सकी थीं। उन्हें स्कूल में जर्मन साहित्य, गणित और जीव विज्ञान पढ़ने में आनन्द आता था। उनके हाई स्कूल के दिनों में उनके पिता की अचानक 26 फरवरी 1962 को मृत्यु हो गई। हाई स्कूल पूरा होने तक वह निश्चय कर चुकी थीं कि वह जीव विज्ञान (बायोलॉजी) ही पढ़ेंगी और अनुसंधान करेंगी। अपनी जिज्ञासा शांत करने के लिए क्या वह डॉक्टरी या औषधि की ओर जा सकती है, उन्होंने एक माह तक अस्पताल में नर्स के रूप में कार्य किया और निश्चय किया कि वह डाक्टर नहीं बनेंगी।

वह फ्रैंकफर्ट यूनीवर्सिटी में पढ़ने लगीं जहां उस वक्त बायोलॉजी का पाठ्यक्रम काफी नीरस होता था। तब उन्होंने एक वर्ष तक अपना ध्यान गणित और सैद्धान्तिक मैकेनिक्स की ओर लगाया। तब 1964 में उन्हें पता लगा कि ट्यूबिंगेन में, अपनी प्रकार का जर्मनी का पहला जीव रसायन शास्त्र का पाठ्यक्रम शुरू हुआ है। वह ट्यूबिंगेन में पढ़ने चली गईं। वहां के अंतिम वर्ष में उन्होंने माइक्रोबायोलॉजी व जेनेटिक्स की पढ़ाई की। उन्हीं दिनों मैक्स प्लैंक के वैज्ञानिकों विरसफोरचंग, गर्हार्ड स्कैम, अल्फ्रेड गिरर, हींज स्कालर आदि के सेमिनार व लेक्चर में उन्हें भाग लेने का मौका मिला। ये लोग आधुनिक चीज़ें जैसे 'प्रोटीन बायोसिंथेसिस' व 'डीएनए

रेप्लिकेशन' पढ़ा रहे थे। क्रिस्टीन ने 1969 में बायोकैमिस्ट्री में डिप्लोमा किया।

क्रिस्टीन का वास्तविक प्रशिक्षण लेबोरेटरी में हुआ, जब उन्होंने हीन्ज स्कॉलर के साथ काम किया। उन्हीं के साथ उन्होंने अपना डिप्लोमा कार्य किया था। हींज एक रसायनशास्त्री हैं जिन्होंने क्रिस्टीन को मात्रात्मक तथ्यों के आधार पर सोचना सिखाया।

1974 तक वह मैक्स प्लैंक इंस्टीट्यूट में वायरस पर अनुसंधान करती रहीं। 1975 से 1976 तक स्विट्जरलैंड के बेसेल में उन्हें डॉक्टरेट के पश्चात् फैलोशिप प्रदान की गई। 1977 में फ्रीबर्ग विश्वविद्यालय में उन्हें फैलोशिप प्रदान की गई। उस समय डीएनए तकनीक तेज़ी से विकसित हो रही थी, लेकिन शुरुआत में क्रिस्टीन को इसकी शक्ति का अंदाज़ा नहीं था।

1977 में डीएफजी की स्कालरशिप से वह प्रसिद्ध कीट भ्रूण विशेषज्ञ क्लॉस संडर की प्रयोगशाला में चली गई। क्लॉस ने ही उन्हें सर्वप्रथम कीट के अण्डाणुओं से पूर्णतः अवगत कराया।

फ्रूट फ्लाइज़ पर अनुसंधान

जिन प्रयोगों के लिए नुस्लीन को विस्चौस के साथ नोबेल पुरस्कार प्राप्त हुआ था वह उन जीन की पहचान थी जिनसे फ्रूट फ्लाई (ड्रांसोफिला मेलनोगास्टर) के भ्रूण विकसित होते हैं। उस समय 1970 के दशक के अंत तथा 1980 के दशक के आरम्भ में आनुवंशिक तथा आणविक यंत्र कला के बारे लोगों को बहुत कम पता था जिससे एक कोशिका से जीव का विकास तथा निर्माण होता है।

वास्तव में फ्रूट फ्लाई का शरीर जेनेटिक्स के अध्ययन के लिए सर्वश्रेष्ठ मॉडल पहले से ही रहा है क्योंकि इसका छोटा आकार तथा शीघ्र उत्पादन वैज्ञानिकों को प्रयोग की आसानी देता है। अधिक संख्या में जल्दी पैदा होने के कारण इन्हें लैब में रखना व उनका निरीक्षण आसान रहता है। क्रिस्टीन और विस्चौस ने जैनेटिक स्क्रीन की सीरीज़ के द्वारा भ्रूण के विकास में जींस की भूमिका की पहचान की। इसके लिए उन्होंने फ्रूट फ्लाइज़ में रसायन का प्रयोग करके आपसी मेल कराया जिनका असर भ्रूण के विकास में कार्य करने वाली जीन्स पर भी पड़ा। उन्होंने डीएनए का विकास करने वाले रसायन का मीठे पानी में प्रयोग किया जिसे नर जाति की फ्रूट फ्लाई पर प्रयोग किया। इस नर फ्लाई को मादा फ्लाई से संपर्क कराया तो पाया कि इनके भ्रूण मरे हुए थे। फिर नए तरीके से प्रयोग किया तो 40 हज़ार फ्रूट फ्लाई परिवारों में से हर एक में एक न एक कमी थी। विशेष माइक्रोस्कोप द्वारा उन्होंने एक वर्ष तक हज़ारों भ्रूणों तथा मृत लारवा का परीक्षण किया तो पाया कि इस कमी के लिए 20 हज़ार जींस महत्त्वपूर्ण थे, जिनसे भ्रूण का विकास होता है।

उन्होंने इनमें से कई जींस को उनके लारवा की बनावट के अनुसार अलग-अलग वर्णनात्मक नाम दिए जैसे हैजहॉग, गुर्केन (खीरा), क्रियाल। बाद में अनुसंधानकर्ताओं ने यह पहचान भी कर ली कि कौन सी जीन के कारण उनके आपसी संपर्क पर फर्क पड़ा। ये अनुसंधान आसान नहीं, मुश्किल थे जिनमें बहुत मेहनत की गई थी।

उन्होंने भ्रूण की श्रेणियों का नाम गैप, पेपर रूल तथा सैगमेंट पोलरिटी रखा। अनुसंधान के अनुसार सबसे पहले गैप जींस सक्रिय होकर मां के जींस को क्रियान्वित करते हैं और भ्रूण विभिन्न क्षेत्रों में वर्गीकृत हो जाता है। फिर पेपर रूल इन क्षेत्रों में आगे कार्य करता है। इसके बाद सेगमेंट पोलरिटी जींस विभाजन की प्रक्रिया को पूर्ण करके अंतिम रूप प्रदान करता है। चूंकि मानव भ्रूण की प्रक्रिया भी कीट, कीड़ों व अन्य ऐसे जीवों से मिलती-जुलती है। इस खोज से लुईस वीचौस और नुस्लीन वोल्हार्ड की दूर-दूर तक प्रशंसा होने लगी। इस अनुसंधान द्वारा मानव जीवन में विभिन्न पहलुओं को समझना आसान होने लगा। मानव शरीर में अनेक गड़बड़ी के ज़िम्मेदार जींस ही होते हैं जैसे फ्रूट फ्लाई के।

नोबेल पुरस्कार

क्रिस्टीन नुस्लीन वोल्हार्ड को 1995 का औषधि/शरीर विज्ञान का नोबेल पुरस्कार एरिक विस्कौस तथा एडवर्ड बी लुईस के साथ प्रदान किया गया। उन्हें यह पुरस्कार भ्रूण तथा जीन सम्बंधी अनुसंधान के लिए प्रदान किया गया। नोबेल कमेटी ने पुरस्कार देते हुए कहा–'इन युवा वैज्ञानिकों ने अपने विज्ञान के कैरियर के आरम्भ में ही बहुत महत्त्वपूर्ण निष्कर्ष निकाला है... यह कार्य पहले किसी ने नहीं किया था। इस प्रकार के कार्य में सफलता की संभावना भी बहुत कम थी।'

वर्तमान कार्य

1985 से क्रिस्टीन नुस्लीन वोल्हार्ड मैक्स प्लैक इंस्टीट्यूट फॉर डेवलपमेन्टल बायोलॉजी की निदेशक हैं जो ट्यूबिंगेन (जर्मनी) में है। वह जेनेटिक्स विभाग की भी प्रमुख हैं।

2001 से वह 'नेशनल एथिक्स काउंसिल ऑफ जर्मनी' की सदस्य हैं। इस संस्था का कार्य लाइफ साइंस में नए विकास को देखना व जांचना है और उसका व्यक्तियों व समाज पर क्या प्रभाव होता है, यह तय करना है। उनकी पुस्तक 'कमिंग टू लाइफ : हाउ जींस ड्राइव डेवलपमेंट' 2006 के अप्रैल में प्रकाशित हुई।

2004 में नुस्लीन ने 'क्रिस्टीन नुस्लीन वोल्हार्ड फाउंडेशन' की स्थापना की जिसका उद्देश्य बच्चों वाले युवा जर्मन वैज्ञानिकों की सहायता करना है। इस फाउंडेशन का मुख्य उद्देश्य बच्चों की देखभाल के लिए लोगों की सहायता (धनराशि आदि द्वारा) करना है।

पुरस्कार व अन्य सम्मान

- 1986 में क्रिस्टीन को जर्मनी का अनुसंधान के क्षेत्र में सर्वोच्च पुरस्कार 'गॉटफ्राइड विल्हेम लीवनिज' (Gottfried Wilholm Leibniz) पुरस्कार प्रदान किया गया।
- 1991 में उन्हें 'अल्बर्ट लस्कर अवार्ड' बेसिक मेडिकल रिसर्च के लिए दिया गया।
- 1995 में उन्हें औषधि/शरीर विज्ञान का नोबेल पुरस्कार प्रदान किया गया।
- वह अनेक विश्वविद्यालयों द्वारा आनरेरी डिग्री प्राप्त कर चुकी हैं, जो इस प्रकार है—येल, हार्वर्ड, प्रिंसटन, रॉकफैलर, अट्रेच, यूसी लंदन, आक्सफोर्ड यूनीवर्सिटी (2005), शेफील्ड, सेंट एंड्रज यूनीवर्सिटी (जून 2011), फ्रीबर्ग', म्यूनिख।

विस्लावा ज़िम्बोर्स्का

(Wislawa Szymborska)

1923-2012

नोबेल पुरस्कार : साहित्य, 1996

राष्ट्रीयता : पोलिश

विस्लावा ज़िम्बोर्स्का (इसका उच्चारण विस्वावा ज़िम्बोर्स्का भी है) पोलैण्ड की कवयित्री, निबन्धकार तथा अनुवादक थीं जिनका 1 फरवरी 1912 को 88 वर्ष की आयु में निधन हो गया। उन्हें 1996 का नोबेल पुरस्कार उनकी कविता के लिए दिया गया जिसमें ऐतिहासिक तथा जैविक संदर्भ में मानवीय सच्चाई झलकती है।

विस्लावा ने मात्र 4 वर्ष की आयु में कविता लिखना आरम्भ कर दिया था और उन्हें 'मोज़ार्ट ऑफ पोयट्री' कहा जाता था। पोलैंड में उनकी कविताओं की पुस्तक की खूब बिक्री होती है। उनकी पुस्तकें इंग्लिश, अरबी, जापानी, चीनी तथा अनेक यूरोपीय भाषाओं में अनुवादित की गई हैं।

आरम्भिक जीवन व शिक्षा

विस्लावा ज़िम्बोर्स्का का जन्म 2 जुलाई 1923 को प्रोवेन्ट, पोलैंड में हुआ था। प्रोवेन्ट का नाम आज बिन, कार्निक है। उनके पिता का नाम विन्सेंटी तथा मां का नाम अन्ना ज़िम्बोर्स्का था। उनके पिता उस समय काउंट व्लेडिस्लॉ जमोयस्की के कर्मचारी थे। 1924 में काउंट जमोयस्की की मृत्यु के पश्चात् विस्लावा का परिवार तोरून चला गया, फिर 1929 में क्राको चला आया जहां वह हमेशा रहीं और 2012 में अपनी मृत्यु तक वही रहीं।

1939 में द्वितीय विश्वयुद्ध के समय उन्होंने भूमिगत कक्षाओं के द्वारा अपनी शिक्षा जारी रखी। 1943 के बाद उन्होंने रेल रोड के कर्मचारी के रूप में कार्य करना शुरू कर दिया जिससे उन्हें ज़बरदस्ती जर्मनी न भेजा जा सके। इन्हीं दिनों कुछ स्कूली अंग्रेज़ी किताबों के लिए उन्होंने चित्रण आरम्भ कर दिया। वह कुछ कहानियां व कविताएं भी लिखने लगीं।

1945 में विस्लावा ने पोलिश भाषा व साहित्य का अध्ययन आरम्भ कर दिया, फिर क्राको की जागीलोनियन यूनीवर्सिटी के समाजशास्त्र का अध्ययन किया। इसके पश्चात् उन्होंने लिखने पर अधिक ध्यान देना शुरू कर दिया। वह सिसलॉ मिलोज से बहुत प्रभावित थीं। मार्च 1945 में उनकी पहली कविता स्थानीय पत्र में प्रकाशित हुई—'लुकिंग फॉर ए वर्ड'। फिर वर्षों तक उनकी कविताएं अनेक समाचारपत्रों व पत्रिकाओं में प्रकाशित होती रहीं।

1948 में उन्होंने अपनी खराब आर्थिक स्थिति के कारण पढ़ाई बीच में ही छोड़ दी। इसी वर्ष उन्होंने कवि एडम व्लोडेक से विवाह कर लिया। उस समय वह एक शैक्षिक पत्रिका में सचिव के पद पर कार्य कर रही थीं जहां वह चित्रण भी करती थीं। उन्होंने अपने पति से 1954 में तलाक ले लिया। उनकी कोई संतान नहीं है।

लेखन कार्य

विस्लावा की प्रथम पुस्तक 1949 में प्रकाशित होनी थी लेकिन सेंसरशिप में पास न होने के कारण प्रकाशित नहीं हो सकी। विश्वयुद्ध के पश्चात् अनेकों बुद्धिजीवियों की भांति विस्लावा भी पोलैंड (पीपल्स रिपब्लिक ऑफ पोलैण्ड) में ही रहीं। उनके लेखन में समाजवादी विषयों का समर्थन है जैसे उनके प्रथम संग्रह "दैट इज़ व्हाट वी आर लिविंग फॉर" में 'लेनिन', फार टू यूथ हू आर बिल्डिंग नोवा हुता' जैसी कविताएं हैं जिनमें स्टालिन के औद्योगिक स्थान के निर्माण की बात कही गयी है।

विस्लावा वहां की शासन करने वाली पार्टी पोलिश यूनाइटेड वर्कर्स पार्टी' की सदस्य बन गईं। अनेक अन्य बुद्धिजीवियों की भांति वह पार्टी के अनुसार कार्य करती रहीं पर धीरे-धीरे सामाजिक विचारधारा से हटने लगीं और राजनीतिक कार्य भी त्यागने लगीं। 1964 में उन्होंने कम्युनिस्टों द्वारा समर्थित आन्दोलन त्याग कर भाषण की स्वतन्त्रता' (फ्रीडम ऑफ स्पीच) की मांग की।

1953 में विस्लावा ज़िम्बोर्स्का ने साहित्यिक पत्रिका 'लिटरेरी लाइफ' में कार्य शुरू कर दिया जहाँ वह 1981 तक कार्य करती रहीं। इस पत्रिका में उन्होंने 1968 में एक नियमित पुस्तक समीक्षा' कालम शुरू किया जिसका नाम था एबव- कम्पलसरी रीडिंग'। इसके बाद उनके कई निबन्ध पुस्तक के रूप में प्रकाशित हुए। 1981 से 1983 तक वह क्राको की मासिक पत्रिका 'आउट लाउड' की सम्पादक रहीं।

उनका अंतिम संग्रह उनके जीवनकाल में 2006 में ड्यूक्रोपेक' (पोलिश नाम) प्रकाशित हुआ। इसे पोलिश राष्ट्रीय अखबार के पाठकों ने वर्ष की सर्वश्रेष्ठ पुस्तक चुना। विस्लावा ने फ्रांसीसी साहित्य का पोलिश में अनुवाद किया। उनके अनुवादक कार्ल डेडीसस जर्मनी में उनकी पुस्तकों को लोकप्रिय करने में सहायता करते थे।

विस्लावा ने अंत तक कुल 20 कविता संग्रह लिखे। उनकी पुस्तकें इंग्लिश, जर्मन, स्वीडिश, इटालियन, डेनिश, हेब्रू, हंगेरियन, चेक, स्लोवाकियन, सर्बो-क्रोएशियन, रोमानियमन, बुल्गारियन आदि भाषाओं में अनुवादित की गई हैं।

विस्लावा ज़िम्बोर्स्का ने अपने लेखन में सभी साहित्य विधियों का प्रयोग किया जैसे विरोधाभास, व्यंग्य तथा प्रतिवाद आदि। उनकी कुछ कविताओं में युद्ध और आतंकवाद का वर्णन है। उनकी एक कविता 'नथिंग ट्वाइस' का गीत 1965 में रिकार्ड किया गया था। फिर 1994 में रॉक गायक द्वारा यही गीत गाया गया जो हिट रहा। उनकी कविता 'लव एट फर्स्ट साइट' से प्रेरणा लेकर एक फिल्म 'थ्री कलर्स रेड' बनाई गई।

विस्लावा ज़िम्बोर्स्का की 1 फरवरी 2012 को क्राको के अपने घर में 88 वर्ष की आयु में मृत्यु हो गई। वह अपनी मृत्यु तक नई कविता पर कार्य करती रही थीं। अपनी कविताओं को पुस्तक का रूप वह अपने अनुसार नहीं दे सकीं। उनका अंतिम काव्य संग्रह 2012 के अंत तक प्रकाशित होने की संभावना है।

पुरस्कार व अन्य सम्मान

- ☆ उन्हें 1954 में 'द सिटी ऑफ क्राको प्राइज़' साहित्य के लिए दिया गया।
- ☆ 1963 में उन्हें 'पोलिश मिनिस्ट्री ऑफ कल्चर' पुरस्कार दिया गया।
- ☆ 1991 में विस्लावा को 'गोयथे पुरस्कार' दिया गया।

☆ 1995 में उन्होंने 'हर्डल प्राइज़' प्राप्त किया।

☆ 1995 में पोलैण्ड की एडम मिकीविज यूनीवर्सिटी ने उन्हें आनरेरी डॉक्टर की डिग्री प्रदान की।

☆ 1996 में उन्होंने 'पोलिश पेन क्लब पुरस्कार' जीता।

☆ 1996 में विस्लावा को साहित्य का नोबेल पुरस्कार प्राप्त हुआ।

☆ 2011 में उन्हें 'ऑर्डर ऑफ द व्हाइट ईगल' पुरस्कार प्रदान किया गया।

जोडी विलियम्स

(Jody Williams)

1950–

नोबेल पुरस्कार : शांति, 1997

राष्ट्रीयता : अमरीकी

जोडी विलियम्स अमेरिकी अध्यापिका तथा सहायता-कार्यकर्तृ हैं जिन्हें 1997 का नोबेल शांति पुरस्कार प्रदान किया गया। उन्होंने 'इन्टरनेशनल कैम्पेन टू बैन लैंडमाइन्स' (ICBL) के साथ विश्व भर में खनन रोकने के लिए आंदोलन चलाया, जिसमें वह काफी हद तक सफल भी रहीं, इसी के कारण उन्हें नोबेल पुरस्कार प्रदान किया गया।

आरम्भिक जीवन व शिक्षा

जोडी विलियम्स का जन्म 9 अक्तूबर 1950 को ब्रेटिलबोरो, वरमाँट, अमेरिका में हुआ था। जोडी ने पहले प्रशिक्षित अध्यापिका के रूप में 'इंग्लिश एज अ सेकंड लेंग्वेज' (ESL) का अध्ययन किया, जिसके लिए 1972 में उन्होंने वरमाँट से

बी.ए. किया। फिर स्कूल फॉर इंटरनेशनल ट्रेनिंग, वरमाँट से स्पेनिश शिक्षण में मास्टर्स डिग्री 1974 में हासिल की। उन्होंने दूसरी बार एम.ए. जान्स हांपकिंस यूनीवर्सिटी के 'स्कूल ऑफ एडवांस्ड इंटरनेशनल स्टडीज़' से इंटरनेशनल रिलेशन विषय में किया।

जोडी ने ई. एस. एल. का शिक्षण मैक्सिको, यू. के. तथा वाशिंगटन में किया। 1984 से 1986 तक उनका चयन 'निकारागुआ- हाँडुरस एजूकेशन प्रोजेक्ट' में ग्रॉसरी वर्कर के रूप में हो गया। इसके बाद वह लॉस एंजेल्स की परोपकारी संस्था 'मेडिकल एड फॉर एल. सल्वाडोर' की उप निदेशिका बन गईं। इस पद पर वह 1992 तक रहीं, फिर उन्होंने नई बनी संस्था आई. सी. बी. एल. में नियुक्ति ले ली।

जोडी विलियम्स इन्टरनेशनल कैम्पेन टू बैन लैंडमाइंस ¼ICBL) की संस्थापक सहयोगी हैं। इसकी स्थापना अक्तूबर 1992 में छह नान गवर्नमेंटल आइवोनाइजेशन (एन जी ओ) द्वारा की गई थी। वह इस संस्था की नीतियां तैयार करने तथा प्रवक्ता के रूप में कार्य करने में व्यस्त रही हैं। इसकी सहयोगी के रूप में जोडी विलियम्स ने खानों के खनन पर पाबंदी लगाने के बारे में जगह-जगह जाकर प्रचारित किया है तथा खदान विस्फोटकों द्वारा मानव जीवन को होने वाले खतरों से उन्होंने आगाह किया है।

आज आई. सी. बी. एल. विश्व भर की तेरह सौ एन जी ओ से जुड़ चुकी है, जिनकी 85 देशों में शाखाएं हैं। जोडी विलियम्स इससे नीति निर्माता या प्रवक्ता के रूप में ही नहीं जुड़ी हैं बल्कि सरकारों, संयुक्त राष्ट्र संघ रेड क्रास की अन्तरराष्ट्रीय कमेटी से भी सहयोग बनाए हुए हैं।

1997 में आई. सी. बी. एल. ने अपने उद्देश्य तक पहुँचने में काफी हद तक सफलता प्राप्त कर ली जब 'एंटी पर्सनल लैंडमांइस' पर रोक का समझौता 'ओटावा' (अमेरिका) में हस्ताक्षरित किया गया, जिसे 'ओटावा समझौता' का नाम दिया गया। इसमें अमेरिका, चीन जैसे देशों ने सहयोग किया।

नोबेल पुरस्कार

1997 में ओटावा समझौता के बाद जोडी विलियम्स को 1997 को नोबेल शांति पुरस्कार प्रदान किया गया। वह इस पुरस्कार को पाने वाली तीसरी अमेरिकी महिला हैं।

जोडी के कार्यों को सफलता मिलने का एक बड़ा कारण यह रहा है कि वह समाज के लोगों को अपने से जोड़ने में सफल रही हैं। उन्होंने अपनी संस्था व कार्यों के बारे में फैक्स तथा ईमेल के ज़रिए पूरे देश में प्रचारित किया, जिससे लोगों का उन्हें खूब सहयोग मिला।

जोडी आई. सी. बी. एल. से आज भी जुड़ी हैं और संस्था की पत्रिका 'लैंड

माइन रिपोर्ट' की सम्पादिका हैं। 2003 से जोडी 'यूनीवर्सिटी ऑफ ह्यूस्टन ग्रेजुएट कॉलेज आफ सोशल वर्क' में सोशल वर्क विषय की प्रोफेसर हैं।

2006 में नोबेल विजेता महिलाओं द्वारा बनाई गई 'द नोबेल वीमेन्स इनीशिएटिव' की वह सह संस्थापिका थीं। अन्य सहयोगी महिलाएं हैं- रिगोबर्टा मेंचू, शिरीन इबादी, वंगारी मथाई, बेट्टी विलियम्स तथा मेयरीड कोरीगन मैगुइर। ये विजेता महिलायें उत्तरी अमेरिका, दक्षिण अमेरिका, यूरोप, मध्य पूर्व तथा अफ्रीका महाद्वीपों का प्रतिनिधित्व करती हैं और अपने अनुभवों तथा संयुक्त प्रयासों द्वारा न्याय व समानता दिलाने का प्रयास करती हैं। ये विश्व की महिलाओं के अधिकारों की सुरक्षा के लिए प्रतिबद्ध हैं।

वह मानव अधिकार काउंसिल द्वारा उच्च स्तरीय मिशन की प्रमुख के रूप में भी कार्य करती रही हैं। उनके कार्य को विश्व भर में सराहा गया है। वह अपने कार्य के लिए लेखन, शिक्षण व लेक्चर का सहारा लेती हैं। वह दस नोबेल पुरस्कार विजेताओं में से एक हैं जिन्होंने 'पीसजैम' के साथ कार्य करने का निर्णय लिया है। यह संस्था नई पीढ़ी को शांति कार्य करने की तथा अपने आसपास शहरों में शांति स्थापित करने की प्रेरणा देती है।

शिरीन एबादी
(Shirin Ebadi)
1947–

नोबेल पुरस्कार : शांति, 2003
राष्ट्रीयता : ईरानी

शिरीन एबादी ईरान की पूर्व न्यायाधीश, वकील तथा मानव-अधिकार कार्यकर्तृ हैं। वह ईरान में डिफेन्डर्स ऑफ ह्यूमन राइट्स सेंटर की संस्थापिका हैं। 2003 में 10 अक्तूबर को उन्हें लोकतंत्र तथा मानव-अधिकारों के लिए सक्रिय कार्य करने के लिए नोबेल पुरस्कार प्रदान किया गया। वह प्रथम ईरानी महिला हैं जिन्हें नोबेल पुरस्कार प्राप्त हुआ। मुस्लिम सम्प्रदाय की वह प्रथम महिला हैं, जिन्हें नोबेल पुरस्कार दिया गया है।

शिरीन एबादी यूं तो तेहरान में रहती हैं, परन्तु वह जून, 2009 से अपने देश के बाहर निर्वासन में ब्रिटेन में रह रही हैं क्योंकि वर्तमान ईरानी सरकार उसका विरोध करने वाले नागरिकों पर अत्याचार कर रही है। फोर्ब्स पत्रिका की विश्व की 100 शक्तिशाली महिलाओं की सूची में उनका नाम भी शामिल किया गया है। विश्व

की 100 प्रभावशाली महिलाओं की सूची में भी उनका नाम शामिल किया जा चुका है।

आरंभिक जीवन व शिक्षा

शिरीन एबादी का जन्म 21 जून, 1947 को ईरान के हमेदान में एक पारसी परिवार में हुआ था। उनके पिता मोहम्मद अली एबादी कमर्शियल लॉ के प्रोफेसर तथा हमेदान शहर के प्रमुख 'नोटेरी पब्लिक' थे। 1948 में उनका परिवार तेहरान में रहने चला गया। उनकी माँ घरेलू महिला हैं। उनकी दो बहनें व एक भाई है, जो सभी उच्च शिक्षित हैं।

उनकी आरंभिक शिक्षा फिरुजुही प्राइमरी स्कूल से हुई फिर उन्होंने अनोशिरान डागर तथा रेजाशाह कबीर सेकेन्ड्री स्कूल से हायर सेकेन्डरी शिक्षा प्राप्त की। 1965 में उन्होंने तेहरान विश्वविद्यालय की प्रवेश परीक्षा दी और फैकल्टी ऑफ लॉ में प्रवेश पा लिया। साढ़े तीन वर्ष में कानून की डिग्री प्राप्त करने के पश्चात् उन्होंने न्याय विभाग की परीक्षा दी और मार्च 1969 में वह जज बन गई। इस बीच उन्होंने पढ़ाई जारी रखते हुए बहुत अच्छे अंकों से डाक्टरेट किया। शिरीन एबादी के पति जवाद तवासोलियान इंजीनियर हैं। उनकी दो बेटियां हैं। जिनके नाम हैं–नेगर (1980), नर्गेस (1983)।

न्यायाधीश व वकील के रूप में कार्य

वह ईरान में न्यायाधीश बनने वाली प्रथम महिला हैं। वह न्याय विभाग में विभिन्न पदों पर रहीं। वह 1975 में तेहरान के 24 सिटी कोर्ट की अध्यक्ष बन गईं। 1979 में इस्लामिक रिवोल्यूशन विजयी रही। चूंकि इस्लाम में महिलाओं के जज बनने पर पाबंदी है, अतः इस्लामिक रिवोल्यूशन सरकार ने शिरीन तथा अन्य महिला जजों को उनके पद से हटा दिया और क्लर्क के कार्यों वाली ड्यूटी दे दी। जिस कोर्ट में वह जज थीं, उसमें उन्हें क्लर्क बना दिया गया। सभी महिलाओं ने इसका विरोध किया, तब शिरीन एबादी सहित सभी पूर्व महिला जजों को न्याय विभाग में 'विशेषज्ञ' के रूप में नियुक्त कर दिया गया। शिरीन को यह स्थिति स्वीकार नहीं थी इस कारण उन्होंने जल्दी रिटायर होने की अपनी अर्ज़ी भेज दी। उनकी अर्ज़ी स्वीकार कर ली गई। चूंकि बार एसोसिएशन रिवोल्यूशन के बाद काफी समय बंद रही थी अतः उनकी वकालत करने की अर्ज़ी भी ठुकरा दी गई।

इसके पश्चात् वह काफी समय तक घर पर रहीं। अन्ततः 1992 में शिरीन को वकालत करने का लाइसेंस मिल सका तब वह अपनी प्रैक्टिस शुरू कर सकीं। इस बीच शिरीन ने अपना खाली वक्त अनेक पुस्तकें व लेख लिखने में व्यतीत किया।

उन्होंने लाइसेंस मिल जाने पर कई महत्त्वपूर्ण मामलों में कोर्ट में पैरवी की। शिरीन ने प्रेस सम्बन्धी, सामाजिक कार्यों सम्बन्धी तथा बच्चों से दुर्व्यवहार सम्बन्धी अनेक महत्त्वपूर्ण मुकदमे किये। उन्होंने एक फोटो पत्रकार मिसेज़ जहरा काज़मी की हत्या का मुकदमा भी लड़ा।

वह यूनीवर्सिटी में शिक्षण का कार्य भी करती हैं। ईरान से बाहर के अनेक छात्र उनसे शिक्षा प्राप्त करते हैं और उनके मानव अधिकार ट्रेनिंग पाठ्यक्रम में शामिल होते हैं।

शिरीन ने पश्चिमी देशों के सहयोग से ईरान में दो एनजीओ स्थापित किए हैं। इन एनजीओ के नाम हैं : सोसायटी फॉर प्रोटेक्टिंग द राइट्स ऑफ द चाइल्ड (SRPC), डिफेन्डर्स ऑफ ह्यूमन राइट्स सेंटर (DHRC)।

2002 में उन्होंने बच्चों को शारीरिक यातना/सज़ा के खिलाफ कानून बनाने में सहयोग किया, जो ईरान की संसद द्वारा 2002 में पास कर दिया गया।

शिरीन की एक पुस्तक का नाम है 'ईरान अवेकनिंग'। वह अपने लेखन में देश के प्रति प्रेम भी प्रदर्शित करती हैं और पश्चिमी देशों की आलोचना भी करती हैं। नोबेल पुरस्कार की घोषणा के बाद एक प्रेस कांफ्रेंस में शिरीन ने कहा कि अपने देश में विदेशों का हस्तक्षेप बरदाश्त नहीं करना चाहतीं। लेकिन उन्होंने इस्लामी सरकार के परमाणु विकास कार्यक्रम का समर्थन किया है।

नोबेल पुरस्कार

10 अक्तूबर, 2003 को शिरीन एबादी को उनके लोकतंत्र तथा मानव अधिकारों विशेषकर महिलाओं और बच्चों के अधिकारों के लिए प्रयास करने के लिए नोबेल शांति पुरस्कार प्रदान किया गया।

चयन समिति ने उन्हें 'साहसी व्यक्ति' बताया 'जिसने अपनी सुरक्षा की धमकियों की कभी परवाह नहीं की'। यद्यपि उनके पुरस्कार प्राप्त करने पर विश्वभर में अनेक लोगों को आश्चर्य हुआ।

अब वह पश्चिमी देशों में इसी उद्देश्य से यात्रा करती रहती हैं। वह जबरदस्ती सत्ता परिवर्तन के खिलाफ हैं। उनके पति जवाद तवासोलियान राष्ट्रपति खतामी के सलाहकार थे। शिरीन ने एक पुस्तक "डेमोक्रेसी ह्यूमन राइट्स एंड इस्लाम इन माडर्न ईरान : साइकलोजिकल, सोशल एंड कल्चरल पर्सपेक्टिव्स" नोबेल कमेटी को भेंट की।

पुरस्कार प्राप्त करने के बाद से वह विभिन्न देशों के लोगों के बीच जाकर लेक्चर देती रहती हैं, शिक्षण करती हैं, विभिन्न विचार व्यक्त करती हैं। उन्होंने अपनी आत्मकथा का अंग्रेज़ी अनुवाद किया है। अन्य पांच नोबेल पुरस्कार विजेता महिलाओं

के साथ उन्होंने 'नोबेल वीमेन्स इनीशिएटिव' बनाया है जो शांति, न्याय व समानता का समर्थन करता है।

पुरस्कार व सम्मान

- ☆ उन्हें 1996 में 'हयूमन राइट्स वॉच' द्वारा प्लेट प्रदान की गई।
- ☆ वह 1996 में 'हयूमन राइट्स वॉच' की आधिकारिक तौर पर दर्शक बनीं।
- ☆ 2001 में एबादी को नार्वे में मानव अधिकार पुरस्कार 'राफ्टो प्राइज़' दिया गया।
- ☆ 2003 में उन्हें नोबेल शांति पुरस्कार दिया गया।
- ☆ 2004 में एबादी को वीमेन्स ई न्यूज का '21 लीडर्स फार द ट्वेन्टी फर्स्ट सेंचुरी अवार्ड' मिला।
- ☆ 2004 में शिरीन एबादी को कई पुरस्कार प्राप्त हुए जो इस प्रकार हैं- 'इन्टरनेशनल डेमोक्रेसी अवार्ड', 'लॉयर ऑफ द इयर', 'इंटरफेथ सेंटर फॉर न्यूयार्क' द्वारा 'जेम्स पार्क्स मॉर्टन इंटरफेथ अवार्ड'।
- ☆ 2004 में शिरीन को विलियम्स कालेज, ब्राउन यूनीवर्सिटी, यूनीवर्सिटी ऑफ ब्रिटिश कोलंबिया द्वारा डाक्टर ऑफ लॉज की डिग्री प्रदान की गई।
- ☆ 2004 में उन्हें अनेक विभिन्न विश्वविद्यालयों द्वारा आनरेरी डाक्टरेट दी गई जैसे—टोरंटो विश्वविद्यालय, सिमोन फ्रेजर विश्वविद्यालय।
- ☆ आस्ट्रेलियन कैथोलिक यूनीवर्सिटी, सैनफ्रांसिस्को विश्वविद्यालय, कानकार्डिया विश्वविद्यालय द्वारा 2005 में उन्हें डाक्टरेट प्रदान की गई।
- ☆ 2005 में ही उन्हें यूनीवर्सिटी ऑफ यार्क तथा यूनीवर्सिटी ऑफ कनाडा द्वारा आनरेरी डिग्री प्रदान की गई।
- ☆ 2005 में शिरीन को यूटीआई पीस बिल्डिंग अवार्ड तथा गोल्डन प्लेट अवार्ड मिले।
- ☆ 2006 में उन्हें 'लीज़ेन ऑफ आनर अवार्ड' प्राप्त हुआ।
- ☆ 2007 में शिरीन को लोयोल यूनीवर्सिटी शिकागो, तथा द न्यू स्कूल यूनीवर्सिटी द्वारा आनरेरी डाक्टरेट दिया गया।
- ☆ 2008 में उन्हें '15 चैंपियंस ऑफ वर्ल्ड डेमोक्रेसी' पुरस्कार मिला।
- ☆ 2009 में उन्हें ग्लोबल डिफेंस ऑफ ह्यूमन राइट्स के लिए 'इंटरनेशनल सर्विस हयूमन राइट्स अवार्ड' दिया गया।
- ☆ 2009 में उन्हें मार्क्वेट यूनीवर्सिटी द्वारा तथा 2011 में यूनीवर्सिटी ऑफ कैम्ब्रिज द्वारा आनरेरी डाक्टर ऑफ लॉ डिग्री प्रदान की गई।

अल्फ्रीड जेलिनेक
(Elfriede Jelinek)
1946–

नोबेल पुरस्कार : साहित्य, 2004

राष्ट्रीयता : ऑस्ट्रियन

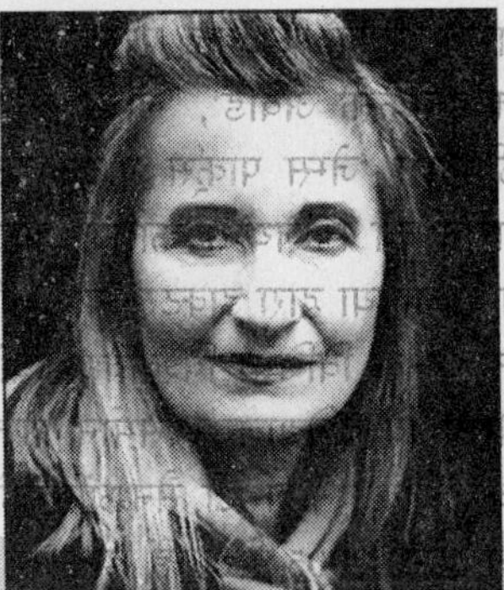

अल्फ्रीदी जेलीनेक आस्ट्रिया की उपन्यासकार तथा नाटककार हैं, जिन्हें 2004 में साहित्य का नोबेल पुरस्कार प्रदान किया गया। वह अपने देश के प्रसिद्ध उपन्यासकार थामस बर्नार्ड की युवा पीढ़ी की लेखिका हैं। उन्हीं के समान वह विश्वप्रसिद्ध लेखिका हैं और उन्हें अपने देश में आलोचनाओं का सामना करना पड़ता है। उनके गद्य लेखन तथा नाटक सदैव विवादित रहते हैं। लेकिन यह कहा जा सकता है कि अल्फ्रीड वर्तमान समय की प्रभावशाली लेखिका हैं। वह साहित्य का नोबेल पुरस्कार पाने वाली आस्ट्रिया की प्रथम लेखिका हैं।

आरम्भिक जीवन व शिक्षा

अल्फ्रीड जेलिनेक का जन्म 20 अक्तूबर, 1946 को मुर्जुलाग, स्टीरिया, आस्ट्रिया

में हुआ था। उनकी मां रोमानियन-जर्मन थीं तथा पिता चेक यहूदी थे। उनका लालन-पालन आस्ट्रिया के वियना में हुआ। चेक भाषा में जेलीनेक का अर्थ होता है छोटा हिरन।

अल्फ्रीड के पिता एक रसायनशास्त्री थे जिन्होंने द्वितीय विश्वयुद्ध के दौरान अत्याचारों से बचने के लिए किसी औद्योगिक निर्माण कंपनी में कार्य कर लिया था। उस वक्त अनेक परिवार उस विश्वयुद्ध के कष्टमय समय अत्याचारों का शिकार हुए थे। अल्फ्रीड बड़े होने तक अपनी मां के साथ रहती रहीं लेकिन उनसे अल्फ्रीड के रिश्ते मधुर नहीं रहे। वियना के रोमन कैथोलिक कान्वेंट स्कूल में उनकी आरम्भिक शिक्षा हुई।

अल्फ्रीड की मां उन्हें संगीत के क्षेत्र में भेजना चाहती थीं, अतः उन्हें पियानो, आर्गन, गिटार, वायलिन, वायला तथा रिकार्डर जैसे वाद्यों की ट्रेनिंग दी गई। बाद में वह वियना की कंजर्वेटरी में पढ़ने गई जहां उन्होंने 'आर्गन' का डिप्लोमा 1971 में प्राप्त किया। उन्होंने 1964 में वियना विश्वविद्यालय से कला, इतिहास तथा ड्रामा की पढ़ाई भी की। लेकिन अल्फ्रीड को अपनी पढ़ाई अपनी खराब तबीयत के कारण बीच में ही छोड़नी पड़ी।

अल्फ्रीड ने बहुत कम उम्र में कविता लिखना आरंभ कर दिया था। उनका पहला साहित्यिक संग्रह 1967 में 'लिसास स्केटन' (आस्ट्रियाई भाषा) प्रकाशित हुआ। 1974 में 12 जून को अल्फ्रीड ने गॉटफ्राइड हंगसबर्ग से विवाह कर लिया। उनकी कोई संतान नहीं है।

लेखन कार्य

अल्फ्रीड को जब तक नोबेल पुरस्कार नहीं मिला था, तब तक जर्मन भाषा के जानकार लोगों के अतिरिक्त अन्य लोगों तक उनका लेखन नहीं पहुंचा था। यहाँ भी उनकी आस्ट्रिया के प्रसिद्ध नाटककार थॉमस बर्नार्ड से समानता पाई जा सकती है। अल्फ्रीड के लेखन में आस्ट्रिया के पारंपरिक साहित्य का चित्रण गहराई से पाया जाता है। उनके लेखन में आस्ट्रिया के लेखकों इंजेबर्ग बचमैन तथा राबर्ट म्यूसिल का प्रभाव दिखाई देता है।

अल्फ्रीड जेलीनेक का लेखन विभिन्न विषयों पर और बहुत विवादित रहा है। साहित्यिक आलोचकों द्वारा कभी उसकी प्रशंसा और कभी आलोचना होती रही है। उदाहरण के लिए 'फ्रिटजल केस' के लिए उनकी खूब आलोचना हुई कि उन्होंने आस्ट्रिया का सही चित्रण नहीं किया है। यहां तक कि उनकी राजनीतिक सक्रियता की भी आलोचना होती रही है।

उनके लेखन में मुख्य विषय है महिलाओं में सेक्सुअलिटी तथा दोनों सेक्स

के बीच आपसी युद्ध। उनकी रचनाएं 'वी आर डेकाय, बेबी!', 'वीमेन ऐज लवर्स, तथा 'द पियानो टीचर' मानव रिश्तों में शक्ति और क्रूरता का चित्रण करती हैं। अल्फ्रीड के अनुसार शक्ति और ज़िद अक्सर सम्बन्धों में महत्त्वपूर्ण भूमिका निभाते हैं। उनका एक उपन्यास 'लस्ट' बिल्कुल इसी विषय पर आधारित है। इस पुस्तक की बहुत आलोचना हुई और कुछ लोगों ने इसे 'पोर्नोग्राफी' तक कहा।

अपने बाद के लेखन में अल्फ्रीड ने महिला विषय छोड़कर सामाजिक आलोचना वाले विषयों को चुना जिसमें आस्ट्रिया के लोगों की परेशानियों का ज़िक्र है जिन्हें नाज़ीवाद को स्वीकार करना मुश्किल है। इसका उदाहरण है 'द चिल्ड्रन ऑफ द टुडे'।

राजनीति से जुड़ाव

उनका दृष्टिकोण महिलावादी रहा है तथा उनका कम्युनिस्ट पार्टी से नाता रहा है। अल्फ्रीड आस्ट्रिया की कम्युनिस्ट पार्टी की 1974 से 1991 तक सदस्य रहीं। 1999 में नेशनल काउंसिल चुनाव में मिलीजुली सरकार बन गई, जिसमें फ्रीडम पार्टी तथा आस्ट्रियाज पीपल्स पार्टी थी। अल्फ्रीड जेलिनेक ने इस सरकार के मंत्रियों की खूब आलोचना की।

नोबेल पुरस्कार

अल्फ्रीड जेलिनेक को 2004 में साहित्य का नोबेल पुरस्कार दिया गया। उनके प्रशंसा पत्र में कहा गया कि "उनके उपन्यास और नाटकों में आवाज़ों तथा प्रति-आवाज़ों में संगीतमय लय है तथा उनमें अत्यधिक भाषायी उत्साह है जो समाज के ताने-बाने और शक्ति की बुराइयों को प्रदर्शित करता है।"

जेलीनेक को नोबेल पुरस्कार प्राप्त करने पर बेहद खुशी हुई, लेकिन वह इस बात से दुखी थीं कि वह सामान्य से एक खास प्रसिद्ध व्यक्ति बन जाएंगी और उनका निजी जीवन सार्वजनिक हो जाएगा। उनकी इस बात की भी आलोचना हुई कि वह नोबेल पुरस्कार लेने स्वयं नहीं गईं, इसकी जगह उन्होंने अपना 'वीडियो संदेश' भिजवाया। यद्यपि कुछ लोगों ने इस बात की प्रशंसा की कि अल्फ्रीड ने इस तरह यह प्रदर्शित कर दिया कि वह समाज के फोबिया से ग्रस्त हैं। उनके 'एग्जायटी डिस्आर्डर' के कारण वह सिनेमा या हवाई जहाज़ जैसी जगहों में जाने से डरती है।

2005 में नट एनलंड ने उन्हें पुरस्कार दिए जाने के विरोध स्वरूप स्वीडिश एकेडेमी से त्यागपत्र दे दिया। उनके अनुसार अल्फ्रीड जेलिनेक का लेखन चिल्ल-पों से भरा हुआ, गैर आनन्ददायक तथा अश्लील है, जिसमें कोई कलात्मकता नहीं है,

यूं ही ठूंसा गया शब्दों का संग्रह मात्र है। नट एनलंड के अनुसार अल्फ्रीड को पुरस्कार देने से साहित्य व कला की गरिमा कम हुई है।

पुरस्कार व अन्य सम्मान

- ☆ 1974 में उनकी पुस्तक पर आधारित रेडियो नाटक 'व्हेन द सन सिंक्स इट्स टाइम टू क्लोज शॉप' को डाय प्रेस द्वारा वर्ष का सबसे सफल रेडियो नाटक घोषित किया गया।
- ☆ 1978 में अल्फ्रीड को स्टैट बैड जैंड रशीम का 'रोसविता मेमोरियल' मेडल दिया गया।
- ☆ 1979 में उन्हें फिल्मी लेखन के लिए 'वेस्ट जर्मन इन्टीरियर मिनिस्ट्री पुरस्कार' दिया गया।
- ☆ 1983 में उन्हें 'वेस्ट जर्मन मिनिस्ट्री ऑफ एजूकेशन एंड आर्ट एप्रीसिएशन पुरस्कार' दिया गया।
- ☆ 1986 में अल्फ्रीड को 'सिटी ऑफ कोलोन डीनरिच बोल पुरस्कार' मिला।
- ☆ 1987 में उन्हें 'प्रॉविंस ऑफ स्टीरिया लिटरेचर' तथा 1989 में 'सिटी ऑफ वियना लिटरेचर एप्रीसिएशन' पुरस्कार प्राप्त हुए।
- ☆ 1994 में उन्हें 'सिटी ऑफ आचेन वाल्टर हेसनक्लेवर तथा 'सिटी ऑफ बोचम पीटर वीइस' पुरस्कार दिए गए।
- ☆ 1996 में अल्फ्रीड को 'ब्रीमर लिटरेचर प्राइज़' मिला।
- ☆ 1998 में उन्हें 'जार्ज बुचनर' पुरस्कार दिया गया।
- ☆ 2002 में उन्हें बर्लिन थियेटर पुरस्कार मिला।
- ☆ 2004 में ही उन्हें साहित्य का 'नोबेल पुरस्कार' तथा 'स्टिग डागरमैन' पुरस्कार प्राप्त हुए।
- ☆ अल्फ्रीड जेलिनेक के उपन्यास पर आधारित फिल्म आस्ट्रिया के निर्देशक मिशेल हूनेके ने बनाई, जिसका नाम रखा गया 'द पियानो टीचर'।

वंगारी माथाई

(Wangari Maathai)

1940-2011

नोबेल पुरस्कार : शांति, 2004
राष्ट्रीयता : केन्या

वंगारी माथाई नोबेल शांति पुरस्कार पाने वाली प्रथम अफ्रीकन महिला थीं। वह पूर्वी और केन्द्रीय अफ्रीका की प्रथम महिला थीं, जिन्होंने डाक्टरेट की डिग्री हासिल की थी। वह केन्या की पर्यावरणविद व सक्रिय राजनीतिक कार्यकर्तृ थीं। 1970 के दशक में उन्होंने 'ग्रीन बेल्ट मूवमेंट' नामक एनजीओ की स्थापना की थी जिसका उद्देश्य पौधे लगाना, वातावरण को सुरक्षित रखना और महिला अधिकारों की सुरक्षा करना था। 1986 में उन्हें 'राइट लिवलीहुड अवार्ड' प्रदान किया गया। 2004 में उन्हें उनके प्रयासों के लिए नोबेल शांति पुरस्कार प्रदान किया गया। वह संसद की निर्वाचित सदस्य थीं और 2003 से 2005 के बीच केन्या की पर्यावरण तथा प्राकृतिक संसाधन सहायक मंत्री रहीं। 2011 में ओवरी के कैंसर से उनकी मृत्यु हो गई।

आरम्भिक जीवन व शिक्षा

वंगारी माथाई का जन्म 1 अप्रैल, 1940 को न्येरी ज़िले के इहिथे गांव में हुआ था जो केन्या के सेंट्रल हाइलैंड में है। उनका परिवार किकूयू था। किकूयू केन्या का एथनिक ग्रुप है जो पीढ़ियों से इस क्षेत्र में रहता रहा है। 1943 में नाकूरू शहर के निकट रिफ्ट वैली में बने फार्म में वंगारी का परिवार रहने चला गया क्योंकि उनके पिता को वहां कार्य मिल गया था। लेकिन 1947 में वंगारी अपनी मां के साथ अपने गांव इहिथे लौट आई क्योंकि उनके दो भाइयों को गांव के स्कूल में प्राइमरी शिक्षा प्राप्त करनी थी। जबकि इस फार्म के आसपास कोई स्कूल नहीं था। उनके पिता फार्म में ही रहकर कार्य करते रहे। 8 वर्ष की आयु में वंगारी भी अपने भाइयों के साथ प्राइमरी स्कूल जाने लगीं।

11 वर्ष की आयु में वंगारी न्येरी के मथारी कैथोलिक मिशन के बोर्डिंग स्कूल सेंट सेसीलिया प्राइमरी स्कूल में पढ़ने चली गईं। वहीं वह 4 वर्ष तक पढ़ती रहीं। इस बीच वह अच्छी अंग्रेज़ी बोलना सीख गईं और कैथोलिक बन गईं। वह ईसाई सोसायटी 'लीज़ेन ऑफ मेरी' से भी जुड़ गईं जिसमें सदस्य अपने सहयोगियों की सहायता ईश्वरीय भाव से करते थे।

1956 में जब वंगारी की शिक्षा सेसीलिया प्राइमरी स्कूल में पूरी हो गई तो वह अपनी कक्षा में प्रथम आई थीं, अतः केन्या में लड़कियों के एकमात्र कैथोलिक हाईस्कूल लोरेटो हाई स्कूल लिमूरू में उन्हें प्रवेश मिल गया। 1959 में लोरेटो से शिक्षा पूरी करने के पश्चात् उन्होंने युगांडा के कम्पाला की यूनीवर्सिटी ऑफ ईस्ट अफ्रीका में प्रवेश लेने की सोची। लेकिन तभी एक सरकारी योजना के अन्तर्गत मेधावी छात्रों को पश्चिमी देशों में शिक्षा उपलब्ध कराने का कार्यक्रम बनाया गया जिसके लिए अमेरिकी सीनेटर जॉन एफ कैनेडी ने आर्थिक सहायता देने की सहमति दी। इस कार्यक्रम को 'एयरलिफ्ट अफ्रीका' नाम दिया गया। केन्या के 300 छात्रों में वंगारी को भी अमेरिकी शिक्षा के लिए 1960 में चुना गया।

वंगारी ने स्कालरशिप लेकर माउंट सेंट स्कॉलेस्टिका कालेज, एटचीसन, कसांस से बायोलॉजी में 1964 में बीएससी कर ली। फिर जनवरी, 1966 में यूनिवर्सिटी ऑफ पिट्सबर्ग से उन्होंने बायोलॉजी में मास्टर्स डिग्री ली। यहां रहकर उन्होंने वातावरण की स्वच्छता के प्रति पहली बार जागरूकता महसूस की क्योंकि स्थानीय पर्यावरणविद शहर को वायु प्रदूषण मुक्त करने के प्रयास में लगे थे। इसके बाद उनकी नियुक्ति यूनीवर्सिटी कॉलेज ऑफ नैरोबी में जीव विज्ञान के प्रोफेसर के यहां अनुसंधान असिस्टेंट के रूप में हो गई।

अप्रैल, 1966 में उनकी मुलाकात मवांगी मथाई से हुई। उन्होंने भी अमेरिका

से शिक्षा प्राप्त की थी। 1969 में वह नैरोबी लौट आईं ताकि नैरोबी के यूनीवर्सिटी कॉलेज में असिस्टेंट लेक्चरर के रूप में कार्य कर सके। मई, 1969 में उन्होंने व मवांगी मथाई ने विवाह कर लिया। इसके बाद उनके पति ने संसद का चुनाव लड़ा, परन्तु हार गए। वह एक पुत्र वावेस की मां बन गईं।

1971 में उन्होंने यूनिवर्सिटी कॉलेज, नैरोबी से पीएच.डी. पूर्ण की। वह पीएचडी करने वाली पूर्वी अफ्रीका की प्रथम महिला बन गईं। उन्हें शरीर रचना विज्ञान में डाक्टरेट प्राप्त हुई थी। 1971 के दिसम्बर में उनकी पुत्री वंजीरा का जन्म हुआ।

1974 में उनकी तीसरी संतान मुता हुई। उनके पति ने पुनः संसद का चुनाव लड़ा और जीता। इस बीच उनमें आपस में मतभेद हो गए। 1977 में दोनों अलग रहने लगे। 1979 में मवांगी मथाई ने अपनी तलाक याचिका फाइल कर दी। उनका कहना था कि वंगारी बहुत मज़बूत दिमाग वाली व उसके नियंत्रण से बाहर महिला है, अतः वे साथ नहीं रह सकते। कुछ समय बाद उनका तलाक हो गया। मवांगी ने तलाक के बाद वंगारी से अपना सरनेम बदलने को कहा। तब वंगारी ने अपने सरनेम 'मथाई' में अतिरिक्त ए जोड़कर 'माथाई' कर लिया।

कैरियर व अन्य सक्रिय कार्य

वंगारी नैरोबी में शरीर रचना विज्ञान की सीनियर लेक्चरर के रूप में शिक्षण करती रहीं। 1976 में वह पशुचिकित्सा-शरीर रचना विज्ञान के विभाग की प्रमुख बन गईं। 1977 में वह वहां एसोसिएट प्रोफेसर के पद पर नियुक्त हो गईं। इन पदों पर पहुंचने वाली वंगारी नैरोबी की प्रथम महिला थीं। उन्होंने इसी कार्य के दिनों में विश्वविद्यालय की महिला कर्मचारियों को समान सुविधाएं देने की मुहिम चलाई और सभी कर्मचारियों की एक यूनियन बना ली। यद्यपि शुरू में उनकी माँगें नहीं मानी गईं, पर बाद में काफी माँगें स्वीकार कर ली गईं।

इन्हीं दिनों वंगारी माथाई ने कई नागरिक संगठनों से जुड़ना आरम्भ कर दिया। वह केन्या रेड क्रास सोसायटी की सदस्य बन गईं, फिर 1973 में इसकी निर्देशिका बन गईं। वह केन्या एसोसिएशन ऑफ यूनीवर्सिटी वीमेन की भी सदस्या बनीं। 1974 में स्थापित एनवायर्नमेंट लाइज़न सेंटर की स्थापना के कुछ समय बाद वह इसकी अध्यक्ष बन गईं। इसी के माध्यम से उन्होंने अमेरिकी पर्यावरण कार्यक्रम के साथ सहयोग करके नाता जोड़ा। अमेरिकी कार्यक्रम का मुख्य कार्यालय नैरोबी में बनाया गया। 1972 में इसकी स्टाकहोम में कांफ्रेस हुई।

वंगारी 'नेशनल काउंसिल ऑफ वीमेन ऑफ केन्या' में शामिल हो गईं। वह इसमें 1976 से 87 तक सक्रिय रहीं और 1981 से 1987 तक इसकी चेयरपर्सन रहीं। जब वह नेशनल काउंसिल ऑफ वीमेन के लिए सक्रिय थीं तब उन्होंने 1976

में लोगों के साथ मिल कर पौधारोपण का कार्यक्रम शुरू किया और धीरे-धीरे इसे आगे बढ़ाती रहीं। वह वातावरण की सुरक्षा के लिए और लोगों का जीवन सुधारने के लिए महिला समूहों के साथ पौधे लगाती रहीं। अपने 'ग्रीन बेल्ट' आंदोलन के द्वारा उन्होंने महिलाओं द्वारा 20 मिलियन (लगभग 2 करोड़) पौधे फार्म, स्कूल, चर्च आदि स्थानों पर लगाए हैं।

1986 में यह ग्रीन बेल्ट आंदोलन अफ्रीका के अन्य देशों में भी नेटवर्क बनाने में सफल रहा। अन्य अफ्रीकी देशों के लोगों ने अपने-अपने देशों में इसी प्रकार पौधे लगाने के कार्यक्रम शुरू किए हैं। ये देश हैं—तंजानिया, युगांडा मालावी, लेसोथो, इथिओपिया, ज़िम्बाव्वे आदि। 1986 में उन्होंने एक आंदोलन 'जुबली 2000 कोलीशन' नाम से चलाया। उनका ज़मीन हथियाने के विरुद्ध तथा जंगल की जमीन बंटवारे के विरुद्ध आंदोलन भी चर्चित रहा।

वंगारी माथाई लोकतन्त्र, मानव अधिकारों और वातावरण संरक्षण के अपने संघर्षों के लिए अन्तरराष्ट्रीय रूप से प्रसिद्ध हो चुकी हैं। जनवरी, 2002 में वह पुनः शिक्षण में लौट आईं। वह डोरोथी मैक क्लेस्की विज़िटिंग प्रोफेसर के रूप में येल यूनीवर्सिटी के फारेस्ट्री एंड एनवायर्नमेंटल स्टडीज़ में पर्यावरण का शिक्षण करने लगीं। जून, 2002 तक वह ग्रीन बेल्ट आंदोलन से संबंधित शिक्षण पर ज़ोर देती रहीं।

संसद चुनाव में सक्रियता

2002 में 'नेशनल रेनबो कोलीशन' के अन्तर्गत अनेक विपक्षी पार्टियां इकट्ठी हो गईं जिसके लिए वंगारी माथाई ने चुनाव प्रचार किया। 27 दिसम्बर, 2002 को नेशनल रेनबो कोलीशन ने सत्तारूढ़ पार्टी केन्या अफ्रीकन नेशनल यूनियन को हरा दिया। अपने क्षेत्र में वंगारी भारी (98 प्रतिशत) मतों से विजयी रहीं। जनवरी, 2003 से नवम्बर, 2005 तक वह पर्यावरण और प्राकृतिक संसाधन मंत्रालय में असिस्टेंट मंत्री रहीं।

उन्होंने 2003 में माजींगीरा ग्रीन पार्टी ऑफ केन्या की भी स्थापना की जो हरित आंदोलन से संबंधित है। वह फेडरेशन ऑफ ग्रीन पार्टीज़ ऑफ अफ्रीका तथा ग्लोबल ग्रीन्स की भी सदस्य हैं।

नोबेल पुरस्कार

2004 में वंगारी माथाई को नोबेल शांति पुरस्कार प्रदान किया गया। यह पुरस्कार उन्हें विकास, लोकतंत्र और शांति प्रयासों के लिए दिया गया। वह यह पुरस्कार जीतने वाली अफ्रीका की प्रथम महिला तथा प्रथम पर्यावरणविद बन गईं।

पुरस्कार के बाद जीवन

2005 में वंगारी अफ्रीकी संघ के आर्थिक सामाजिक तथा सांस्कृतिक परिषद की प्रथम अध्यक्ष चुनी गईं। वह कांगो बेसिन फारेस्ट इकोसिस्टम के संरक्षण के लिए सद्भावना दूत बनाई गईं। 2006 में विंटर ओलंपिक के उद्घाटन समारोह में आठ झंडा पकड़ने वालों में से वह एक थीं। वह नोबेल वीमेन्स इनीशिएटिव के छह संस्थापकों में से एक थीं। इसमें अन्य नोबेल विजेता महिलाएं थीं-जोडी विलियम्स, शिरीन एबादी, रिगोबर्टा मेंचू, बेट्टी विलियम्स तथा मेयरीड कोरीगन मैगुइर। ये छह महिलाएं उत्तरी अमेरिका, दक्षिणी अमेरिका, यूरोप, मध्यपूर्व तथा अफ्रीका का प्रतिनिधित्व करती हैं। इन्होंने संयुक्त प्रयासों द्वारा विश्व में शांति द्वारा समानता व न्याय लाने का निश्चय किया है। यह विश्व की महिलाओं के अधिकारों की सुरक्षा के लिए प्रतिबद्ध हैं।

2007 के संसद चुनावों में वंगारी पराजित हो गईं। जून, 2009 में वंगारी माथाई 'पीस वाईपीस डॉट कॉम' की ओर से प्रथम शांति हीरो के रूप में चुनी गईं। अपनी मृत्यु तक वंगारी ऐसोसिएशन ऑफ यूरोपियन पार्लियामेंटेरियन्स विद अफ्रीका की सलाहकार समिति में रहीं। ओवरी के कैंसर के कारण इलाज के दौरान 25 सितम्बर, 2011 को 71 वर्ष की आयु में नैरोबी अस्पताल में उनकी मृत्यु हो गई।

पुरस्कार व सम्मान

- ☆ 1984 में उन्हें प्रतिष्ठित 'राइट लिवली हुड' पुरस्कार मिला।
- ☆ 1986 में वंगारी को 'बैटर वर्ल्ड सोसायटी अवार्ड मिला।
- ☆ 1987 में उन्हें ग्लोबल रोल ऑफ आनर पुरस्कार प्राप्त हुआ।
- ☆ 1991 में वंगारी को गोल्डमैन एनवायर्नमेंट पुरस्कार मिला।
- ☆ 1991 में उन्हें 'अफ्रीका प्राइज़ फॉर लीडरशिप' प्राप्त हुआ।
- ☆ 1993 में उन्हें अनेक पुरस्कार प्राप्त हुए : एडिनबर्ग मेडल, जेन एडम्स लीडरशिप अवार्ड, बेनेडिक्टाइन कॉलेज ऑफ रामस मेडल।
- ☆ 1994 में उन्हें गोल्डन अर्क अवार्ड मिला।
- ☆ 2001 में वंगारी को द जूलियट होलिस्टर अवार्ड मिला।
- ☆ 2003 में वर्ल्ड एसोसिएशन ऑफ एनजीओ द्वारा उन्हें ग्लोबल एनवायर्नमेंट अवार्ड दिया गया।
- ☆ 2004 में उन्हें ये पुरस्कार मिले : कोलम्बिया यूनिवर्सिटी का 'कंजर्वेशन साइंटिस्ट अवार्ड', जे स्टर्लिंग मार्टन अवार्ड, पेट्रा केली अवार्ड, सोफी प्राइज़।
- ☆ 2004 में वंगारी को नोबेल शांति पुरस्कार प्राप्त हुआ।

- ☆ 2006 में उन्हें 'लीज़ेन ड ऑनर' प्राप्त हुआ।
- ☆ 2007 में उन्हें वर्ल्ड सिटीज़नशिप अवार्ड मिला।
- ☆ 2007 में वंगारी को इंदिरा गांधी पुरस्कार दिया गया।
- ☆ 2007 में उन्हें 'क्रास ऑफ द आर्डर ऑफसेट बेनेडिक्ट' मिला।
- ☆ 2008 में उन्हें एलिज़ाबेथ ब्लेकवेल अवार्ड प्रदान किया गया।
- ☆ 2009 में उन्हें जापान का आर्डर ऑफ द राइज़िंग सन पुरस्कार दिया गया।
- ☆ 2011 में उन्हें वन्डेबिल्ट यूनिवर्सिटी द्वारा 'द निकोल चांसलर्स मेडल' प्रदान किया गया।

लिंडा ब्राउन बक

(Linda Brown Buck)

1947–

नोबेल पुरस्कार : चिकित्सा : शरीर विज्ञान, 2004

राष्ट्रीयता : अमरीकी

लिंडा ब्राउन बक अमेरिकी जीव विज्ञानवेत्ता हैं जिन्होंने 'आल्फ्रेटरी सिस्टम' पर कार्य किया है। उन्हें 2004 में शरीर विज्ञान/औषधि विज्ञान का नोबेल पुरस्कार सह विजेता के रूप में रिचर्ड एक्सेल के साथ प्रदान किया गया।

1991 में प्रकाशित उनके पेपर के अनुसार लिंडा बक और एक्सेल ने आल्फ्रेटरी रिसेप्टर्स को क्लोन किया और यह प्रदर्शित किया कि वे सभी 'जी प्रोटीन कपल्ड रिसेप्टर्स' के परिवार जैसे हैं। उन्होंने चूहों के डीएनए पर प्रयोग करके बताया कि वे करीब हज़ार भिन्न प्रकार के जींस होते हैं जो सभी स्तनधारी जीवों के आल्फ्रेटरी रिसेप्टर्स में होते हैं। इस अनुसंधान के द्वारा 'आल्फेक्शन' की जींस संबंधी तथा आणुविक विश्लेषण की शुरुआत हो गई।

आरम्भिक जीवन

लिंडा बक का जन्म अमेरिका के सिएटल, वाशिंगटन में 29 जनवरी, 1947 को हुआ था। उनकी मां स्वीडिश तथा पिता आयरिश आप्रवासी परिवारों से थे। वह तीन बहनों में दूसरे नम्बर पर थीं। उनकी मां घरेलू गृहिणी तथा पिता इलेक्ट्रीकल इंजीनियर थे। उनकी मां काफी बुद्धिमान थीं जो अक्सर 'वर्ड पजल्स' में लगी रहती थीं तथा पिता घर के बेसमेंट में नई चीज़ें खोजने व बनाने में लगे रहते थे। शायद इन्हीं पजल्स और खोजों के कारण लिंडा में भी विज्ञान के प्रति रुचि जागृत हो गई। उन्होंने बचपन में कभी नहीं सोचा था कि वह वैज्ञानिक बनेंगी।

वह बचपन में जिज्ञासु स्वभाव की थीं और जल्दी ही चीज़ों से बोर हो जाती थीं। बचपन में पढ़ाई के साथ उन्होंने संगीत की कक्षाएं भी लीं। वह बचपन में अपनी नानी के साथ काफी रहीं जिन्होंने उन्हें स्वीडन में अपने बचपन के बारे में कहानियां सुनाईं, जो उन्हें बहुत अच्छी लगती थीं। उनके माता-पिता उन्हें सभी अच्छे कार्यों के लिए उत्साहित करते थे और उन्होंने उन्हें इस बात के लिए विश्वास दिलाया कि उनमें कुछ भी कर पाने की योग्यता है। ये बातें उनकी ज़िंदगी में उनकी प्रेरणा बनीं।

उन्होंने अपनी अंडरग्रेजुएट शिक्षा यूनीवर्सिटी ऑफ वाशिंगटन से प्राप्त की। जहां पास में ही उनका घर था। वह अपना कैरियर ऐसे क्षेत्र में बनाना चाहती थीं जिसमें वह दूसरों की मदद कर सकें। पहले उन्होंने मनोविज्ञान पढ़ने का फैसला किया ताकि वह मनोवैज्ञानिक बन सकें। धीरे-धीरे उनके विचार बदलते रहे और कोई भी कार्य आदर्श कार्य नहीं लग रहा था। अगले कुछ वर्षों में उन्होंने पास के द्वीप सिएटल में जाकर कुछ कक्षाएं लीं। तब उन्होंने एक पाठ्यक्रम प्रतिरक्षाकरण (इम्यूनोलॉजी) पर किया। इसमें उन्हें इतना आनन्द आया कि उन्होंने जीवविज्ञानी बनने का फैसला कर लिया।

1975 में उन्होंने उल्लास के यूनीवर्सिटी ऑफ टेक्सास मेडिकल सेंटर के सूक्ष्मजीव-विज्ञान की स्नातक परीक्षा की पढ़ाई आरम्भ की। उन्होंने थोड़ा-बहुत अनुसंधान वाल्टर मॉक्स के साथ मनोविज्ञान में वाशिंगटन में ही शुरू कर दिया था। फिर उर्सुला स्टार्ब के साथ उन्होंने प्रतिरक्षाकरण में अनुसंधान की शुरुआत कर दी। लेकिन असली वैज्ञानिक बनने की शुरुआत उन्होंने टैक्सास में ही की। उनके थीसिस सलाहकार एलेन विटेटा ने उन्हें सभी कार्यों में उत्कृष्टता के लिए प्रेरित किया, जिससे उन्हें कार्यों व अनुसंधान में बेहतर कार्य की प्रेरणा मिली।

व्यवसाय

1980 में लिंडा बक न्यूयार्क की कोलम्बिया यूनीवर्सिटी में प्रतिरक्षाकरण पर पोस्ट डाक्टरेट करने चली गईं। वहां उन्होंने बेनवेनुटो पर्निस के साथ कार्य किया।

1991 में लिंडा हार्वर्ड यूनीवर्सिटी में न्यूरोबायोलॉजी की असिस्टेंट प्रोफेसर बन गईं जहां उन्होंने नर्वस सिस्टम पर अपनी जानकारी को और विस्तार दिया। उनके अनुसंधान का मुख्य उद्देश्य है कि कैसे विभिन्न प्रकार की गंध नाक द्वारा पहचानी जाती है और किस प्रकार उन्हें मस्तिष्क तक पहुंचाया जाता है। 1991 में लिंडा बक ने अपने सहयोगी रिचर्ड एक्सेल के साथ खुशबुओं को पहचानने वाले'रिसेप्टर्स' की खोज के बारे में प्रकाशित कराया। उन्हें इस बात से बेहद संतुष्टि मिली थी कि उनकी इस खोज को अनेक लेबोरेटरी, जो सूंघने की इंद्रिय पर कार्य कर रही थीं, इस तकनीक का जल्दी ही प्रयोग करने लगीं।

2001 से 2002 के बीच लिंडा बक बोस्टन के हावर्ड मेडिकल स्कूल में न्यूरोबायोलॉजी विभाग में प्रोफेसर रहीं। 2002 से लिंडा फ्रेड हचिन्सन कैंसर रिसर्च सेंटर में फुल मेम्बर हैं, 2003 से यूनीवर्सिटी ऑफ वाशिंगटन, सियेटल में शरीर विज्ञान और जीव भौतिक की सहयोगी प्रोफेसर हैं तथा 2001 से हावर्ड ह्यूजेस मेडिकल इंस्टीट्यूट में खोजबीन अधिकारी हैं। 2004 में उन्हें नेशनल एकेडेमी ऑफ साइंसेज़ में शामिल कर लिया गया। 2008 में लिंडा बक को अमेरिकन एकेडेमी ऑफ आर्ट्स एंड साइंसेज़ का फैलो चुन लिया गया।

पुरस्कार व अन्य सम्मान

☆ 1992 में लिंडा को 'द टकासागो अवार्ड' सूंघने की शक्ति संबंधित अनुसंधान के लिए दिया गया।

☆ 1995 में उन्हें यूनीवर्सिटी ऑफ टेक्सास मेडिकल सेंटर के ग्रेजुएट स्कूल के 'डिस्टिंग्विश्ड एल्यूमनस' के रूप में पुरस्कृत किया गया।

☆ 1996 में उन्हें 'द यूनीलिवर साइंस अवार्ड' दिया गया।

☆ 1996 में ही उन्हें 'आल्फेक्टरी रिसर्च' के लिए 'द आर एच राइट अवार्ड' दिया गया।

☆ 1997 में लिंडा को मेडिकल अनुसंधान में कार्य करने के लिए 'द लुइस ए रोजेन्टील अवार्ड' प्राप्त हुआ।

☆ 1999 में लिंडा बक को नेशनल इंस्टीट्यूट ऑफ हेल्थ का 'एन आई एच डायरेक्टर्स लेक्चरर' तथा स्वीडन के केरोलिंटका इंस्टीट्यूट का 'उल्फ वॉन यूलर लेक्चर' सम्मान मिला।

- ☆ 2002 में उन्हें अमेरिकन एसोसिएशन फार द एडवांसमेंट ऑफ साइंस का फैलो चुना गया।
- ☆ 2003 में उन्हें पीईआर/यूएनसी न्यूरोसाइंस पुरस्कार तथा गेर्डनर फाउंडेशन इन्टरनेशनल अवार्ड दिए गए।
- ☆ 2003 में ही लिंडा को नेशनल एकेडेमी ऑफ साइंसेज़ का सदस्य बनाया गया।
- ☆ 2004 में उन्हें औषधि विज्ञान/शरीर विज्ञान का नोबेल पुरस्कार प्रदान किया गया।

डोरिस लीसिंग

(Doris Lessing)

1919–

नोबेल पुरस्कार : साहित्य, 2007

राष्ट्रीयता : ब्रिटिश

डोरिस लीसिंग ज़िम्बाव्वे की ब्रिटिश लेखिका हैं जिन्हें 2007 में साहित्य का नोबेल पुरस्कार दिया गया। डोरिस साहित्य का पुरस्कार पाने वाली 11वीं महिला हैं तथा नोबेल के इतिहास में सबसे अधिक आयु में नोबेल पुरस्कार जीतने वाली महिला हैं। उन्होंने यह पुरस्कार 87 वर्ष की आयु में जीता। इस वक्त (2012 में) वह 92 वर्ष की हो चुकी हैं। उनके प्रसिद्ध उपन्यास हैं : द ग्रास इज सिंगिंग, द गोल्डन नोटबुक, कैनोपस इन अरगोज (5 उपन्यासों का समूह)।

2001 में लीसिंग को ब्रिटिश साहित्य का लाइफटाइम अचीवमेंट पुरस्कार-'डेविड कोहेन पुरस्कार' प्रदान किया गया। 2008 में द टाइम्स पत्रिका ने 1945 से अब तक के 50 सर्वश्रेष्ठ ब्रिटिश लेखकों की सूची में उन्हें पांचवें स्थान पर रखा है।

आरम्भिक जीवन व शिक्षा

डोरिस लीसिंग का जन्म डोरिस टेलर के रूप में 22 अक्तूबर, 1919 को पर्सिया में (अब ईरान) कैप्टन अल्फ्रेड कुक टेलर तथा एमिला मॉड टेलर के यहां हुआ था। डोरिस के माता-पिता दोनों ब्रिटिश अंग्रेज़ थे। उनके पिता अल्फ्रेड कुक टेलर ब्रिटिश सेना में थे और विश्व युद्ध में एक टांग गंवा बैठे थे। उनकी मां रायल फ्री अस्पताल में नर्स थीं। यहीं अस्पताल में उनकी मुलाकात हुई और फिर विवाह हो गया। अल्फ्रेड और उनकी पत्नी कर्मनशाह (ईरान) में इम्पीरियल बैंक ऑफ पर्सिया में क्लर्क की नौकरी करने चले गए। यहीं 1919 में डोरिस का जन्म हुआ।

1929 में उनका परिवार ब्रिटिश कालोनी दक्षिणी रोडेशिया (अब ज़िम्बाव्वे) के एक फार्म में चला गया ताकि उनकी आय बढ़ सके। बाद में डोरिस ने अपने फार्म पर बिताए दिनों को अपनी आत्मकथा के पहले भाग 'अण्डर माय स्किन' (1994) वर्णित किया है।

7 वर्ष की आयु में डोरिस को कान्वेंट बोर्डिंग स्कूल में भेजा गया। बाद में वह सेलिसबटी के लड़कियों के स्कूल में चली गईं। 14 वर्ष की आयु तक उन्होंने स्वतंत्र निर्णय लेकर स्कूली शिक्षा छोड़ दी। 15 वर्ष की आयु में उन्होंने घर छोड़ दिया और नर्समेड के रूप में कार्य किया। उस समय वह अपने मालिकँ द्वारा दी गई समाजशास्त्र व राजनीतिशास्त्र की पुस्तकें पढ़ने लगीं। इन्हीं दिनों वह थोड़ा-बहुत लिखने लगीं।

वैवाहिक जीवन

इसके बाद उन्होंने टेलीफोन आपरेटर, आफिस कर्मचारी, स्टेनोग्राफर तथा पत्रकार आदि के रूप में कार्य किया। जब वह सेलिसबटी में टेलीफोन आपरेटर के रूप में कार्य कर रहीं थीं तब उन्होंने 1939 में फ्रैंक चार्ल्स विजडन से विवाह कर लिया। उनसे उनके एक पुत्र जॉन तथा पुत्री जीन हुए। उनका 1943 में तलाक हो गया।

इसके बाद डोरिस 'लेफ्ट बुक क्लब' में शामिल हो गईं। यहीं उनकी मुलाकात अपने दूसरे पति गॉटफ्राइड लीसिंग से हुई। गॉटफ्राइड जर्मन यहूदी आप्रवासी थे। उनकी मुलाकात एक मार्क्सवादी समूह में हुई थी, जहां लोग जाति के बारे में अधिक चिंतित थे। कुछ समय बाद ही इन लोगों ने 1945 में विवाह कर लिया। उनका एक बच्चा पीटर हुआ। उनका आपसी तलाक 1949 में हो गया। बाद में गॉटफ्राइड उगांडा में पूर्वी जर्मनी के राजदूत बन गए। 1979 में उनकी विरोधी तत्त्वों द्वारा हत्या कर दी गई।

इसके बाद वह अपना लेखन कैरियर तथा कम्युनिस्ट आदर्शों की देखभाल के लिए लंदन गईं तो अपने पहले दोनों बच्चों को उनके पिता के पास छोड़ गईं।

वह बाद वाले बच्चे को अपने साथ ले गईं। बाद में उन्हें इस बात का कोई अफसोस नहीं रहा क्योंकि उन्हें लगता था कि किसी बुद्धिजीवी महिला के लिए पूरा समय बच्चों को पालने-पोसने में बिताना बहुत बोरिंग काम है।

लंदन में उन्होंने एक लेखक के रूप में स्वयं को शीघ्र ही स्थापित कर लिया। 1952 से 1956 तक वह ब्रिटिश कम्युनिस्ट पार्टी की सदस्य रहीं। उन्होंने अणु हथियारों के विरुद्ध खूब प्रचार किया। इसके लिए उन्होंने दक्षिणी अफ्रीका की सरकार की आलोचना की, इसी कारण उनके 1956 से 1995 तक दक्षिण अफ्रीका में प्रवेश पर रोक लगा दी गई। 1956 में दक्षिण रोडेशिया में भी इनकी छोटी यात्रा के बाद प्रवेश पर रोक लगा दी गई। उन्होंने अपनी पुस्तक 'अफ्रीका लाफ्टर : फोर विजिट्स टू ज़िम्बाव्वे' में अपनी 1982 में की गई ज़िम्बाव्वे यात्रा का ज़िक्र किया, जहां रहकर वह बड़ी हुई थी। बाद में वह लंदन में रहने लगीं।

लेखन कार्य

उनका प्रथम उपन्यास 'द ग्रास इज सिंगिंग' 1950 से प्रकाशित हुआ। उनको प्रसिद्धि दिलाने वाली पुस्तक 'द गोल्डन नोटबुक' 1967 में लिखी गई।

1984 में उन्होंने छद्म नाम (जेन सोमर्स) से दो उपन्यास प्रकाशित कराने का प्रयास किया। यह सब करने के पीछे उनका उद्देश्य यह था कि लोगों को पता लगे कि नए लेखकों को अपनी पुस्तक छपवाने में कितनी परेशानी होती है। उनके उपन्यास को उनके अपने ब्रिटिश प्रकाशक ने प्रकाशित करने से मना कर दिया। फिर उस पुस्तक को एक अमेरिकी प्रकाशक तथा एक अन्य अंग्रेज़ी प्रकाशक ने स्वीकृत कर लिया। 'द डायरी ऑफ अ गुड नेबर' इंग्लैंड तथा अमेरिका में 1983 में प्रकाशित हुई और 'इफ द ओल्ड कुड' भी 1984 में दोनों देशों में प्रकाशित हुई वह भी 'जेन सोमर्स' नाम से। उसके बाद यही दोनों पुस्तकें इन दोनों देशों में पुनः डोरिस लीसिंग के नाम से एक ही कवर के अन्दर प्रकाशित हुईं, जिनका नाम था- 'द डायरीज ऑफ जेन सोमर्स : द डायरी ऑफ अ गुड नेबर' एंड 'इफ द ओल्ड कुड'। 1999 के अन्त में उन्होंने 'कम्पेनियन ऑफ आनर' के रूप में चयन को स्वीकार कर लिया। उन्हें रायल सोसायटी ऑफ लिटरेचर द्वारा 'कम्पेनियन ऑफ लिटरेचर' भी बनाया गया।

डोरिस का कथा लेखन मुख्य रूप से तीन समयावधि में बंटा हुआ कहा जा सकता है। पहले में कम्युनिस्ट विषय है जो 1944 से 1956 के बीच लिखा गया। उनमें वह सामाजिक विषयों पर लिखती रहीं। 1956 से 1969 तक वह मनोवैज्ञानिक विषयों पर लिखती रहीं। इसके बाद वह सूफी विषयों पर लिखती रहीं। उनके 'कैनोपस इन अरगोस' में विज्ञान कथाओं का क्रमिक विकास है।

उनकी कुछ प्रसिद्ध पुस्तकें इस प्रकार हैं : **उपन्यास**–द ग्रास इज सिंगिंग (1950), रिट्रीट टू इनफोसेंस (1956), द गोल्डन नोटबुक (1962), मेमायर्स ऑफ ए सर्वाइवर (1974), द गुड टेररिस्ट (1985), द फिफ्थ चाइल्ड (1988), द स्वीटेस्ट ड्रीम (2001), द क्लेफ्ट (2007)। **लघु कथा संग्रह**–द हैबिट ऑफ लविंग (1957), द स्टोरी ऑफ ए नान-मैरीइंग मैन (1972), थ्रू द टनेल (1990)

इसके अतिरिक्त उन्होंने अनेकों नाटक, कामिक्स, आत्मकथा, संस्मरण, कविता, गैर कथात्मक पुस्तकें लिखी हैं।

नोबेल पुरस्कार

2007 में डोरिस लीसिंग को साहित्य का नोबेल पुरस्कार प्रदान किया गया। पुरस्कार प्राप्त करने के समय वह 87 वर्ष की थीं। वह साहित्य का पुरस्कार पाने वाली सबसे अधिक आयु की विजेता थीं और नोबेल पुरस्कार विजेताओं में तीसरे नम्बर की सबसे अधिक आयु की महिला थीं। 1901 से शुरू हुए नोबेल पुरस्कारों में साहित्य का पुरस्कार पाने वाली वह 11वीं महिला थीं। इससे पूर्व उन्हें यूरोप के सभी प्रतिष्ठित पुरस्कार प्राप्त हो चुके थे। स्वीडिश अकादमी ने पुरस्कार देते वक्त उनके बारे में कहा था : महिला अनुभवों की महाकाव्यात्मक लेखिका जिन्होंने अपनी संदेही, ज्वलनशील कल्पनाशक्ति से बंटी हुई सभ्यता का सूक्ष्म परीक्षण किया है।

पुरस्कार व अन्य सम्मान

☆ उन्हें 1954 में 'फाइव : शार्ट नावेल्स' के लिए सोसायटी ऑफ ऑनर्स का 'सोमरसेट मॉम अवार्ड' मिला।

☆ 1971 में उनकी पुस्तक बुकर पुरस्कार के लिए चुनी गई पुस्तकों की सूची में से एक थी।

☆ 1976 में 'द गोल्डन नोटबुक' के लिए 'फ्रेंच प्रिक्स मेडीसिस फार फारेनर्स' डोरिस को दिया गया।

☆ 1981 में उनकी पुस्तक पुनः बुकर पुरस्कार की अंतिम सूची तक थी।

☆ 1982 में उन्हें यूरोपियन साहित्य के लिए 'आस्ट्रियन स्टेट प्राइज़' मिला।

☆ 1982 में ही डोरिस को जर्मन फेडरल रिपब्लिक शेक्सपियर पुरस्कार मिला।

☆ 1985 में उन्हें 'द डब्ल्यू एच स्मिथ लिटरेरी अवार्ड' तथा इटली का 'द मांडेलो प्राइज़' दिये गए।

☆ 1987 में डोरिस को पाल्मेरो पुरस्कार तथा प्रीमियो इन्टर-नेशनल मांडेलो पुरस्कार मिले।

- 1988 में उनकी पुस्तक 'द फिफ्थ चाइल्ड' को इटली में 'ग्रिजेन केवर प्राइज़' प्राप्त हुआ और लॉस एंजेल्स टाइम्स बुक अवार्ड के लिए नामित किया गया।
- 1995 में उन्हें हार्वर्ड यूनीवर्सिटी से आनरेरी डिग्री प्राप्त हुई।
- 1995 में उनकी पुस्तक 'अंडर माय स्किन' को सर्वश्रेष्ठ जीवनी के लिए 'जेम्स टैट ब्लैक' पुरस्कार प्राप्त हुआ और इसी पुस्तक को इसी वर्ष 'लॉस एंजेल्स टाइम्स बुक प्राइज़' मिला।
- वर्ष 1997 के लिए उनकी पुस्तक 'वाकिंग द रोड' को जीवनी कैटेगरी में 'नेशनल बुक क्रिटिक्स सर्कल अवार्ड' के लिए नामित किया गया।
- 1999 में कैटालून्या सरकार द्वारा 11वां वार्षिक अन्तरराष्ट्रीय कैटालून्या अवार्ड उन्हें दिया गया।
- 1999 में महारानी एलिज़ाबेथ द्वितीय द्वारा उन्हें 'कम्पेनियन ऑफ ऑनर' नियुक्त किया गया।
- 2001 में उन्हें 'साहित्य में 'प्रिंस ऑफ आस्ट्रिया' पुरस्कार प्राप्त हुआ। इसके अतिरिक्त डेविड कोहेन ब्रिटिश लिटरेचर पुरस्कार, रायल सोसायटी ऑफ लिटरेचर का 'कम्पेनियन ऑफ आनर' पुरस्कार भी मिले।
- 2007 में उन्हें साहित्य का नोबेल पुरस्कार प्राप्त हुआ।
- इसके अतिरिक्त 2000, 2005 आदि अनेक वर्षों में उनकी पुस्तकें अनेक अन्तरराष्ट्रीय पुरस्कार के लिए नामित हुईं।

फ्रैंकॉइज़ बार-सिनौसी

(Francoise Barre-Sinoussi)

1932–

नोबेल पुरस्कार : चिकित्सा : शरीर विज्ञान, 2008

राष्ट्रीयता : फ्रैंच

फ्रैंकॉइज़ बार सिनौसी फ्रांस की विषाणु रोग विज्ञानी हैं। वह इंस्टीट्यूट पास्चर, पेरिस में 'यूनाइट द रेगुलेशन देस इंफेक्शन रिट्रोवायरस' की निदेशिका हैं। फ्रांस में जन्मी इस वैज्ञानिक ने ह्यूमन इम्यूनो डेफीशिएंसी वायरस, जिसे हम संक्षेप में एचआईवी (HIV) के नाम से जानते हैं की पहचान करने में शुरुआती महत्त्वपूर्ण कार्य किया है। उन्हें 2008 का औषधि/शरीर विज्ञान का नोबेल पुरस्कार सहविजेता के रूप में ल्यूक मांटेगनियर के साथ एचआईवी की खोज के लिए प्राप्त हुआ। ल्यूक मांटेगनियर उनके पूर्व बॉस रहे थे।

आरम्भिक जीवन व शिक्षा

फ्रैंकॉइज़ बार सिनौसी का जन्म 30 जुलाई, 1947 को पेरिस, फ्रांस में हुआ था।

उन्हें बचपन से ही प्राकृतिक चीज़ों को निहारने में आनन्द आता था। यहां तक कि कहीं कोई छोटा कीड़ा हो, उसे भी वह घंटों तक देखती रहती थीं। स्कूली शिक्षा के दौरान उनके विज्ञान विषयों में सदैव अच्छे अंक आते थे। 1966 में स्कूली शिक्षा के पश्चात् वह औषधि या बायोमेडिकल में यूनीवर्सिटी शिक्षा लेने के बारे में सोचती थीं। फिर उन्होंने तय किया कि यूनीवर्सिटी ऑफ पेरिस की फैकल्टी ऑफ साइंस से अंडरग्रेजुएट कोर्स कर लें। भीतर ही भीतर उन्होंने यह निर्णय इस कारण लिया था क्योंकि उन्हें लगता था कि प्राकृतिक विज्ञान का कोर्स छोटा व सस्ता है जबकि औषधि विज्ञान का महंगा। वह अपनी पढ़ाई का बोझ अपने परिवार पर नहीं डालना चाहती थीं। उन्होंने अपनी डिग्री लेने के पश्चात् अनुसंधान को अपना कैरियर बनाने का निर्णय लिया। वह ऐसी लैब में कार्य सीखना चाहती थीं जहां उनको पार्ट टाइम वालंटियर के रूप में कार्य मिल जाए। मुश्किल से उन्हें एक ऐसी प्रयोगशाला मिल गई। इसके चेयरमैन जीन क्लॉड थे और प्रयोगशाला थी 'इंस्टीट्यूट पास्चर'। जीन उस समय चूहों पर 'रेट्रोवायरस' तथा कैंसर के प्रयोग कर रहे थे।

अनुसंधान

फ्रैंकॉइज़ को यहां कार्य करने में इतना आनन्द आता था कि उन्होंने अपनी कक्षाओं में जाना लगभग बन्द कर दिया। परीक्षा के लिए ज़रूरी उपस्थिति के लिए ही वह यूनीवर्सिटी जाती थीं। थोड़े ही दिन बाद जीन क्लॉड ने उन्हें पीएच.डी. करने की सलाह दी। उन्होंने सिंथेटिक मॉलीक्यूल' पर अनुसंधान आरम्भ कर दिया। फ्रैंकाइज़ ने पास्चर इंस्टीट्यूट 1970 के दशक के आरम्भ में ज्वाइन किया था।

फ्रैंकॉइज़ का अनुसंधान शीघ्र ही वायरस के दूसरे विशिष्ट समूह की ओर चला गया, इस समूह को 'रेट्रोवायरस' कहा जाता है। धीरे-धीरे इस संबंध में उनके ज्ञान की वृद्धि होती गई और 1983 में वह एड्स के वायरस की खोज करने में सफल रहीं। उनकी इस खोज से इस बीमारी को रोकने के लिए ज़रूरी टेस्ट की आवश्यकता महसूस की जाने लगी।

इसके पश्चात् फ्रैंकॉइज़ बार सिनौसी ने एचआईवी/एड्स को रोकने के लिए उपायों पर कार्य करना आरंभ कर दिया। साथ ही वह इस बात का भी अध्ययन करने में जुट गईं कि बीमारी से ग्रस्त गर्भवती मां के बच्चे की बीमारी ट्रांसमिट न हो।

उन्होंने 200 से अधिक वैज्ञानिक पुस्तकें सहयोगी लेखक के रूप में लिखी हैं। इसके अतिरिक्त फ्रैंकॉइज़ ने 250 से अधिक अन्तरराष्ट्रीय विज्ञान कांफ्रेस में भाग लिया है। उन्होंने अनेकों युवा अनुसंधानकर्ताओं को विज्ञान का प्रशिक्षण दिया है।

फ्रैंकॉइज़ बार सिनौसी ने अनेकों वैज्ञानिक सोसायटी तथा कमेटियों को सहयोग

देकर कार्य किया है, साथ ही अनेक एड्स संस्थाओं जैसे नेशनल एजेंसी फॉर एड्स रिसर्च इन फ्रांस के लिए सक्रिय कार्य किया है। उन्होंने कई अन्तरराष्ट्रीय महत्त्वपूर्ण पदों पर कार्य किया है। वह वर्ल्ड हेल्थ आर्गेनाइजेशन (डब्ल्यूएचओ) की सलाहकार रही हैं तथा यूनी एड्स-एचआईवी की भी कंसल्टेंट रही हैं।

1980 के बाद से फ्रैंकॉइज़ ने विकासशील देशों के लिए सहयोग की पहल की है, जहां उन्होंने बहुत ही समर्पण भाव से कई प्रकार के कार्यों को फैलाया व संभाला है। वह लगातार मूल अनुसंधान तथा क्लीनिकल अनुसंधान के बीच स्थायी सम्पर्क बनाने के लिए कार्यरत हैं ताकि बीमारियों के बचाव, क्लीनिक में देखभाल तथा इलाज के क्षेत्रों में ठोस विकास किया जा सके।

2001 में उन्होंने सोलहवें पोप बेनेडिक्ट के बयान के विरोध में खुला पत्र लिखा जिसमें उन्होंने कहा था कि एड्स की समस्या में कंडोम सर्वाधिक कम प्रभावशाली है। 2012 में प्रो. फ्रैंकॉइज़ बार 'इन्टरनेशनल एड्स सोसायटी' की अध्यक्ष बन गईं।

2005 में पास्चर इंस्टीट्यूट की उनकी यूनिट पुनः सुनिश्चित हो गई और उसका नाम बदल कर 'रेगुलेशन ऑफ रेट्रोवायरल इंफेक्शन्स यूनिट' कर दिया गया जिसमें एक समय में लगभग 20 लोग कार्य कर सकते हैं। इसमें कार्य करने वाले अक्सर छात्र, पोस्ट डाक्टरेट करने वाले, नियमित अनुसंधान स्टॉफ के लोग होते हैं। इसमें इम्यून सिस्टम को सुनिश्चित करने, उसका एचआईवी से प्रतिरक्षण तथा वैक्सीन पर कार्य चल रहा है।

नोबेल पुरस्कार

फ्रैंकॉइज़ बार सिनौसी को 2008 का शरीर विज्ञान/औषधि विज्ञान का नोबेल पुरस्कार सहविजेता के रूप में मिला। उनके सहविजेता थे-ल्यूक मांटेगनियर और हेराल्ड जुर हसन जिन्होंने सर्वाइकल कैंसर के वायरल कारण की खोज की जिसके कारण एचपीवी वैक्सीन का विकास हो सका।

महत्त्वपूर्ण पद व सदस्यता

1978 से 1982 तक वह पास्चर इंस्टीट्यूट के असिस्टेंट डायरेक्टर पद पर रहीं इसके अतिरिक्त निम्न पदों पर वह रहीं-साइंटिफिक कमेटी आफ द फ्रेंच इंस्टीट्यूट ऑफ हेल्थ एंड मेडिकल रिसर्च की सदस्य, एड्स अनुसंधान के लिए वायरोलॉजी कमेटी की सदस्य व अध्यक्ष, अनएड्स जेनेवा (स्विट्ज़रलैंड) की न्यू वैक्सीन एडवाइज़री कमेटी की सदस्य आदि। वह वर्तमान में भी अनेक महत्त्वपूर्ण कमेटी व संस्थानों की सदस्य हैं : मेडिकल सोसायटी ऑफ पेरिस अस्पताल की सदस्य, अमेरिकन सोसायटी फॉर माइक्रोबायोलॉजी (अमेरिका) की सदस्य, बोर्ड ऑफ वर्ल्ड फाउंडेशन एड्स पेरिस की सदस्य, फ्रेंच सोसायटी ऑफ माइक्रोबायोलॉजी की सदस्य।

पुरस्कार व अन्य सम्मान

- ☆ 1985 में उन्हें वायरल ऑनकोलॉजी के लिए 'गैलीन' पुरस्कार दिया गया।
- ☆ 1985 में ही उन्हें सौवैक प्राइज़ प्राप्त हुआ।
- ☆ 1986 में फ्रैंकॉइज़ को जर्मनी का 'फोडरप्रीज फर डाई यूरोपैचे विसेनशाफ्ट पुरस्कार' मिला।
- ☆ 1988 में उन्हें फ्रैंच एकेडेमी ऑफ मेडिसिन का पुरस्कार प्राप्त हुआ।
- ☆ 1990 में फ्रांस का आर्डर ऑफ मेरिट 'शेविलियर' अवार्ड उन्हें दिया गया।
- ☆ 1991 में उन्हें फ्रांस का 'मैडम यूरोप क्लब वीआरएआई' पुरस्कार मिला।
- ☆ 1993 में फ्रैंकॉइज़ को सऊदी अरब का 'किंगफैज़ल इन्टरनेशनल प्राइज़ ऑफ मेडिसिन' तथा पेरिस के मेडिसिन एंड रिसर्च ऑफ द इंस्टीट्यूट ऑफ साइंसेज़ ऑफ हेल्थ पुरस्कार उन्हें प्रदान किए गए।
- ☆ 1996 में फ्रांस का प्रतिष्ठित पुरस्कार-'शेवेलियर ऑफ लीज़ेन ऑफ ऑनर' उन्हें प्रदान किया गया।
- ☆ 2001 में उन्हें इन्टरनेशनल एड्स सोसायटी की ओर से 'एमीवेट्स अवार्ड' देकर सम्मानित किया गया।
- ☆ 2002 में उन्हें फ्रांस का 'आफीसर ऑफ आर्डर ऑफ मेरिट' पुरस्कार प्राप्त हुआ।
- ☆ 2003 में फ्रैंकॉइज़ को बायोमेडिकल साइंसेज़ में एआरआरआई अवार्ड दिया गया।
- ☆ 2006 में उन्हें पुनः आफीसर ऑफ द लीज़ेन ऑफ आनर मिला।
- ☆ 2007 में उन्हें 'वीमेन इन टेक्नोलॉजी इन्टरनेशनल, हाल ऑफ फेम' दिया गया।
- ☆ 2007 से वह पास्चर इंस्टीट्यूट की एथीकल कमेटी की सहयोगी चेयरपर्सन हैं।
- ☆ 2008 में फ्रैंकॉइज़ बार सिनौसी को औषधि/शरीर विज्ञान का नोबेल पुरस्कार प्राप्त हुआ।
- ☆ 2009 में तुलाने विश्वविद्यालय की ओर से उन्हें आनटेरी डाक्टर ऑफ साइंस की डिग्री प्रदान की गई।
- ☆ 2009 में उन्हें 'कमांडर आफ द लीज़ेन ऑफ ऑनर' प्राप्त हुआ।

एलिज़ाबेथ ब्लैकबर्न

(Elizabeth Helen Blackburn)

1948–

नोबेल पुरस्कार : चिकित्सा : शरीर विज्ञान, 2009
राष्ट्रीयता : ऑस्ट्रेलियन/अमरीकी

एलिज़ाबेथ हेलेन ब्लैकबर्न आस्ट्रेलिया में जन्मी अमेरिकी जैव वैज्ञानिक हैं जिन्हें 2009 में शरीर/औषधि विज्ञान का नोबेल पुरस्कार प्राप्त हुआ। उन्हें यह पुरस्कार सहविजेता के रूप में प्राप्त हुआ। उनके सहविजेता हैं-कैरोल डब्ल्यू ग्रीडर तथा जैक डब्ल्यू जोनाक। एलिज़ाबेथ ब्लैकबर्न अमेरिका के सैन फ्रांसिस्को की यूनीवर्सिटी ऑफ कैलीफोर्निया में वैज्ञानिक तथा अनुसंधानकर्ता हैं। वहां वह टेलोमीयर पर कार्य कर रही हैं। टेलोमीयर शरीर के गुणसूत्र के अन्तिम भाग को कहते हैं जो इसकी रक्षा करता है। ब्लैकबर्न ने 'टेलोमीरेज' की अपने सहयोगी के साथ मिल कर खोज की, यह एक एंजाइम है जो टेलीमीयर को पुननिर्मित करता है।

आरम्भिक जीवन व शिक्षा

एलिज़ाबेथ हेलेन ब्लैकबर्थ का जन्म आस्ट्रेलिया में तस्मानिया के छोटे शहर होबार्ट

में हुआ था उनके माता-पिता दोनों ही डाक्टर थे। उनके नाना, परनाना भू-विज्ञानी रहे थे। उनके परदादा आस्ट्रेलिया आने के पूर्व इंग्लैंड के मिनिस्टर ऑफ चर्च रहे थे। उनकी बुआ, मामा आदि भी डाक्टर रहे थे। इस प्रकार उनके परिवार का नाता विज्ञान से ही अधिक रहा था।

एलिज़ाबेथ अपने 7 बहन भाइयों में दूसरे नंबर पर थीं। उन्होंने अपने आरंभिक चार वर्ष होबार्ट में ही बिताए। फिर उनका परिवार लांसेस्टन में रहने चला गया। वहीं पर ब्राडलैंड हाउस गर्ल्स ग्रामर स्कूल से उनकी नर्सरी शिक्षा आरंभ हुई।

उन्हें बचपन से ही जानवरों से प्यार होने लगा था क्योंकि उन्होंने घर में गोल्ड फिश, चूज़े, मुर्गी, मेंढ़क, बिल्ली, कुत्ता, सुअर जैसे अनेकों जानवर अपने गार्डन में पाले हुए थे। शायद जानवरों से प्यार के कारण ही उनकी बचपन में ही जीव विज्ञान में रुचि जागृत होने लगी थी। किशोरावस्था में पहुंचते-पहुंचते वह निश्चय कर चुकी थीं कि वह विज्ञान में ही पढ़ाई करेंगी।

उन्होंने ब्राडलैंड हाउस गर्ल्स ग्रामर स्कूल से ही स्कूली शिक्षा पूर्ण की। लेकिन वहां भौतिक शास्त्र की कक्षाएं नहीं थीं, अतः उन्होंने एक अन्य स्थानीय स्कूल से भौतिक शास्त्र की शाम की कक्षाएं लीं। उनके स्कूल में लेटिन और ग्रीक भी नहीं पढ़ाई जाती थीं, जिसका उन्हें बाद तक अफसोस रहा। उनके स्कूल में बहुत अच्छी पियानो टीचर थीं—हेलेन राक्सबर्ग, जिनसे उन्होंने स्कूल में पियानो सीखा। एक दो बार उनके मन में संगीत के क्षेत्र में कैरियर बनाने का ख्याल भी आया। लेकिन फिर विज्ञान में ही अपना कैरियर बनाने का निश्चय किया।

इसके बाद कुछ पारिवारिक परेशानियों के कारण उनका परिवार मेलबोर्न चला गया और एलिज़ाबेथ ने वहीं यूनीवर्सिटी हाई स्कूल से अपना हाई स्कूल का अंतिम वर्ष पूरा किया। फिर उन्होंने यूनीवर्सिटी ऑफ मेलबोर्न से बायोकेमिस्ट्री में 4 वर्ष की ग्रेजुएशन की। तभी उनमें बायोकेमिस्ट्री में अनुसंधान के प्रति रुचि जागृत होने लगी थी।

बायोकेमिस्ट्री विभाग के अध्यक्ष फ्रैंक हर्ड ने उन्हें अपनी अनुसंधान प्रयोगशाला में कार्य करके मास्टर्स करने की सलाह दी। वहां फ्रैंक एमीनो एसिड मेटाबॉलिज्म पर जांच-परख कर रहे थे। मास्टर्स के पश्चात् एलिज़ाबेथ ने एमआरसी लैबोरेटरी ऑफ मॉलीकुलर बायोलॉजी कैम्ब्रिज, इंग्लैंड से पीएच.डी. की। 1975 से उन्होंने पोस्ट डॉक्टोरल फेलोशिप शुरू कर दी।

1975 में एलिज़ाबेथ ब्लैकबर्न ने जॉन सेदात से विवाह कर लिया। 1977 में जो गाल की लैब में उन्होंने पोस्ट डाक्टोरल ट्रेनिंग पूरी की और फिर वे दोनों अमेरिका के सैन फ्रांसिस्को, कैलीफोर्निया चले गए।

व्यवसाय

1978 में एलिज़ाबेथ ने यूनीवर्सिटी ऑफ कैलीफोर्निया, बर्कले के मॉलीकुलर बायोलॉजी विभाग में फैकल्टी ज्वाइन कर ली। 1990 में वह यूनीवर्सिटी ऑफ कैलीफोर्निया, सैन फ्रांसिस्को (यूसीएफसी) के माइक्रोबायोलॉजी तथा इम्यूनोलॉजी विभाग में कार्य करने लगीं, जहां वह 1993 से 1999 तक वह विभाग की अध्यक्ष रहीं। वर्तमान में एलिज़ाबेथ यूसीएसएफ में जीवन विज्ञान तथा शरीर विज्ञान की मौरिस हर्स्टीन प्रोफेसर के रूप में कार्यरत हैं। वह साल्क इंस्टीट्यूट की नानरेज़ीडेंट फैलो हैं। वह अमेरिकन एसोसिएशन फॉर कैंसर रिसर्च की चुनी गई अध्यक्ष हैं।

हाल के वर्षों में ब्लैकबर्न और उनके सहयोगी टैलोमीयर्स और टैलीमिराज पर थकान के प्रभाव का अध्ययन कर रहे हैं। साथ ही उनका मुख्य ज़ोर दिमागी चिन्तन पर है। वह अनेकों जीव विज्ञानवेत्ताओं में से एक हैं जिन्होंने विज्ञान पर बनी डाक्यूमेंटरी 'डेथ बाय डिज़ाइन'/'द लाइफ एंड टाइम्स' में भाग लिया है। इसमें उनके सहित दो नोबेल पुरस्कार विजेताओं ने भाग लिया है।

पुरस्कार व अन्य सम्मान

☆ 1988 में एलिज़ाबेथ ब्लैकबर्न को माइक्रोबायोलॉजी और इम्यूनोलॉजी के लिए 'ऐली लिली' अवार्ड मिला।
☆ 1990 में उन्हें मॉलीकुलर बायोलॉजी में 'नेशनल एकेडेमी ऑफ साइंसेज़' अवार्ड मिला।
☆ 1991 में येल यूनीवर्सिटी ने उन्हें आनरेरी डाक्टरेट प्रदान की।
☆ 1991 में वह अमेरिकन एकेडेमी ऑफ आर्ट्स एंड साइंसेज़ की फैलो चुनी गईं।
☆ 1992 में वह रॉयल सोसायटी ऑफ लंदन की फैलो बनीं।
☆ 1993 में वह अमेरिकन एकेडेमी ऑफ माइक्रोबायोलॉजी की फैलो चुनी गईं।
☆ 1998 में एलिज़ाबेथ को 'आस्ट्रेलिया पुरस्कार' तथा गैर्डनर इंटरनेशनल अवार्ड प्राप्त हुए।
☆ 1999 में उन्हें हार्वे प्राइज़ मिला।
☆ इसी वर्ष वह 'कैलीफोर्निया साइंटिस्ट ऑफ द ईयर' चुनी गईं।
☆ 2000 में उन्हें अनेक पुरस्कार मिले-अमेरिकन कैंसर सोसायटी का मेडल ऑफ ऑनर, अमेरिकन एकेडेमी फॉर कैंसर रिसर्च का जीएचए क्लाउज मेमोरियल अवार्ड, एकेडेमी ऑफ अचीवमेंट का गोल्डन प्लेट अवार्ड।
☆ 2000 में ही वह अमेरिकन एसोसिएशन फॉर द एडवांसमेंट ऑफ साइंस की फैलो चुनी गईं।

☆ 2001 में कैंसर अनुसंधान के लिए एससीआर पर्जकोलर फाउंडेशन इंटरनेशनल अवार्ड तथा जनरल मोटर्स कैंसर रिसर्च फाउंडेशन का अल्फ्रेड पी स्लोआन अवार्ड उन्हें प्राप्त हुए।

☆ 2001 में उन्हें अमेरिकन सोसायटी फॉर सेल बायोलॉजी का ई बी विल्सन अवार्ड मिला।

☆ 2003 में एलिज़ाबेथ को राबर्ट जे तथा क्लेयर पासरो फाउंडेशन मेडीकल रिसर्च अवार्ड प्राप्त हुआ।

☆ 2004 में उन्हें औषधि के लिए डॉ. ए. एच. हीन्केन पुरस्कार मिला।

☆ 2005 में फ्रैंकलिन इंस्टीट्यूट की ओर से लाइफ साइंस में उन्हें 'बेंजामिन फ्रैंकलिन मेडल' प्राप्त हुआ।

☆ 2006 में उन्हें अनेक अवार्ड मिले—सह विजेता के रूप में अल्बर्ट लास्कर अवार्ड, पीटर ग्रूबर फाउंडेशन का जेनेटिक्स प्राइज़, सहविजेता के रूप में विले फाउंडेशन का बायोमेडिकल साइंस में विले प्राइज़।

☆ 2006 में उन्हें हार्वर्ड यूनीवर्सिटी से, 2007 में प्रिंसटन यूनीवर्सिटी से उन्हें आनरेरी डाक्टरेट की डिग्री प्राप्त हुई।

☆ 2007 में सहविजेता के रूप में उन्हें लुईसा ग्रॉस हार्विट्ज पुरस्कार मिला।

☆ 2008 में एलिज़ाबेथ ब्लैकबर्न को विज्ञान में महिलाओं के लिए लॉरियल-यूनेस्को अवार्ड प्राप्त हुआ।

☆ 2009 में उन्हें शरीर/औषधि विज्ञान के नोबेल पुरस्कार (सहविजेता के रूप में) के अतिरिक्त माइक हॉग अवार्ड और पॉल एनरिच एंड लुडविग डर्मस्टेटर पुरस्कार (सहविजेता के रूप में) प्राप्त हुए।

☆ 2010 में उन्हें आस्ट्रेलिया दिवस के पुरस्कारों में 'कम्पेनियन ऑफ द आर्डर ऑफ आस्ट्रेलिया' प्राप्त हुआ।

☆ 2011 में उन्हें 'कैलीफोर्निया हॉल ऑफ फेम' सम्मान मिला।

☆ इन पुरस्कारों के अतिरिक्त वह अनेक प्रतिष्ठित संस्थाओं की सदस्य व पदों पर चुनी गई हैं—नेशनल एकेडेमी ऑफ साइंस की फॉरेन एसोसिएट (1993), अमेरिकन सोसायटी फॉर सैल बायोलॉजी की अध्यक्ष (1998), इंस्टीट्यूट ऑफ मेडीसिन की सदस्य (2000), जेनेटिक्स सोसायटी ऑफ अमेरिका की बोर्ड सदस्य (2000-2002), अमेरिकन एसोसिएशन फॉर कैंसर रिसर्च की अध्यक्ष (2010)

☆ 2007 में एलिज़ाबेथ ब्लैकबर्न का नाम टाइम्स पत्रिका की उन 100 लोगों की सूची में जिन्होंने दुनिया को बदल कर नया आकार दिया, शामिल था।

कैरोल डब्ल्यू ग्रीडर
(Carol Widney Greider)
1961–

नोबेल पुरस्कार : चिकित्सा : शरीर विज्ञान, 2009

राष्ट्रीयता : अमरीकी

कैरोल विडनी ग्रीडर अमेरिकी मॉलीकुलर जीवविज्ञानवेत्ता हैं। उन्हें 2009 में औषधि/शरीर विज्ञान का नोबेल पुरस्कार सहविजेता के रूप में प्राप्त हुआ। उनकी सहविजेता हैं उनकी अध्यापिका एलिज़ाबेथ ब्लैकबर्न तथा जैक डब्ल्यू जोताक। वह जॉन हॉपकिन्स यूनीवर्सिटी में डेनियन नाथन्स प्रोफेसर तथा मॉलीकुलर बायोलॉजी व जेनेटिक्स की डायरेक्टर हैं। उन्होंने 1984 में एंजाइम टैलीमीरेज की खोज तभी कर ली थी जब वह यूनीवर्सिटी ऑफ कैलीफोर्निया, बर्कली में एलिज़ाबेथ ब्लैकबर्न की ग्रेजुएट छात्रा थीं। कैरोल क्रोमोसोम के अंतिम भाग-टैलीमीयर्स की संरचना पर अनुसंधान के क्षेत्र में अग्रणी हैं। उन्हें एंजाइम टैलोमीरेज की खोज के लिए नोबेल पुरस्कार प्राप्त हुआ।

आरम्भिक जीवन व शिक्षा

कैरोल विडनी (डब्ल्यू) ग्रीडर का जन्म 15 अप्रैल, 1961 को अमेरिका के सैन्डियागो, कैलीफोर्निया में हुआ था। उनके पिता केनेथ ग्रीडर क्वेंटम फिजिक्स के प्रोफेसर थे तथा माँ जीव विज्ञानवेत्ता थीं। उनकी माँ की 1967 में मृत्यु हो गई थी। उनका परिवार सेन्डियागो से कैलोफोर्निया के डेविस में रहने चला गया था, जहां उन्होंने अपने बचपन के कई वर्ष बिताए। उन्होंने 1979 में डेविस सीन्यिर हाई स्कूल से हाई स्कूल की परीक्षा पास की। वह बचपन में डिसलेक्सिया पीड़ित थीं। युवा होने पर वह एथलेटिक खेलों जैसे तैरना, साइकिलिंग, दौड़ना जैसे खेलों में प्रतियोगिता में शामिल होती थीं।

उन्होंने 1983 में सेंटा बारबरा की यूनीवर्सिटी ऑफ कैलीफोर्निया से बायोलॉजी में बी.ए. किया। इसी के साथ ही उन्होंने यूनीवर्सिटी ऑफ गाटिंजन से भी शिक्षा जारी रखी और कई खोजें कीं। 1987 में कैरोल ने यूनीवर्सिटी ऑफ कैलीफोर्निया, बर्कले से मॉलीकुलर बायोलॉजी में पीएच.डी. पूरी की। उन्होंने अपनी पीएच.डी. एलिज़ाबेथ ब्लैकबर्न के निर्देशन में की। जब वह यूनीवर्सिटी ऑफ कैलीफोर्निया, बर्कले में थीं, तभी ग्रीडर ने ब्लैकबर्न की सहयोगी के रूप में टैलीमिरेज की खोज की। टैलीमिरेज कैंसर और एनीमिया के अनुसंधान में एक अति महत्त्वपूर्ण एंजाइम है।

व्यवसाय

कैरोल ग्रीडर ने अपना पोस्ट डाक्टरोल कार्य 1987 में कोल्ड स्प्रिंग हार्बर लैबोरेटरी, लांग आइलैंड, न्यूयार्क से किया। इसी वर्ष वह यहां पर अध्यापन कार्य करने लगीं। वह यहां पर 1987 से 1997 तक फैकल्टी रहीं। इसी दौरान कैरोल ने रोनाल्ड ए डीपिन्हो के साथ पहला टैलीमिरेज 'नाकआउट माउस' तैयार किया जिसमें उन्होंने यह दिखाया कि यद्यपि टैलीमिरेज जीवन के लिए इतना आवश्यक नहीं है लेकिन बढ़ते हुए छोटे-छोटे टेलीमियर्स महत्त्वपूर्ण हो जाते हैं।

1997 में उन्होंने जॉन हॉपकिन्स यूनीवर्सिटी में फैकल्टी पद ले लिया। जहां वह आज भी कार्यरत हैं। कैरोल डैनियल नाथन्स प्रोफेसर हैं और जॉन हापकिन्स इंस्टीट्यूट ऑफ बेसिक बायोमेडीकल साइंसेज़ में मॉलीकुलर बायोलॉजी और जेनेटिक्स की डायरेक्टर हैं।

टैलोमिरेज की खोज

कैरोल ग्रीडर ने एलिज़ाबेथ ब्लैकबर्न की लैबोरेटरी 1984 में ज्वाइन की। यह लैबोरेटरी बर्कले में यूनीवर्सिटी ऑफ कैलीफोर्निया में थी। यहां कैरोल ने टैलोमीयर्स पर अध्ययन

करने का निश्चय किया। टैलोमीयर्स क्रोमोसोम (गुणसूत्र) का अंतिम सिरा होता है जहां की विशेष संरचना डीएनए को होने वाले नुकसान से बचाव का कार्य करती है। इस लैब में आते ही उन्हें नए एंजाइम को पाने के शुरुआती निश्चित संकेत मिलने लगे थे। वास्तव में इस एंजाइम को पहले टेट्राहिमेना टैलिमियर टर्मिनल ट्रांसफरेज कहा जाता था, जल्दी ही इसे छोटा करके टैलोमिरेज कर दिया गया। यह एंजाइम टैलोमीयर्स को छोटा और कमज़ोर होने से रोकता है। इसकी खोज ने कैंसर तथा बायोटेक्नोलॉजी वैज्ञानिकों के अनुसंधान के नए क्षेत्र खोल दिए हैं। 1990 के एक अध्ययन में कैरोल ग्रीडर ने केल्विन हर्ली के साथ मैक मास्टर यूनीवर्सिटी में यह प्रदर्शित किया कि टैलोमीयर की लम्बाई 'सेलुलर एजिंग' से संबंधित होती है।

नोबेल पुरस्कार

टैलोमिरेज पर उनके कार्य के लिए कैरोल डब्ल्यू ग्रीडर तथा एलिज़ाबेथ ब्लैकबर्न को 2009 का औषधि विज्ञान का नोबेल पुरस्कार प्रदान किया गया। उनके साथ ही उनके सहविजेता थे जैक डब्ल्यू ज़ोताक।

कैरोल वर्तमान में जॉन हॉपकिन्स यूनीवर्सिटी में कार्य करती हैं जहां वह लैबोरेटरी में विभिन्न चीज़ों पर अध्ययन कर रही हैं जैसे सैल की मृत्यु पर टैलीमीयर्स का प्रभाव, डीएनए स्थिरता, पुनः उत्पन्न होने वाली बीमारी तथा स्टेम सैल्स तथा टैलोमिरेज के बीच वास्तविक संबंध।

कैरोल विडनी ग्रीडर के पति नथानियल कम्फर्ट जाने-माने लेखक तथा इतिहासकार हैं।

पुरस्कार व अन्य सम्मान

- ☆ कैरोल को 1998 में 'गैर्डनर फाउंडेशन इन्टरनेशनल अवार्ड' प्राप्त हुआ।
- ☆ 1999 में वह अमेरिकन सोसायटी फॉर सैल बायोलॉजी की सदस्य बनीं।
- ☆ 2000 में उन्हें एकेडेमी ऑफ अचीवमेंट गोल्डन प्लेट अवार्ड प्राप्त हुआ।
- ☆ 2003 में उन्हें अनेक सम्मान मिले : अमेरिकन एकेडेमी ऑफ आर्ट्स एंड साइंसेज़ की वह सदस्य बनीं, नेशनल एकेडेमी ऑफ साइंसेज़ की सदस्य बनीं तथा उसकी ओर से रिचर्ड लांसबेरी अवार्ड उन्हें प्राप्त हुआ।
- ☆ 2004 में कैरोल ग्रीडर अमेरिकन सोसायटी फॉर बायोकेमिस्ट्री एंड मॉलीकुलर बायोलॉजी की सदस्य बनीं।
- ☆ 2006 में कैरोल को अल्बर्ट लास्कर अवार्ड (बेसिक मेडिकल रिसर्च के लिए) सहविजेता के रूप में प्राप्त हुआ। उनके सहविजेता थे-जैक ज़ोताक तथा एलिज़ाबेथ ब्लैकबर्न।

- ☆ 2006 में एलिज़ाबेथ ब्लैकबर्न के साथ कैरोल को बायोमेडिकल साइंसेज़ में विली प्राइज़ प्राप्त हुआ।
- ☆ 2007 में उन्हें एलिज़ाबेथ ब्लैकबर्न तथा जोसेफ जी गाल के साथ 'लुईस ग्रॉस हार्विट्ज प्राइज़' मिला।
- ☆ 2009 में उन्हें औषधि/शरीर विज्ञान का नोबेल पुरस्कार सहविजेता के रूप में प्राप्त हुआ। उनके सहविजेता रहे—एलिज़ाबेथ ब्लैकबर्न तथा जैक ज़ोताक।
- ☆ 2009 में ही एलिज़ाबेथ ब्लैकबर्न के साथ उन्हें 'पॉल एहरिच एंड लुडविग डर्मसटेटर प्राइज़' प्राप्त हुआ।
- ☆ 2010 में कैरोल इंस्टीट्यूट ऑफ मेडिसिन की सदस्य बनाई गईं।

एडा ई. योनथ
(Ada E. Yonath)
1939–

नोबेल पुरस्कार : रसायन शास्त्र, 2009
राष्ट्रीयता : इज़रायली

एडा ई. योनथ इज़रायली क्रिस्टलोग्राफर हैं जिन्हें राइबोसोम की संरचना पर अग्रणी कार्य करने के लिए जाना जाता है। उन्होंने 2009 में रसायनशास्त्र का नोबेल पुरस्कार सहविजेता के रूप में जीता। उनके सहविजेता हैं—वेंकटरमन रामाकृष्णन (भारतीय) तथा थामस ए स्टीट्ज। वह प्रथम इज़रायली महिला हैं, जिन्होंने नोबेल पुरस्कार जीता है जबकि 10 इज़रायली पुरुष नोबेल पुरस्कार जीत चुके हैं। वह मध्य पूर्वी देशों की प्रथम महिला हैं जिन्होंने विज्ञान का नोबेल पुरस्कार जीता है। रसायन शास्त्र का नोबेल पुरस्कार 45 वर्ष बाद 2009 में उन्हें यानी एक महिला को दिया गया है। इससे पूर्व 1964 में डोरोथी क्रोफुट हॉजकिन को रसायनशास्त्र का नोबेल पुरस्कार प्राप्त हुआ था। अब तक कुल चार महिलाओं ने रसायन शास्त्र का नोबेल पुरस्कार जीता है।

आरम्भिक जीवन व शिक्षा

एडा योनथ का जन्म 22 जून, 1939 को जेरूसलम के गेउला भाग, इज़रायल में एडा लिफसिज के रूप में हुआ था। उनके माता-पिता हिलेल तथा ईस्थर लिफसिज यहूदी थे जो इज़रायल की स्थापना के पूर्व 1933 में पौलेंड से फलस्तीन आए थे। उनके पिता रब्बी थे। वे जेरूशलम में रहकर परचून की दुकान चलाते थे और मुश्किल से घर का खर्च चलाते थे।

एडा योनथ बचपन में एक ऐसे मकान में रहती थीं जहां कई परिवार रहते थे। बचपन में किताबें ही उनकी साथी थीं। परिवार में गरीबी होते हुए भी उनके माता-पिता ने उनकी अच्छी शिक्षा के लिए उच्च स्कूल 'बीट हाकेरम' में उन्हें पढ़ने भेजा। 42 वर्ष की आयु में उनके पिता की मृत्यु हो गई, जब वह 11 वर्ष की थी। उन्होंने घर खर्च में मां का हाथ बंटाने के लिए हर प्रकार का कार्य किया जैसे सफाई, बच्चों की देखभाल, ट्यूशन आदि। फिर भी उन्हें आर्थिक परेशानियां रहीं। एक वर्ष बाद ही उनका परिवार तेल अवीव में रहने चला गया। एडा का एडमीशन वहां टिचौन हादाश हाईस्कूल में हो गया। चूंकि उनकी मां उनकी फीस भरने में सक्षम नहीं थीं, अतः उन्होंने गणित की ट्यूशन पढ़ानी शुरू कर दी।

बचपन में एडा वैज्ञानिक मेरी क्यूरी से बहुत प्रभावित थीं। वह कॉलेज की पढ़ाई के लिए जेरूसलम लौट आईं। वहां हेब्रू यूनीवर्सिटी ऑफ जेरूसलम से 1962 में उन्होंने रसायनशास्त्र में स्नातक डिग्री ली। फिर 1964 में बायोकैमिस्ट्री में मास्टर्स डिग्री प्राप्त की। 1968 में एडा ने वीजमैन इंस्टीट्यूट ऑफ साइंस से एक्सरे क्रिस्टलोग्राफी में पीएच.डी. की।

उनकी एक बेटी हैगित योनथ है जो शेबा मेडीकल सेंटर में डाक्टर है तथा एक नातिन लोआ है।

अनुसंधान

एडा योनथ ने 1969 में कार्नेगी मेलन यूनीवर्सिटी में पोस्ट-डाक्टोरल पद ले लिया, फिर 1970 में एमआईटी में भी यही स्थान स्वीकार किया। एमआईटी में कार्य करते हुए एडा ने विलियम एन लिप्सकाम्ब, की रसायन शास्त्र की प्रयोगशाला में कुछ समय बिताया (जिन्हें 1976 में नोबेल पुरस्कार प्राप्त हुआ)। यहीं पर कार्य करते एडा को बड़ी संरचनाओं पर कार्य करने की प्रेरणा मिली।

1970 में एडा ने इज़रायल में प्रोटीन क्रिस्टलोग्राफी की अपनी प्रयोगशाला खोल ली जो लगभग 10 वर्षों तक इज़रायल की एकमात्र प्रयोगशाला थी। 1979 से 1984 तक वह बर्लिन के मैक्स प्लैंक इंस्टीट्यूट ऑफ मॉलीकुलर जेनेरिक्स में

ग्रुप की लीडर के रूप में कार्य करती रहीं। 1977 से 1978 तक वह शिकागो विश्वविद्यालय में विज़िटिंग प्रोफेसर रहीं। 1986 से 2004 तक एडा जर्मनी के हैम्बर्ग में मैक्स प्लैंक इंस्टीट्यूट के अनुसंधान विभाग की प्रमुख रहीं। साथ ही वीजमैन इंस्टीट्यूट में उनका अनुसंधान कार्य चलता रहा।

एडा ने मुख्य रूप से प्रोटीन बायो सिंथेसिस पर राइबोसोम क्रिस्टलोग्राफी के द्वारा कार्य किया है। राइबोसोम से सम्बन्धी क्रिस्टलोग्राफी को सशक्त बनाने के लिए एडा योनथ ने एक नई तकनीक प्रस्तुत की, जिनका नाम है 'क्रियो बायो क्रिस्टलोग्राफी' जो बाद में संरचनात्मक जीव विज्ञान के लिए नियमित काम में आने लगी।

पुरस्कार व अन्य सम्मान

एडा योनथ को अनेक पुरस्कार प्राप्त हुए हैं :

- ☆ 2000 में उन्हें प्रथम 'यूरोपियन क्रिस्टलोग्राफी पुरस्कार' प्राप्त हुआ।
- ☆ 2002 में एडा को रसायनशास्त्र के लिए 'इज़रायल पुरस्कार' प्राप्त हुआ तथा हार्वे प्राइज़ प्राप्त हुआ।
- ☆ 2006 में उन्हें जार्ज़ फेहर के साथ सहविजेता के रूप में रसायनशास्त्र में (राइबोसोम मशीनरी की संरचना की खोज के लिए) 'वुल्फ पुरस्कार' प्राप्त हुआ।
- ☆ 2007 में उन्हें पॉल एहलिच एंड लुडविग डर्मस्टेटर पुरस्कार मिला।
- ☆ 2008 में वह 'लॉरियल-यूनेस्को अवार्ड फॉर वीमेन इन साइंस' जीतकर यह पुरस्कार जीतने वाली इज़रायल की प्रथम महिला बन गईं। उन्हें यह पुरस्कार 'एंटी-बायोटिक्स बैक्टीरिया' को कैसे रोकते हैं, की पहचान करने वाले महत्त्वपूर्ण कार्य के लिए दिया गया।
- ☆ 2009 में एडा योनथ को रसायनशास्त्र का नोबेल पुरस्कार सहविजेता के रूप में प्राप्त हुआ। उनके सहविजेता थे—थामस स्टीट्ज तथा वेंकटरमन रामाकृष्णन (भारतीय)। इस पुरस्कार को प्राप्त करने वाली वह प्रथम इज़रायली महिला हैं।
- ☆ इसके अतिरिक्त वह ये पुरस्कार भी जीत चुकी हैं—हार्वे प्राइज़, किल्बी प्राइज़, कॉटन मेडल ऑफ यूएस केमीकल सोसायटी, एन्फीसेन अवार्ड ऑफ इंटरनेशनल प्रोटीन सोसायटी, यूनीवर्सिटी ऑफ ज्यूरिख का पॉल कारर गोल्ड मेडल, यूनीवर्सिटी ऑफ सदर्न कैलीफोर्निया का मासरी अवार्ड व मेडल, फेडरेशन ऑफ यूरोपियन बायोकेमीकल सोसायटीज का डट्टा मेडल, जर्मन बायोकेमीकल सोसायटी का फ्रिट्ज लिपमैन अवार्ड, कोलम्बिया यूनीवर्सिटी का लुईसा ग्रॉस हार्विट्ज प्राइज़।

☆ एडा योनथ अनेक प्रतिष्ठित संस्थाओं की सदस्य हैं : यूनाइटेड स्टेट्स नेशनल एकेडेमी ऑफ साइंसेज़, अमेरिकन एकेडेमी ऑफ आर्ट्स एंड साइंसेज़, इज़रायल एकेडेमी ऑफ साइंसेज़ एंड हयूमैनिटीज, यूरोपियन एकेडेमी ऑफ साइंसेज़ एड आर्ट, यूरोपियन मॉलीकुलर बायोलॉजी आर्गेनाइज़ेशन।

हर्टा मूलर
(Herta Muller)
1953–

नोबेल पुरस्कार : साहित्य, 2009
राष्ट्रीयता : जर्मन

हर्टा मूलर रोमानिया में जन्मी जर्मन उपन्यासकार, कवयित्री, निबंधकार लेखिका हैं। उन्हें 2009 में साहित्य का नोबेल पुरस्कार प्रदान किया गया। वह 1990 के दशक से अन्तरराष्ट्रीय ख्याति अर्जित कर चुकी हैं। उनकी रचनाएं विश्व की 20 से अधिक भाषाओं में अनुवादित हो चुकी हैं।

हर्टा की रचनाओं में हिंसा का प्रभाव, निर्दयता, भय जैसी भावनाओं का चित्रण है जो वास्तव में निकोल सीसेकू के राज्य में कम्युनिस्ट रोमानिया के दृश्यों का वर्णन है। इन घटनाओं को हर्टा ने स्वयं के अनुभवों के आधार पर लिखा है। उनकी कई रचनाओं में रोमानिया में रहने वाले जर्मन अल्पसंख्यकों का दृष्टिकोण है। यह जर्मनी की बनात और ट्रांसिल्वेनिया में घटा आधुनिक इतिहास है। उनका प्रसिद्ध उपन्यास जो 2009 में प्रकाशित हुआ 'एवरीथिंग आई पजेस आई कैरी विद मी' उन घटनाओं

को वर्णित करता है जिनमें रोमानिया में रहने वाले जर्मन अल्पसंख्यकों को देश से बाहर ज़बरदस्ती भेजा जाता है ताकि उनसे जबरन मज़दूरी कराई जा सके।

हर्टा मूलर 20 से अधिक प्रतिष्ठित पुरस्कार जीत चुकी हैं जिनमें क्लीस्ट प्राइज़ (1994), अरिस्टियान प्राइज़ (1995), फ्रेंच वर्फेल ह्यूमन राइट्स अवार्ड (2009) शामिल हैं।

आरम्भिक जीवन व शिक्षा

हर्टा मूलर का जन्म 17 अगस्त, 1953 को निचीडार्फ टिमिस काउंटी, रोमानिया में हुआ था। जर्मनभाषी यह गांव 1980 तक पश्चिमी रोमानिया में था। उनका जन्म बनात स्वाबियन कैथोलिक किसान परिवार में हुआ था। उनका परिवार रोमानिया के अल्पसंख्यक जर्मन लोगों का हिस्सा था। उनके दादा व्यापारी और धनी किसान थे। लेकिन उनकी सम्पत्ति कम्युनिस्ट सरकार द्वारा ज़ब्त कर ली गई थी। द्वितीय विश्व युद्ध के दौरान उनके पिता ने ट्रक ड्राइवर के रूप में कम्युनिस्ट रोमानिया में कार्य किया।

1945 में, जब हर्टा की मां 17 वर्ष की थीं, उन्हें लगभग एक लाख अन्य जर्मन अल्पसंख्यक लोगों के साथ ज़बरदस्ती सोवियत संघ में मज़दूर कैम्प में भेज दिया गया, यहां से वह 1950 में आज़ाद हो सकीं। हर्टा की मातृभाषा जर्मन है और उन्होंने रोमानियन भाषा ग्रामर स्कूल में बाद में सीखी। वह टिमीसोरा यूनीवर्सिटी में जर्मन तथा रोमानियन साहित्य की छात्रा रहीं।

1976 में हर्टा मूलर ने एक इंजीनियरिंग फैक्टरी में अनुवादक का कार्य आरम्भ कर दिया। लेकिन 1979 में उन्हें नौकरी से निकाल दिया गया क्योंकि उन्होंने कम्युनिस्ट सरकार की गुप्त पुलिस के साथ सहयोग करने से इंकार कर दिया। तब उन्होंने छोटे बच्चों की ट्यूशन लेना तथा लोगों को जर्मन भाषा सिखाने का कार्य आरंभ कर दिया।

लेखन

हर्टा मूलर की प्रथम पुस्तक 'नादिर्स' जर्मन भाषा में रोमानिया में सेंसर होने के बाद प्रकाशित हुई। यह पुस्तक 1980 में प्रकाशित हुई, जिसमें जर्मनी की संस्कृति में पली-बढ़ी बच्ची का नज़रिया है.। हर्टा जर्मनभाषी उन लोगों के समूह में शामिल थीं जो बोलने की स्वतंत्रता की मांग कर रहे थे। हर्टा ने अपनी पुस्तक 'द लैंड ऑफ ग्रीन प्लम्स' में इसी विषय पर लिखा है।

1984 में उनकी पुस्तक 'ड्रुकेन्डर टैंगो' रोमानिया में प्रकाशित हुई जो लघु

कहानी संग्रह था। इसी वर्ष उनकी पुस्तक 'नादिर्स' का बिना सेंसर किया हुआ संस्करण जर्मनी में प्रकाशित हुआ जिसने उन्हें रातोंरात प्रसिद्धि दिला दी। इस पुस्तक में बच्ची के नज़रिए से सपने, कल्पनाएं, डर, नज़रबंदी, भ्रष्टाचार, असहनीयता तथा दबाव की भावनाएं प्रदर्शित की गई हैं। जर्मनी के मीडिया के सामने हर्टा मूलर ने कम्युनिस्ट तानाशाही की खुलकर आलोचना की जिसके परिणामस्वरूप उनके प्रकाशन पर रोक लगा दी गई, उन्हें अधिकारियों द्वारा बार-बार बुलाकर अटपटे प्रश्न पूछे जाते थे, उन पर अजीब-अजीब इल्ज़ाम लगाए जाते थे, उन पर जिस्मफरोशी, ब्लैक मार्केटिंग जैसे लेवल लगाए गए, उन्हें मारने की धमकी दी गई।

1985 में उन्हें पश्चिम जर्मनी जाने की इज़ाज़त नहीं मिली। 1987 में अन्ततः उन्हें अपने उपन्यासकार पति रिचर्ड वैगनर के साथ रोमानिया छोड़ने की इज़ाज़त मिल गई। तब वह दोनों पश्चिमी बर्लिन में चले गए, जहां वे आज भी रहते हैं। अगले वर्षों में हर्टा ने जर्मनी के विश्वविद्यालयों में लेक्चरर बनना स्वीकार कर लिया। 1995 में हर्टा 'जर्मन एकेडेमी फार राइटिंग एंड पोयट्री' की सदस्य चुनी गईं, फिर कई प्रतिष्ठित आनरेरी पदों पर वह रहीं।

1997 में हर्टा मूलर ने जर्मनी के पेन सेंटर की सदस्यता से विरोधस्वरूप इस्तीफा दे दिया क्योंकि इसका विलय जर्मन डेमोक्रेटिक शाखा से हो रहा था।

उनकी कुछ प्रमुख पुस्तकें निम्न प्रकार हैं-

☆ 'नादिर्स' सेंसर होकर 1982 में बुखारेस्ट से प्रकाशित हुई। 1984 में यही पुस्तक, जिसमें लघु कथाएं हैं, जर्मनी में बिना सेंसर प्रकाशित हुई। 1999 में यह पुस्तक अंग्रेज़ी भाषा में प्रकाशित हुई।
☆ ड्रुकेन्डर टैंगो (आप्रेसिव टैंगो) बुखारेस्ट में 1984 में प्रकाशित (कहानियां)
☆ द पासपोर्ट, सर्पेन्ट्स टेल 1986 में फिर 1989 में अंग्रेज़ी में।
☆ बेयरफुट फरवरी, बर्लिन में 1987।
☆ ट्रेवलिंग आन वन लेग 1998।
☆ हाउ पर्सेप्शन इन्वेन्ट्स इटसेल्फ, 1990।
☆ द डेविल इज सिटिंग इन द मिरर, 1991।
☆ द गार्ड टेक्स हिज काम्ब, 1993।
☆ अराइल्ड एज इफ नॉट देअर, 1994।
☆ द लैंड ऑफ ग्रीन प्लम्स, 1996।
☆ इन अ ट्रैप, 1996।
☆ ए लेडी लिव्स इन द हेयर नॉट, 2000 (कविताएं)
☆ होम इज़ व्हाट इज़ स्पोकन देयर, 2001।
☆ द पेल जेंटलमेन विद देयर एसप्रेसो कप्स, 2005।

- ☆ इज ही और इजन्ट ही लोन, 2005।
- ☆ एवरीथिंग आई पजेस आई कैरी विद मी 2009।

नोबेल पुरस्कार

वर्ष 2009 में हर्टा मूलर को अपने कैरियर की सबसे बड़ी अन्तरराष्ट्रीय सफलता प्राप्त हुई। उनका उपन्यास 'एवरीथिंग आई पजेस आई कैरी विद मी' जर्मन बुक प्राइज़ के लिए नामित हुआ। इसी उपन्यास को 'फ्रेंच वार्फेल ह्यूमन राइट्स अवार्ड' प्राप्त हुआ। इस उपन्यास में हर्टा मूलर ने एक युवा व्यक्ति की सोवियत संघ की यात्रा का वर्णन किया है, जैसा अक्सर द्वितीय विश्वयुद्ध के पश्चात् अनेक जर्मनवासियों के साथ ट्रांसिल्वेनिया में होता था। यह पुस्तक कवि ओस्कर पास्टियर के अनुभवों पर आधारित है, जिनकी यादें हर्टा ने सुनी थीं और जैसा उनकी माँ के साथ हुआ था।

2009 में हर्टा मूलर को साहित्य का नोबेल पुरस्कार प्राप्त हुआ। अकादमी ने उनकी प्रशंसा में लिखा–'वह कविता की एकाग्रता और गद्य की स्पष्टवादिता के साथ बेदखली के दृश्यों का वर्णन करती हैं'।

हर्टा ने कुछ पुस्तकों का सम्पादन भी किया–द ट्रुथ इज नो वन डिड एनीथिंग टू मी (1999), द पर्स (2001), इफ द कैट वेयर ए हार्स, यू कुड राइड थ्रू द ट्रीज' (2001)

पुरस्कार व अन्य सम्मान

- ☆ 1984 में उन्हें 'आस्पेक्ट लिटरेचर पुरस्कार' मिला।
- ☆ 1985 में उन्हें 'रौरिस लिटरेचर पुरस्कार' तथा 'एनकरेजमेंट पुरस्कार' मिला।
- ☆ 1987 में हर्टा को 'रिकार्ड हच प्राइज़' मिला।
- ☆ 1989 में उन्हें 'मेरी लूज फ्लीवर प्राइज़' तथा जर्मन भाषा का पुरस्कार मिला।
- ☆ 1990 में उन्हें 'रोज़विथा मेडल ऑफ नॉलेज' प्राप्त हुआ।
- ☆ 1991 में उन्हें 'क्रानिसटीनर लिटरेचर' पुरस्कार मिला।
- ☆ 1993 में उन्हें साहित्य का क्रिटिकल प्राइज़ मिला।
- ☆ 1994 में क्लीस्ट प्राइज़ तथा 1995 में अरिस्टियान प्राइज़ उन्हें मिला।
- ☆ 1995-1996 के लिए उन्हें फ्रैंकफर्ट का सिटी राइटर पुरस्कार मिला।
- ☆ 1997 में 'ग्रेज' साहित्य पुरस्कार, 1998 में इदा-डेहमेल साहित्य पुरस्कार तथा इन्टरनेशनल इम्पैक डबलिन लिटरेरी अवार्ड उन्हें प्राप्त हुए।

- उन्हें 2001 में सिसेरी स्पीकर प्राइज़ मिला।
- 2005 में 'बर्लिन साहित्य पुरस्कार', 2006 में 'वर्थ प्राइज़' तथा 'वाटर हसेनक्लेवर साहित्य पुरस्कार' उन्हें प्राप्त हुए।
- 2009 में उन्हें साहित्य के नोबेल पुरस्कार के अतिरिक्त फ्रैंच वार्फेल ह्यूमन राइट्स अवार्ड मिला।
- 2010 में हर्टा मूलर को हॉफमैन वॉन फालर्सलेबेन पुरस्कार प्राप्त हुआ।

एलीनॉर ओस्ट्रोम
(Elinor Ostrom)

1933–

नोबेल पुरस्कार : अर्थशास्त्र, 2009

राष्ट्रीयता : अमरीकी

एलीनॉर ओस्ट्रोम अमरीकी राजनीतिक अर्थशास्त्री हैं जिन्हें वर्ष 2009 का अर्थशास्त्र का नोबेल पुरस्कार प्रदान किया गया। यह पुरस्कार उन्होंने सहविजेता के रूप में जीता। उनके सहविजेता रहे आलिवर ई विलियमसन। एलीनॉर ओस्ट्रोम अर्थशास्त्र का नोबेल पुरस्कार जीतने वाली प्रथम महिला हैं और अब तक की एकमात्र महिला भी। उनका कार्य नए संस्थागत अर्थशास्त्र से जुड़ा है जिससे राजनैतिक अर्थतन्त्र का विकास होगा।

एलीनॉर ने राजनैतिक अर्थतन्त्र में खोज करके अग्रणी अनुसंधान किया है जिसका मुख्य केन्द्र सामान्य जन से संबंधित संसाधनों जैसे जंगल, मत्स्य केन्द्र, सिंचाई व्यवस्था का प्रबन्धन है ताकि उनसे दीर्घकालिक रिटर्न प्राप्त हों। 'सरकारी नियमित कार्यों से सम्बन्धित मान्यताओं द्वारा वातावरण सम्बन्धी संसाधनों के प्रबंधन की आवश्यकता है, ऐसा एलीनॉर का कहना है।

एलीनॉर इंडियाना यूनिवर्सिटी तथा एरिजोना स्टेट यूनिवर्सिटी में फैकल्टी हैं। वह इंडियाना यूनीवर्सिटी, ब्लूमिंगटन में प्रोफेसर हैं तथा एरिजोना यूनीवर्सिटी, टेम्पे में रिसर्च प्रोफेसर तथा 'सेंटर फॉर स्टडी ऑफ इंस्टीट्यूशनल डाइवर्सिटी की संस्थापक निर्देशिका हैं।

आरम्भिक जीवन व शिक्षा

एलीनॉर ओस्ट्रोम का जन्म 7 अगस्त, 1933 को अमेरिका के कैलोफोर्निया के लॉस एंजेल्स में हुआ था। उनके पिता एड्रियान यहूदी थे तथा मां लियाह अवान प्रोटेस्टेंट थीं। उन्होंने प्रोटेस्टेंट चर्च से पढ़ाई की और सप्ताहांत में अक्सर अपनी आंटी के यहां चली जाती थी। वह रविवार को प्रोटेस्टेंट संडे स्कूल जाती थीं जहां अक्सर सहपाठी उन्हें यहूदी-यहूदी कहकर चिढ़ाते थे।

उन्होंने 1951 में बेवरली हिल्स हाईस्कूल से हाईस्कूल की परीक्षा पास की फिर राजनीति शास्त्र में स्नातक की डिग्री आनर्स के साथ 1954 में यूसीएलए से प्राप्त की। उन्होंने 1962 में एमए तथा 1965 में पीएचडी यूसीएलए राजनीतिशास्त्र विभाग से पूर्ण किया।

व्यवसाय

1973 में एलीनॉर ओस्ट्रोम ने राजनीतिक थियोरी तथा नीति विश्लेषण सम्बन्धी एक वर्कशाप की सह-स्थापना की। उन्होंने यह वर्कशाप इंडियाना यूनीवर्सिटी में अपने पति विन्सेन्ट ओस्ट्रोम के साथ स्थापित की। संयुक्त क्रिया, विश्वास और सहयोग का सहभागी संसाधनों के प्रबन्धन में किस प्रकार प्रयोग हो सकता है, इसकी जांच करते हुए, एलीनॉर की पब्लिक पॉलिसी तक संस्थात्मक पहुंच ही 'इंस्टीट्यूशनल अनालिसिस एंड डेवलपमेंट' (आईएडी) के नाम से जानी जाती है। उनकी सोच पहले की सोच से काफी अलग है, इसे अलग स्कूल की पब्लिक च्वाइस थियोरी कह सकते हैं।'

एलीनॉर ने कई पुस्तकें संगठनात्मक सिद्धान्त, राजनीतिशास्त्र तथा जन-प्रशासन विषयों पर लिखी हैं। एलीनॉर की गिनती 'कॉमन पूल रिसोर्सेज' (सीपीआर-CPR) के अध्ययन में शीर्ष विद्वानों में होती है। उन्होंने इन संसाधनों के अध्ययन व प्रबन्धन के लिए अफ्रीका को चुना, सिंचाई विधि प्रबन्धन के लिए नेपाल के गांवों को चुना। एलीनॉर ने अपने कार्यों में यह समझने का कार्य किया है कि किस प्रकार विभिन्न समाजों का विकास भिन्न संस्थागत तरीकों से हुआ है जिनसे प्राकृतिक संसाधनों का प्रबन्ध किया जाता है ताकि वातावरण को किसी प्रकार का नुकसान न हो। यद्यपि ऐसे कुछ तरीके संसाधनों के नुकसान को बचाने में नाकामयाब रहे हैं।

कॉमन पूल संसाधनों (सीपीआर-CPR) के डिजाइन सिद्धान्त

एलीनॉर ओस्ट्रोम ने स्थानीय कॉमन पूल रिसोर्स प्रबन्धन (सार्वजनिक संसाधन प्रबन्धन) को स्थिर रखने के लिए 8 सिद्धान्त बताए हैं उनमें से कुछ हैं—स्पष्ट रूप से रेखांकित सीमारेखा, स्थानीय स्थितियों के अनुसार कॉमन संसाधनों के लिए नियम, स्थितियों पर प्रभावशाली निरीक्षण के लिए निरीक्षणकर्ता, उच्चस्तरीय अधिकारियों द्वारा कम्युनिटी का दृढ़ निश्चयपूर्ण कार्य।

एलीनॉर तथा उनके सहयोगी अनुसंधानकर्ताओं द्वारा हाल ही में एक 'सोशल इकोलॉजिकल सिस्टम्स (SES) फ्रेमवर्क विकसित किया गया है।

नोबेल पुरस्कार

वर्ष 2009 में एलीनॉर ओस्ट्रोम अर्थ विज्ञान में नोबेल मेमोरियल प्राइज़ जीत कर यह पुरस्कार जीतने वाली प्रथम महिला बन गईं। रायल स्वीडिश एकेडेमी ऑफ साइंसेज़ ने उनके प्रशस्ति पत्र में कहा—ओस्ट्रोम के कार्य ने यह दिखाया है कि कैसे सार्वजनिक सम्पत्ति को सफलतापूर्वक कई समूहों द्वारा प्रयोग करके प्रबंधित किया जा सकता है। अतः उनके आर्थिक शासन सम्बन्धी विश्लेषण के लिए उन्हें नोबेल पुरस्कार प्रदान किया गया। एलीनॉर ओस्ट्रोम को ओलिवर ई विलियमसन के साथ संयुक्त रूप से पुरस्कार की राशि 10 मिलियन स्वीडिश क्रोंनर (लगभग 9 लाख 10 हज़ार पाउंड/ 1.44 मिलियन डॉलर) उनके अर्थशास्त्र के क्षेत्र में अलग-अलग कार्यों के लिए मिली।

रायल स्वीडिश अकादमी ने कहा कि एलीनॉर ओस्ट्रोम के अनुसंधान ने इस विषय की ओर लोगों का ध्यान आकर्षित किया है। उन्होंने दिखाया है कि किस प्रकार सार्वजनिक संसाधन जैसे जंगल, मत्स्य-शाला, तेल के खेत, हरे भरे खेत सरकार या प्राइवेट कम्पनियों की बजाय उनका प्रयोग करने वाले लोगों द्वारा सफलतापूर्वक संभाले जा सकते हैं।

वर्तमान कार्य

एलीनॉर ओस्ट्रोम अमेरिका के ब्लूमिंगटन में रहती हैं। वह इंडियाना यूनीवर्सिटी, ब्लूमिंगटन में प्रतिष्ठित प्रोफेसर पद पर कार्यरत हैं तथा राजनीति विज्ञान की आर्थर एफ बेन्टली प्रोफेसर होने के साथ ही राजनीतिक सिद्धान्त तथा नीति विश्लेषण की कार्यशाला की सहनिदेशिका भी हैं। एलीनॉर अरिजाना स्टेट यूनीवर्सिटी, टेम्पे में रिसर्च प्रोफेसर होने के साथ ही सेंटर फॉर स्टडी ऑफ इंस्टीट्यूशनल डायवर्सिटी में संस्थापक निर्देशिका हैं। इनके अतिरिक्त एलीनॉर यूएस ऐड द्वारा चालित वर्जीनिया टेक द्वारा प्रबंधित 'सस्टेनेबल एग्रीकल्चर एंड नेचुरल रिसोर्स मैनेजमेंट कोलेबोरेटिव रिसर्च सपोर्ट प्रोग्राम (SANREM CRSP) की प्रमुख अनुसंधानकर्ता के रूप में कार्यरत हैं।

व्यवसाय व कार्य से जुड़ी गतिविधियां

वह 1973 में ग्लेडीज एम कामरर अवार्ड कमेटी की सदस्य रहीं। 1975-1976 में एलीनॉर अमेरिकन पालिटिकल साइंस एसोसिएशन की उपाध्यक्ष तथा प्रोग्राम डेवलपमेंट कमेटी की सदस्य रहीं। 1976 से 1979 तक डेवलपर्स टास्क फोर्स तथा एजूकेशनल मैटीरियल डेवलपमेंट कमेटी में रहीं। 1985 से 1988 तक वह रिसर्च कमेटी में रहीं। 1987 से 1990 तक सिग्मा अल्फा ओरल हिस्ट्री प्रोग्राम में सलाहकार कमेटी में रहीं। 1990 से 1991 तक एलीनॉर वुड्रो विल्सन फाउंडेशन अवार्ड कमेटी की सदस्य रहीं। 2001-2002 में वह नए एक्जीक्यूटिव डायरेक्टर के लिए चयन कमेटी की सदस्य रहीं। 2000 से 2010 तक वह साइंटिफिक एडवाइजरी बोर्ड की सदस्य रही हैं।

इसके अतिरिक्त वह अनेकों संस्थाओं में महत्त्वपूर्ण पदों पर रही हैं तथा वर्तमान में भी कार्यरत हैं।

पुरस्कार व अन्य सम्मान

- ☆ एलीनॉर ओस्ट्रोम यूनाइटेड स्टेट्स नेशनल एकेडेमी ऑफ साइंसेज़ की 1991 से फेलो हैं।
- ☆ वह अमेरिकन पालिटिकल साइंस एसोसिएशन तथा पब्लिक च्वाइस सोसायटी की अध्यक्ष रही हैं।
- ☆ 1999 में वह 'जोहान स्काइट प्राइज़' (राजनीतिशास्त्र में) जीतने वाली प्रथम महिला बनीं।
- ☆ 2004 में उन्हें 'जॉन जे कार्टी अवार्ड' नेशनल एकेडेमी ऑफ साइंसेज़ की ओर से प्राप्त हुआ।
- ☆ 2005 में उन्हें अमेरिकन पालिटिकल साइंस एसोसिएशन की ओर से 'जेम्स मेडीसन अवार्ड' मिला।
- ☆ 2008 में एलीनॉर को राजनीति विज्ञान में विलियम एच राइकर पुरस्कार प्राप्त हुआ और वह यह पुरस्कार प्राप्त करने वाली प्रथम महिला बनीं।
- ☆ 2009 में उन्हें जोनाथन एम टिश कॉलेज ऑफ सिटीजनशिप एंड पब्लिक सर्विस, टिश यूनीवर्सिटी की ओर से 'टिश सिविक एंगेजमेंट रिसर्च प्राइज़' प्राप्त हुआ।
- ☆ 2010 में अटने रीडर पत्रिका की '25 विजनरीज हू आर चेन्जिंग वर्ल्ड' (25 द्रष्टा जो विश्व को बदल रहे हैं) की सूची में एलीनॉर ओस्ट्रोम का नाम भी शामिल था।
- ☆ 2010 से वह इन संस्थाओं की आनरेरी सदस्य हैं—इंडियाना एकेडेमी

ऑफ साइंस, इंडियापोलिस, आईएन तथा फी बेटा कप्पा, इंडियाना यूनीवर्सिटी ब्लूमिंगटन।

☆ 2010 में उन्हें ऑफिस ऑफ वीमेन्स अफेयर्स, इंडियाना यूनिवर्सिटी, ब्लजूमिंगटन की ओर से लिविंग लेजेन्ड अवार्ड' दिया गया।

☆ उन्हें अनेक विश्वविद्यालयों की ओर से आनरेरी (मानद) डाक्टरेट की डिग्री प्राप्त हुई है—यूनीवर्सिटी ऑफ ज्यूरिख (अर्थशास्त्र, 1999), लूलिया यूनीवर्सिटी ऑफ टैक्नोलॉजी, स्वीडन (2005), यूनीवर्सिटी ऑफ मिशीगन, एन आर्बोर (डाक्टर ऑफ हयूमन लैटर्स, 2006), उप्पसला यूनीवर्सिटी, स्वीडन (कोमेमोरेशन ऑफ कार्ल लिनेअस में, 2007), हमबोल्ट यूनीवर्सिटी, बर्लिन, जर्मनी (2007), नार्वेजियन यूनीवर्सिटी ऑफ साइंस एंड टैक्नोलॉजी, ट्रान्टेम, नार्वे (2008), मेकगिल यूनीवर्सिटी, मांट्रियल (2008), मिशीगन स्टेट यूनीवर्सिटी, ईस्ट लांसिंग (2010), बी हैंग यूनीवर्सिटी, बीजिंग, चीन (2011, आनरेरी प्रोफेसर)।

एलेन जानसन सरलीफ
(Ellen Johnson Sirleaf)

1938–

नोबेल पुरस्कार : शांति, 2011

राष्ट्रीयता : लाइबेरियन

2011 में स्वीडन की नोबेल समिति ने विश्वशांति के लिए महिलाओं की भूमिका को महत्त्वपूर्ण बताते हुए अरब देशों की 3 महिलाओं को नोबेल शांति पुरस्कार से सम्मानित किया। लाइबेरिया की राष्ट्रपति एलेन जानसन सरलीफ को अन्य दो महिला विजेताओं के साथ 2011 का नोबेल शांति पुरस्कार प्राप्त हुआ। उनकी सहविजेता थीं लाइबेरिया की ही क्रांतिकारी लीमा गबोवी तथा अपने देश के तानाशाही शासन के विरुद्ध अहिंसक आंदोलन चलाने वाली यमन की तवाकेल कारमान।

एलेन जानसन सरलीफ लाइबेरिया की 24वीं तथा वर्तमान राष्ट्रपति हैं। वह 1979 से 1980 तक विलियम टोल्बर्ट के राष्ट्रपति काल में वित्तमंत्री रहीं। 1980 में तख्ता पलट के पश्चात् उन्होंने लाइबेरिया छोड़ दिया और विभिन्न आर्थिक संस्थाओं

में अच्छे पदों पर कार्य किया। 1997 के राष्ट्रपति चुनावों में वह दूसरे नम्बर पर काफी बड़े मतों के अन्तर से हार गई थीं। फिर 2005 में वह राष्ट्रपति चुनाव जीतीं और 16 जनवरी, 2006 को राष्ट्रपति पद संभाल लिया। 2011 में वह पुनः चुनाव में विजयी रहीं।

राष्ट्रपति एलेन जानसन सरलीफ अपने देश की न सिर्फ एक वयोवृद्ध नेता हैं वरन वह किसी भी अरब देश में राष्ट्रपति बनने वाली प्रथम महिला हैं। उन्होंने पुरुष प्रधान समाज में अपने देश के निरंकुश शासकों से लोहा लेकर वहां एक प्रगतिशील जनतांत्रिक शासन स्थापित किया। लाइबेरिया के लोग उन्हें 'लौह महिला' के नाम से जानते हैं। 2005 में जब वह सत्ता में आईं तब लाइबेरिया भुखमरी और अशांति के दौर से गुजर रहा था।

आरम्भिक जीवन

एलेन जानसन सरलीफ का जन्म 29 अक्तूबर, 1938 (अब 73 वर्ष) को लाइबेरिया के मोनरोविया में हुआ था। एलेन को अमेरिको-लाइबेरियन परिवार से माना जाता है। वह अपने पिता की तरफ से आधी गोला, दादा की तरफ से 1/4 (चौथाई) जर्मन, नानी की तरफ से 1/4 क्रू जन्मीं थीं। सरलीफ के पिता जाहमेल कार्नी जानसन गरीब अल्पसंख्यक गोला प्रधान के पुत्र थे। उन्हें मोनरोविया में कार्य करने के लिए भेजा गया था। उनकी लाइबेरिया के प्रथम लाइबेरियन राष्ट्रपति हिलरी आर डब्ल्यू जॉनसन के प्रति निष्ठा के कारण उनके नाम में जानसन जुड़ गया। वह मोनरोविया में ही अमेरिकी लाइबेरियन परिवार में बड़े हुए। सरलीफ के पिता जाहमेल बाद में देश की राष्ट्रीय संसद में बैठने वाले एथनिक समूह के प्रथम लाइबेरियन बने।

एलेन ने 1948 से 1955 तक मोनरोविया के कॉलेज ऑफ वेस्ट अफ्रीका से अर्थशास्त्र और अकाउंट्स की पढ़ाई की। उन्होंने जेम्स सरलीफ से 17 वर्ष की आयु में विवाह कर लिया था और 1961 में आगे की शिक्षा के लिए उनके साथ अमेरिका चली गईं। वहां विंकोसिन में माडीसन बिजनेस कॉलेज से अकाउंटिंग में डिग्री प्राप्त की। 1970 में यूनीवर्सिटी ऑफ कोलोराडो, बोल्डर के इकोनॉमिक्स इंस्टीट्यूट में उन्होंने अर्थशास्त्र का अध्ययन किया। हार्वर्ड के जान एफ कैनेडी स्कूल ऑफ गवर्नमेंट से उन्होंने 1969 से 1971 तक अर्थशास्त्र तथा राजनीति की पढ़ाई की और पब्लिक एडमिनिस्ट्रेशन में मास्टर्स डिग्री प्राप्त की। इसके बाद वह लाइबेरिया लौट आईं ताकि विलियम टोलबर्ट की सरकार के शासन में कार्य कर सकें।

1956 में एलेन जेम्स सरलीफ से विवाह किया था। लेकिन बाद में उन्हें तलाक दे दिया। एलेन चार पुत्रों की मां हैं तथा उनके 8 पोते-पोती हैं।

व्यवसाय

एलेन सरलीफ ने 1972 से 1973 तक टोलबर्ट प्रशासन में सहायक वित्तमंत्री के साथ में कार्य किया। आर्थिक नीतियों पर मतभेद के कारण उन्होंने त्यागपत्र दे दिया। वह पुनः 1979 में वित्त मंत्री बनीं तथा 1980 तक पद पर रहीं। 12 अप्रैल, 1980 को मास्टर सार्जेंट सैमुअल डो ने सैनिक विद्रोह कर सत्ता पलट दी और शासन पर कब्जा कर लिया। टोलबर्ट की हत्या कर दी गई। सरलीफ ने आरम्भ में नई सरकार में लाइबेरियन बैंक फॉर डेवलपमेंट एंड इन्वेस्टमेंट में अध्यक्ष पद स्वीकार कर लिया, लेकिन देश की जनता डो तथा उस सरकार की आलोचना करने लगी, तब वह नवम्बर, 1980 में देश छोड़कर भाग गईं।

देश छोड़कर वह पहले अमेरिका, वाशिंगटन डीसी गईं और वहां वर्ल्ड बैंक के लिए काम करने लगीं। फिर 1981 में वह नैरोबी चली गईं ताकि सिटी बैंक के अफ्रीकी क्षेत्रीय कार्यालय में उपाध्यक्ष के रूप में कार्य कर सके। 1985 में लाइबेरिया में चुनाव घोषित होने पर वह चुनावों में सक्रियता के लिए लाइबेरिया लौट आईं और सिटी बैंक से त्यागपत्र देकर इक्वेटर बैंक में कार्य करने लगीं। 1992 में एलेन यूनाइटेड नेशंस डेवलपमेंट प्रोग्राम के अफ्रीका के क्षेत्रीय कार्यालय में सह प्रशासक बना दी गईं। बाद में उन्हें निदेशक नियुक्त कर दिया गया। 1997 में उन्होंने त्यागपत्र देकर लाइबेरिया के राष्ट्रपति पद का चुनाव लड़ा। लेकिन वह चुनाव में बुरी तरह हार गईं।

1999 में एलेन यूनाइटेड नेशंस में अफ्रीकी एकता संघ द्वारा चुने गए 7 विश्व प्रसिद्ध विद्वानों में से एक थीं, जिन्हें रवांडा के नरसंहार की जांच करनी थी। वह यूनीफेम द्वारा चुने गए दो अन्तर्राष्ट्रीय विशेषज्ञों में से एक थीं। कांगोलीज से वार्ता के लिए चुने गए 5 कमीशन प्रमुख में से भी एलन एक थीं। एलेन सरलीफ ओपन सोसायटी इनीशिएटिव फॉर वेस्ट अफ्रीका (OSIWA) की आरंभिक चेयरपर्सन रहीं। साथ ही यह घाना इंस्टीट्यूट ऑफ मैनेजमेंट एंड पब्लिक एडमिनिस्ट्रेशन (GIMPA) के विजिटिंग प्रोफेसर रहीं।

राजनीतिक जीवन

सिटी बैंक में कार्य करते हुए 1985 में जब एलेन सरलीफ लाइबेरिया लौटी थीं तब उन्होंने लाइबेरियन एक्शन पार्टी की ओर से वाइस प्रेसीडेंट का चुनाव लड़ा था। लेकिन उन्हें डो सरकार द्वारा अपने भाषणों में किसी सदस्य का अपमान करने के कारण घर में नज़रबन्द तथा 10 वर्ष की सजा दी गई। लेकिन अंतर्राष्ट्रीय दबाव के कारण उन्हें दो माह बाद ही रिहा कर दिया गया। सरकारी दबाव के कारण उनका नाम वाइस प्रेसीडेंट चुनाव से हटाकर सीनेट पद के लिए कर दिया गया।

इन चुनावों में डो तथा उनकी नेशनल डेमोक्रेटिक पार्टी बड़े अन्तर से जीती, जिसमें चुनाव की धांधली के आरोप लगे। एलेन सीनेट का चुनाव जीत गईं।एलेन ने धांधली के आरोप के कारण अपना सीनेट पद लेने से इंकार कर दिया। डो सरकार को भी पलटने का प्रयास हुआ, तब सरलीफ पुनः गिरफ्तार कर ली गईं।

फिर 1997 के चुनावों में सरलीफ राष्ट्रपति चुनाव हारीं। लाइबेरियन सिविल युद्ध की समाप्ति पर तथा नई सरकार के बनने पर एलेन को सरकार में चेयरमैन पद पर चुना गया, फिर अन्ततः गर्वनेंस रिफार्म कमीशन की अध्यक्ष चुना गया।

2005 के चुनावों में एलेन सरलीफ ने राष्ट्रपति चुनाव लड़ा और विजयी रहीं। 23 नवम्बर, 2005 को उनकी जीत घोषित हुई फिर 16 जनवरी, 2006 को उन्होंने पद की शपथ ली।

31 अक्तूबर, 2010 को एलेन सरलीफ यूनिटी पार्टी की अध्यक्ष पुनः चुनी गईं। 2011 के हुए चुनावों में वह पुनः निर्वाचित हुईं और 16 जनवरी, 2012 को वह पुनः राष्ट्रपति बनीं।

उन्होंने सबसे पहले दुनिया के सभी प्रगतिशील देशों से लाइबेरिया के विकास में सहायता करने की अपील की। अमेरिका तथा यूरोपीय देशों को भरोसा दिलाया कि वह अपने देश के लोगों को विकास की एक नई डगर पर ले जाना चाहती हैं। इसी कारण अमेरिका ने लाइबेरिया का 50 खरब अमेरिका डालर का पुराना कर्ज माफ कर दिया।

उन्होंने अपने देश में बंद पड़े स्कूलों को फिर शुरू करवाया। उन्होंने छठी कक्षा तक के बच्चों के लिए मुफ्त शिक्षा की नीति लागू की। लाइबेरिया के जो शिक्षक देश छोड़ कर चले गए थे, वे देश की स्थितियां देखकर लौटने लगे। एलेन ने अपने देश के बंद अस्पतालों को भी फिर से खुलवाया। नए चिकित्सकों की नियुक्ति तथा गरीबों के मुफ्त इलाज का प्रबंध कराया। उन्होंने बलात्कार के खिलाफ कड़े कानून बनाए। महिलाओं के लिए रोजगार योजनाएं शुरू की जिसके परिणामस्वरूप महिलाएं अपने अधिकार समझने लगीं।

14 वर्षों के गृहयुद्ध के दौरान देश के अस्पताल व शिक्षण संस्थाएं बन्द हो चुकी थीं। खेतीवाड़ी तथा कल कारखाने बन्द थे, उत्पादन नहीं हो रहा था। लोगों को बुनियादी जरूरत की चीजें भी उपलब्ध नहीं थीं। ऐसे में जब एलेन सरलीफ ने चुनाव लड़ने की मुहिम की शुरूआत की, तो लाइबेरिया की हजारों महिलाएं उनके समर्थन में सड़कों पर उतर आईं। एलेन सरलीफ के देश का राष्ट्रपति बनने के बाद वहां शांति स्थापित हो गई। महिलाओं में जागरूकता आ गई।

अन्तरराष्ट्रीय ख्याति व नोबेल पुरस्कार

एलेन जानसन सरलीफ ने विश्व में अपने कार्य के दम पर अपनी पहचान बनाई है। 2006 में प्रसिद्ध पत्रिका फोर्ब्स ने एलेन को विश्व की सर्वाधिक शक्तिशाली महिलाओं में 51वीं शक्तिशाली महिला बनाया। 2010 में न्यूजवीक ने उन्हें विश्व के 10 सर्वश्रेष्ठ नेताओं में से एक बताया। टाइम पत्रिका ने उन्हें विश्व की 10 सर्वश्रेष्ठ महिला नेताओं की सूची में शामिल किया। इसी वर्ष 'द एकोनॉमिक्स' पत्रिका ने एलेन सरलीफ को देश की अब तक की सबसे अच्छी राष्ट्रपति बताया।

2011 में एलेन सरलीफ को शांति का नोबेल पुरस्कार सहविजेता के रूप में प्राप्त हुआ। उनकी सहविजेता थी-लाइबेरिया की लीमा गबोवी, तथा यमन की तवाकेल कारमान। एलेन को यह पुरस्कार 'महिलाओं की सुरक्षा तथा देश की शांति के लिए महिलाओं को अपने अधिकारों के प्रति जागृत करने के लिए' प्रदान किया गया।

पुरस्कार तथा अन्य सम्मान

- ☆ उन्हें 1988 में फ्रैंकलिन एंड एलीनर रूजवेल्ट इंस्टीट्यूट की ओर से 'फ्रीडम ऑफ स्पीच अवार्ड' दिया गया।
- ☆ उन्हें 'राल्फ बंच इन्टरनेशनल लीडरशिप' अवार्ड दिया गया।
- ☆ उन्हें 'अफ्रीका रिडेम्शन ऑफ लाइबेरिया का ग्रांड कमांडर स्टार' अवार्ड प्राप्त हुआ।
- ☆ उन्हें 'कमांडर ऑफ द आर्डर ऑफ टोगो' अवार्ड से सम्मानित किया गया।
- ☆ 2006 में उन्हें 'कॉमन ग्राउंड अवार्ड' प्राप्त हुआ।
- ☆ 2006 में एलेन सरलीफ को द हंगर प्रोजेक्ट का भुखमरी दूर करने तथा नेतृत्व के लिए 'लौरेट ऑफ द अफ्रीका' पुरस्कार प्रदान किया गया।
- ☆ 2006 में उन्हें सिनर्जोस की ओर से 'डेविड राक फैलर ब्रिजिंग लीडरशिप अवार्ड', मार्केट यूनीवर्सिटी की ओर से आनरेरी डाक्टर ऑफ लॉ की डिग्री तथा ग्लॉस एम हाले इंस्टीट्यूट फार ग्लोबल लर्निंग एमोरी यूनीवर्सिटी की फेलोशिप प्राप्त हुई।
- ☆ 2007 में अमेरिका का सर्वोच्च नागरिक पुरस्कार 'प्रेसीडेंशियल मेडल ऑफ फ्रीडम' उन्हें प्राप्त हुआ।
- ☆ 2008 में उन्हें दो बार आनरेरी डॉक्टर ऑफ लॉ डिग्री प्राप्त हुई। (इंडियाना यूनीवर्सिटी तथा ब्राउन यूनीवर्सिटी)।

- ☆ 2009 में एलेन को देश की प्रगति की राह पर अग्रसर करने के लिए 'ईटी अवार्ड' प्राप्त हुआ।
- ☆ 2010 में उन्हें 'फ्रेंड ऑफ मीडिया इन अफ्रीका अवार्ड' द अफ्रीकन एडीटर्स यूनियन की ओर से प्राप्त हुआ।
- ☆ उन्हें निम्न आनरेरी डिग्री भी प्राप्त हुईं—डॉक्टर ऑफ ह्यूमन लेटर्स डिग्री (यूनीवर्सिटी ऑफ टम्पा, 2009), डाक्टर ऑफ लॉज (येल यूनीवर्सिटी, 2010), डॉक्टर ऑफ लॉज (रटगर्स स्टेट यूनीवसिंटी ऑफ न्यू जर्सी, 2010), डॉक्टर ऑफ लॉज (हार्वर्ड यूनीवर्सिटी, 2011)।
- ☆ 2011 में उन्हें 'नोबेल शांति पुरस्कार' प्राप्त हुआ।
- ☆ 2011 में उन्हें 'अफ्रीकन जेंडर अवार्ड' देकर सम्मानित किया गया।

लीमा रॉबर्टा गबोवी

(Leymah Roberta Gbowee)

1972–

नोबेल पुरस्कार : शांति, 2011

राष्ट्रीयता : लाइबेरियन

लीमा राबर्टा गबोवी लाइबेरिया की युवा शांति कार्यकर्तृ हैं जिन्होंने महिलाओं के शांति आन्दोलन का अहिंसक तरीके से नेतृत्व किया है। इसी शांति आंदोलन के कारण 2003 में लाइबेरिया में द्वितीय गृहयुद्ध खत्म हुआ। इसी आंदोलन के कारण लाइबेरिया में एलेन जानसन सरलीफ चुनाव जीत सकीं। लीमा गबोवी को 2011 का नोबेल शांति पुरस्कार सहविजेता के रूप में प्राप्त हुआ। उनकी सहविजेता रहीं—एलेन जानसन सरलीफ तथा तवक्कुल कारमान। उन्हें यह पुरस्कार 'महिलाओं की सुरक्षा तथा अधिकारों के प्रति जागरूकता' पैदा करने के लिए अहिंसक संघर्ष करने के लिए प्रदान किया गया।

लाइबेरिया का गृहयुद्ध 1989 से 2003 तक चला और बीच-बीच में कुछ समय के लिए युद्ध रुका। यह गृहयुद्ध अनेक समूहों के बीच आपसी रंजिश, आर्थिक

असमानता, प्राकृतिक संसाधनों पर नियंत्रण जैसे कारणों से हो रहा था। इन समूहों में मुक्त हुए अमेरिकी दासों के वंशज भी थे जिन्होंने 1847 में इस देश की स्थापना की थी। इस युद्ध में मुख्य व्यक्ति चार्ल्स टेलर था, जिसने युद्ध की शुरुआत की थी और 2003 तक वह देश का राष्ट्रपति बना रहा जब तक कि उसे जबरदस्ती पद से हटाया नहीं गया।

आरंभिक जीवन व शिक्षा

लीमा गबोवी का जन्म केन्द्रीय लाइबेरिया में 1 फरवरी, 1972 में हुआ था। जब वह 17 वर्ष की थीं और अपनी दो बहनों व माता-पिता के साथ मोनरोविया में रहती थीं, तब 1989 में लाइबेरिया का प्रथम गृहयुद्ध आरम्भ हो गया और देश में 1996 तब खून खराबा चलता रहा।

तभी उन्हें यूनीसेफ द्वारा चलाए जा रहे एक कार्यक्रम के बारे में पता लगा जिसमें लोगों को सामाजिक कार्यकर्ता बनने का प्रशिक्षण दिया जा रहा था ताकि युद्ध से पीड़ित लोगों की सहायता कर सकें। इसके लिए उन्होंने 3 माह का प्रशिक्षण लिया। इस प्रशिक्षण द्वारा उन्हें ज्ञात हुआ कि अपने ही बच्चों के पिता द्वारा सताए जाने पर कैसे बचा जाए। तब तक उनके नुकू नामक का पुत्र तथा अम्बर नाम की पुत्री हो चुकी थी। जब उनका दूसरा पुत्र आर्थर पैदा हुआ वह अपने जीवनसाथी डेनियल के साथ घाना चली गईं। वहां उन्हें अत्यन्त गरीबी में बिना भोजन और मकान के एक शरणार्थी के रूप में जीवन बिताना पड़ा।

उन्होंने वहां से जाने का निर्णय लिया और अपने तीनों बच्चों को लेकर बस से वहां से भाग निकलीं। चूंकि उनके पास पैसे नहीं थे, अतः बिना टिकट ही वहां से लाइबेरिया के लिए चल दीं। जबकि लाइबेरिया में भी उथल-पुथल की स्थिति थी, वह अपने माता-पिता व परिवार के अन्य सदस्यों से मिलने निकल पड़ीं।

1988 में लीमा मदर पैटर्न कॉलेज ऑफ हेल्थ साइंसेज़ में आर्ट से संबंधित डिग्री कोर्स करना चाहती थीं तभी लीमा मोनरोविया के सेंट पीटर्स लूथेरान चर्च में वालंटियर बन गईं। यहीं पर उनकी मां महिलाओं की नेता थीं और यहीं लीमा ने अपने किशोरावस्था के वर्ष बिताए थे। तब लीमा ने ट्रामा हीलिंग एंड रिकन्सीलिएशन प्रोग्राम (THRP) में शामिल होकर ज़िंदगी की नई शुरुआत की। वह शांति कार्यकर्तृ बनने की दिशा में आगे बढ़ने लगीं।

2001 में लीमा को एसोसिएट ऑफ आर्ट डिग्री मिल गई। उन्होंने चार्ल्स टेलर की सेना में बाल-सैनिकों की सहायता व पुनर्वास का दायित्व ले लिया। युद्ध के वीभत्स दृश्यों से घिरी होने के कारण उन्हें अहसास हुआ कि यदि समाज में कोई सुधार लाना है तो वह मांओं द्वारा किया जाना चाहिए। इसके बाद लीमा ने अपने

जीवन का अगला पड़ाव तय कर लिया। उन्होंने महिलाओं की रैली निकाली जिसमें उस हिंसा को रोकने की अपील की गई जो उनके बच्चों को युद्ध में प्रयोग करके समाप्त कर रही थी।

शांति आंदोलन नेतृत्व में

2002 की शुरुआत में लीमा गबोवी ट्रामा हीलिंग कार्य के द्वारा समाज सेवा कर रहीं थीं। वह विपनेट (WIPNET वीमेन इन पीस बिल्डिंग नेटवर्क) द्वारा नेता के रूप में कार्य कर रहीं थीं। एक रात विपनेट के आफिस में सोते समय उन्हें सपने में भगवान दिखाई दिए और उनसे कहा—'महिलाओं को इकट्ठा करो और शांति की प्रार्थना करो।' वह बिना सोचे समझे शांति कार्यों की ओर निकल पड़ीं। लीमा व उनके साथियों ने मस्जिद चर्च व बाज़ारों में जाकर लोगों में जागरूकता पैदा करनी आरंभ की। इसके लिए उन्होंने हाथों में तख्तियों पर लिखा—हम थक गए हैं, हम बच्चों की मृत्यु की खबरों को सुन कर थक चुके हैं। हमारा बलात्कार हो रहा है। महिलाओं जागो, अपनी आवाज़ बुलन्द करो।

2002 में ही कुछ समय बीतते बीतते लीमा गबोवी 'वीमेन ऑफ लाइबेरिया मास एक्शन फॉर पीस' की वक्ता व नेता बन चुकी थीं। शुरू में महिलाओं ने मछली बाज़ार पर प्रार्थना व गाना शुरू किया। महीनों तक मुस्लिम व क्रिस्टियन महिलाएं लीमा के नेतृत्व में मोनरोविया में प्रदर्शन करती रहीं।

जून, 2003 में लीमा गबोवी लाइबेरियाई महिलाओं के प्रतिनिधिमंडल का नेतृत्व करते हुए घाना गईं ताकि युद्ध में संलग्न समूहों से शांति वार्ता की जा सके।

सबसे पहले वह उन होटलों के बाहर धरना-प्रदर्शन करने बैठ गईं जहां वार्ताकारों को बातचीत करनी थी। लेकिन जब जून के बाद जुलाई खत्म होने को आई लेकिन बातचीत खिंचती रही तब सैकड़ों महिलाओं ने गबोवी की नेतृत्व में होटल में धावा बोल दिया क्योंकि लाइबेरिया में तब तक हिंसा जारी थी और बातचीत आगे नहीं बढ़ रही थी। उनके हाथों में पोस्टर थे 'हत्यारों, लाइबेरिया के लोगों के कत्ल करने वालों रुको।' इसके बाद लीमा गबोवी ने नाइजीरिया के राष्ट्रपति जनरल अबूबाकर को शांति प्रयासों के लिए संदेश भेजा। अबू बाकर ने उनका समर्थन किया और धीरे-धीरे युद्ध समाप्ति की ओर अग्रसर हो गया। अन्ततः 18 अगस्त, 2003 को 'एक्रा काम्प्रीहेन्सिव पीस एग्रीमेंट' नामक समझौता हुआ।

इस समझौते के कारण लाइबेरिया में 14 वर्षों से चल रहा गृहयुद्ध समाप्त हो गया। महिलाओं के आंदोलन के कारण ही 2005 में एलेन जानसन सरलीफ राष्ट्रपति चुनाव जीत सकीं। एलेन सरलीफ किसी भी अफ्रीकी देश की प्रथम महिला राष्ट्रपति थीं। सरलीफ के चुनावों में लीमा गबोवी ने भी उनके पक्ष में चुनाव प्रचार किया

था। 2011 में लीमा गबोवी के साथ एलेन सरलीफ तथा तवक्कुल कारमान को नोबेल पुरस्कार प्राप्त हुआ।

एक्रा काम्प्रीहेन्सिव पीस एग्रीमेंट के बाद विपनैट की सफेद टी-शर्ट पहने जब गबोवी व अन्य महिलाएं बाहर निकलती थीं तो उनका राष्ट्रीय हीरोइन की भांति स्वागत किया जाता था।

2004 में एक्रा समझौते के 8 महीने पश्चात् लीमा ने निश्चय किया कि वह जिस शांति कार्य में लगी हैं उसी से सम्बन्धित कॉलेज की डिग्री प्राप्त करेंगी। अतः उन्होंने ईस्टर्न मैनोनाइट यूनीवर्सिटी (ईएमयू), अमेरिका में प्रवेश पा लिया। जहां से उन्होंने 'पीस बिल्डिंग एंड' कानफ्लिक्ट रिसोल्यूशन का कोर्स किया। 2005 में वह ट्रामा हीलिंग एंड रेसीलेंस की नीति निर्धारण सभा के लिए लौटीं। तभी उन्होंने इसी पाठ्यक्रम की मास्टर्स डिग्री के लिए ईएमयू के 'सेंटर फॉर जस्टिस एंड पीस बिल्डिंग में दाखिला ले लिया और 2006-2007 में पूर्ण किया।

नोबेल पुरस्कार

अक्तूबर, 2011 में नोर्वेजियन नोबेल समिति ने घोषित किया कि नोबेल शांति पुरस्कार, 2011 के लिए तीन महिलाओं को संयुक्त रूप से दिया जाएगा। लीमा गबोवी को एलेन जानसन सरलीफ तथा तवक्कुल कारमान को 2011 का नोबेल शांति पुरस्कार दिया गया।

वर्तमान में लीमा गबोवी 'वीमेन पीस एंड सिक्योरिटी नेटवर्क अफ्रीका' की एक्रा, घाना में कार्यकारी निदेशक हैं, जिसका कार्य पश्चिमी अफ्रीका के बाहर दूर तक रिश्ते कायम करना है। वह 'वीमेन इन पीस बिल्डिंग प्रोग्राम वेस्ट अफ्रीका नेटवर्क (विपनेट) की संस्थापक सदस्य तथा पूर्व कोआर्डिनेटर हैं। वह 'लाइबेरिया ट्रुथ एंड रिकंसीलिएशन कमीशन' की कमिश्नर भी नियुक्त की गई थीं।

पुरस्कार व अन्य सम्मान

- ☆ 2007 में लीमा गबोवी को जॉन एफ कैनेडी स्कूल आफ गवर्मेंट, हार्वर्ड यूनीवर्सिटी की ओर से शांति के लिए नीला रिबन प्रदान किया गया।
- ☆ 2008 में उन्हें 21वीं सदी के लिए 'वीमेन्स न्यूज लीडर्स अवार्ड' प्रदान किया गया।
- ☆ 2008 में बनी डाक्यूमेंटरी फिल्म 'प्रे द डेविल बैक टू हेल' में लीमा केन्द्रीय भूमिका में तथा वर्णनकर्ता की भूमिका में हैं। इस फिल्म में युद्ध के समय के वास्तविक दृश्य व आवाज़ें हैं। न्यूयार्क के ट्रिबेका फिल्म फेस्टीवल में इसे सर्वश्रेष्ठ डाक्यूमेंटरी का पुरस्कार मिला। इसे अमेरिका में सीरीज

के रूप में टीवी पर भी दिखाया गया। अनेकों देशों जैसे ईराक, अफगानिस्तान, मैक्सिको, केन्या आदि देशों में इसे शांति के प्रसार के लिए प्रयोग किया गया है।

- ☆ 2009 में उन्हें महिला अधिकारों के लिए 'ग्रूबर प्राइज़' प्राप्त हुआ।
- ☆ 2009 में उन्हें 'जॉन एफ कैनेडी प्रोफाइल इन करेज अवार्ड' प्रदान किया गया।
- ☆ 2009 में लीमा को फिल्म फेस्टीवल वीमेन्स वर्ल्ड, जर्मनी द्वारा 'आनर अवार्ड फॉर करेजियस कमिटमेंट फॉर ह्यूमन राइट्स आफ वीमेन' दिया गया।
- ☆ 2010 में उन्हें मानवता की सेवा के लिए 'लिविंग लेजेन्ड्स अवार्ड' प्रदान किया गया।
- ☆ 2010 में उन्हें जान जे कॉलेज ऑफ क्रिमिनल जस्टिस की ओर से 'जान जे मेडल फार जस्टिस' प्राप्त हुआ।
- ☆ 2010 में लीमा गबोवी को रिवरडेल कन्ट्री स्कूल की ओर से 'ह्यूमेनीटेरियन अवार्ड' प्रदान किया गया।
- ☆ 2011 में विलानोवा यूनीवर्सिटी ने उन्हें 'विलानोवा पीस अवार्ड' प्रदान किया।
- ☆ 2011 में ईस्टर्न मैनोनाइट यूनीवर्सिटी की ओर से उन्हें 'अल्यूमनाई ऑफ द ईयर' चुना गया।
- ☆ 2011 में लीमा गबोवी को सहविजेता के रूप में शांति नोबेल पुरस्कार प्राप्त हुआ।

तवक्कुल कारमान
(Tawakkul Karman)

1979–

नोबेल पुरस्कार : शांति, 2011
राष्ट्रीयता : यमन

तवक्कुल अब्देल सलाम कारमान, जिन्हें तवाकुल या तवाकेल कारमान नाम से भी जाना जाता है यमन की पत्रकार व राजनीतिज्ञ हैं। उन्होंने मात्र 32 वर्ष की आयु में नोबेल पुरस्कार जीता है। उन्होंने यमन के उत्थान के लिए किए प्रयासों के कारण अन्तर्राष्ट्रीय ख्याति अर्जित की है। यमन के लोगों द्वारा उन्हें 'लौह महिला' तथा 'क्रांति की जननी' भी कहकर पुकारा जाता है। 2011 में उन्होंने शांति का नोबेल पुरस्कार जीत कर इतिहास रच दिया। वह यह पुरस्कार जीतने वाले अरब देशों की प्रथम महिला के अतिरिक्त यमन की भी प्रथम महिला हैं। वह आज तक की सबसे युवा विजेता हैं तथा द्वितीय मुसलमान महिला हैं जिन्होंने नोबेल पुरस्कार जीता है।

तवक्कुल यमन देश की पत्रकार होने के साथ-साथ वहां की राजनैतिक पार्टी

अल-इस्लाह की सीनियर सदस्य हैं। वह मानव अधिकार कार्यकर्तृ हैं और 'वीमेन जर्नलिस्ट्स विदाउट चेन्स' की मुखिया हैं, जिसकी स्थापना उन्होंने 2005 में की थी। उन्होंने यमन में सुर्खियों में स्थान तब पाया जब 2005 में उन्होंने एक पत्रकार के रूप में तथा वकील के रूप में सरकारी फैसले के विरुद्ध आवाज़ उठाई जिसमें 2007 में मोबाइल फोन सर्विस में लाइसेंस न देने का फैसला किया गया था। इसके बाद उन्होंने प्रेस की स्वतंत्रता के लिए प्रदर्शन व आन्दोलन किए। मई, 2007 के बाद तवक्कुल ने अपने आंदोलन का दायरा बढ़ाते हुए सुधारों को भी शामिल कर लिया और साप्ताहिक विरोध आंदोलन शुरू कर दिया।

तवक्कुल ने 'जैस्मिन रिवोल्यूशन' का समर्थन किया जिसने ज़िने इन स्वीडीन बेन अली की सरकार को हरा दिया था। उन्होंने राष्ट्रपति अली अब्दुल सलेह के राज्य के विरोध में भी स्वर मुखरित किया है।

आरंभिक जीवन व शिक्षा

तवक्कुल कारमान का जन्म यमन के ताईज़ के मेखलाब में 7 फरवरी, 1979 को हुआ था। उनका पालन-पोषण ताईज़ के निकट हुआ जो यमन का तीसरा सबसे बड़ा शहर है। यह संकुचित विचारों वाले देश का शिक्षण के लिए उत्तम स्थान है। तवक्कुल के पिता अब्देल सलाम कारमान एक वकील तथा राजनीतिज्ञ हैं जो पहले अली अब्दुल्ला सलेह की सरकार में कानूनी कार्य मंत्री रह चुके हैं। वह तारिक कारमान जो कवि हैं तथा साफा कारमान जो अलजज़ीरा के लिए कार्य करते हैं की बहन हैं। उनके पति का नाम मोहम्मद अल-नाहमी है। उनके तीन बच्चे हैं।

यूनीवर्सिटी ऑफ साइंस एंड टैक्नोलॉजी, साना से उन्होंने कामर्स में स्नातक पूर्व डिग्री प्राप्त की तथा यूनीवर्सिटी ऑफ साना से राजनीतिशास्त्र में स्नातक की डिग्री प्राप्त की।

2010 के आंदोलन के दौरान उन पर एक महिला ने जानलेवा हमला करने का प्रयास किया लेकिन उनके समर्थकों ने उस हमले को रोक लिया। 26 जनवरी, 2011 को भी उन्हें एक सीनियर यमनी अधिकारी द्वारा फोन पर धमकी दी गई कि यदि उन्होंने आंदोलन जारी रखा तो उन्हें जान से मार दिया जाएगा।

प्रेस की स्वतंत्रता की लिए आंदोलन

प्रेस की स्वतंत्रता तथा मानव अधिकारों की माँग के लिए तवक्कुल ने अन्य सात महिला पत्रकारों के सहयोग से 2005 में मानव अधिकार समूह बनाया जिसका नाम था 'वीमेन जर्नलिस्ट्स विदाउट चेन्स (WJWC)। उन्होंने विचार प्रकट करने की स्वतंत्रता तथा लोकतांत्रिक अधिकारों की प्राप्ति के लिए आंदोलन किया। पहले इस

संस्था का नाम 'फीमेल रिपोर्टर्स विदाउट बार्डर्स' रखा गया था, बाद में सरकारी लाइसेंस नए नाम पर लिया गया। उनके आंदोलन के कारण उन्हें सरकारी अधिकारियों द्वारा फोन तथा पत्र द्वारा धमकियां दी गईं क्योंकि उन्होंने डब्ल्यूजेडब्ल्यूसी द्वारा नया समाचारपत्र तथा रेडियो स्टेशन शुरू करने की माँग की थी। इस समूह ने एसएमएस न्यूज शुरू करने की भी वकालत की। 2007 में 'वीमेन जर्नलिस्ट्स विदाउट चेन्स' ने एक रिपोर्ट प्रस्तुत की जिसमें 2005 से यमन सरकार द्वारा प्रेस स्वतंत्रता के दुरुपयोग का ज़िक्र था।

2009 में तवक्कुल ने सूचना मंत्रालय की उस नीति की आलोचना की जिसके द्वारा पत्रकारों पर निशाना साध कर केस चलाया जा रहा था। 2007 से 2010 तक तवक्कुल ने अनेक प्रदर्शनों की अगुवाई की है तथा तहरीर स्कवेयर, साना पर धरना दिया है।

तवक्कुल ने 2005 में जब 'वीमेन जर्नलिस्ट्स विदाउट चेन्स' की स्थापना की थी, तब वह अल-थावराह समाचार-पत्र से जुड़ी थीं। वह 'येमिनी जर्नलिस्ट्स सिंडीकेट' की भी सदस्य हैं।

वह राजनीति में भी सक्रिय रही हैं। विरोधी पार्टी अल-इस्लाह की वह सदस्य हैं और इसकी शुरा काउंसिल में पद पर हैं।

नोबेल पुरस्कार

तवक्कुल कारमान को 2011 का नोबेल पुरस्कार संयुक्त रूप से प्रदान किया गया। तवक्कुल प्रथम अरब महिला हैं जिन्हें नोबेल पुरस्कार प्राप्त हुआ है। वह सबसे कम उम्र की नोबेल पुरस्कार विजेता हैं। उन्हें 32 वर्ष की उम्र में नोबेल पुरस्कार प्राप्त हुआ। उन्होंने मेयरीड मैगुइर से कम उम्र में पुरस्कार जीता है। 27 जनवरी, 1944 को जन्मीं मैयरीड मैगुइर ने 1976 में सहविजेता के रूप में नोबेल पुरस्कार जीता, जबकि 9 फरवरी, 1979 को जन्मीं तवक्कुल कारमान ने 2011 में नोबेल पुरस्कार जीता। 2003 में शिरीन एबादी प्रथम पर्सियन व मुस्लिम सम्प्रदाय की महिला थीं जिन्होंने नोबेल शांति पुरस्कार जीता था। 2011 से पूर्व 115 वर्षों के नोबेल पुरस्कार इतिहास में 12 महिलाओं ने नोबेल शांति पुरस्कार जीता था जबकि 2011 में बढ़ कर यह संख्या 15 महिलाएं हो गईं।

तवक्कुल कारमान को एलेन जानसन सरलीफ, लीमा गबोवी के साथ संयुक्त रूप से 2011 का नोबेल शांति पुरस्कार प्राप्त हुआ, जिसमें स्वीडिश अकादमी ने लिखा–'शांति कार्यों में महिलाओं की सहभागिता के अधिकार तथा महिलाओं की सुरक्षा के लिए अहिंसक आंदोलन के लिए पुरस्कार दिया जा रहा है।'

विषम परिस्थितियों में अरब स्प्रिंग के पूर्व तथा दौरान, तवक्कुल कारमान ने

'यमन में महिलाओं के अधिकारों, लोकतंत्र तथा शांति के लिए आन्दोलन में नेतृत्व किया है।'

पुरस्कार के बाद

पुरस्कार की घोषणा के बाद तवक्कुल कतार की यात्रा पर गईं, जहां वह तमीम बिन हमद अल थानी से मिलीं और दोहा केन्द्र से प्रार्थना की कि वह उनके यहां टेलीविजन तथा रेडियो स्टेशन स्थापित करने में सहायता करें।

तवक्कुल को एफ पी के 2011 के 100 विश्व विचारकों (ग्बोबल थिंकर्स) में प्रथम स्थान पर चुना गया।

नोबेल पुरस्कार जीतने वाली महिलाएं
(विषयानुसार)

भौतिक विज्ञान

	वर्ष	नाम
1.	1903	मेरी क्यूरी
2.	1963	मारिया जोपर्ट मायर

रसायन शास्त्र

1.	1911	मेरी क्यूरी
2.	1935	आइरीन जूलियट क्यूरी
3.	1964	डोरोथी क्रोफुट हाजकिन
4.	2009	एडा ई योनथ

शरीर विज्ञान/औषधि विज्ञान

1.	1947	गर्टी कोरी
2.	1977	रोज़ालिन एस. यालो
3.	1983	बारबरा मैक्लिंटाक
4.	1986	रीटा लेवी मोंटालसिनी
5.	1988	जरट्रूड बेले ऐलियन
6.	1995	क्रिस्टीन नुस्लीन वोल्हार्ड
7.	2004	लिंडा ब्राउन बक
8.	2008	फ्रैंकाइज़ बार-सिनौसी
9.	2009	कैरोल डब्ल्यू ग्रीडर
10.	2009	एलिज़ाबेथ ब्लैकबर्न

साहित्य

1. 1909 सेल्मा लागरलोफ
2. 1926 ग्रेजिया डेलेडा
3. 1928 सिग्रिट अनसेट
4. 1938 पर्ल बक
5. 1945 ग्रेब्रील मिस्त्राल
6. 1966 नैली साक्स
7. 1991 नेडीन गॉर्डीमर
8. 1993 टोनी मारिसन
9. 1996 विस्लावा ज़िम्बोर्स्का
10. 2004 अल्फ्रीड जेलिनेक
11. 2007 डोरिस लीसिंग
12. 2009 हर्टा मूलर

शांति

1. 1905 बर्था वॉन सटनर
2. 1931 जेन एडम्स
3. 1946 एमिली ग्रीन बाल्च
4. 1976 मेयरीड कोरिगन मैगुइर
5. 1976 बेट्टी विलियम्स
6. 1979 मदर टेरेसा
7. 1982 अल्वा मिरडाल
8. 1991 आंग सान सू की
9. 1992 रिगोबर्टा मेन्चू टुम
10. 1997 जोडी विलियम्स
11. 2003 शिरीन एबादी
12. 2004 वंगारी माथाई
13. 2011 एलेन जानसन सरलीफ
14. 2011 लीमा गबोवी
15. 2011 तवक्कुल कारमान

अर्थशास्त्र

1. 2009 एलीनॉर ओस्ट्रोम